JN427512

환황해 협력 2

# 환황해
# 해양거버넌스와 생태계 보전


양희철 편저

王印红 张朝晖 冷传慧 宋伦 杨大佐 공저
崔正国 柳学周 田涛 周一兵 曲方圆
杨军 尹增强 刘永虎 刘旭 陈勇 陈雷
赵欢



KIOST
한국해양과학기술원

# 서 문

반폐쇄해인 황해를 둘러싼 한국과 중국, 그리고 북한은 지역해 환경보전과 자원관리라는 강한 생존적 협력 수요에 직면해 있다. 그러나 동북아를 둘러싼 정치 및 군사안보, 지역패권 확보 등의 구조적 갈등 요소는 황해지역을 기반으로 하는 국가 간 협력을 어렵게 하는 요인으로 작용하고 있다. 물론 황해를 둘러싼 정치 구조적 장애요인도 있다. 한국과 북한의 장기적 갈등과 지역해 패권확보를 위한 강대국 간의 대립 역시 환황해의 안정적 협력 체계의 정착을 어렵게 한다.

그러나 황해는 전통적으로 국가 간 협력보다 지역민의 교류와 생활공간으로 먼저 활용되었다. 국가경제와 정치적 이해가 협력과 갈등을 결정하는 우선적 조건으로 작용하는 긴장구도에도 불구하고, 여전히 황해는 '지역해 거주민의 생존권'을 중심으로 결정되어야 하는 이유이다. 따라서 역내의 높은 경제적 의존에도 불구하고 군사적 경쟁과 상호 위협은 높아가는 이른바 "Asia Paradox"라는 환경적 한계의 극복을 위해서도 새로운 조정력 혹은 협력체계의 정착이 필요한 때다.

환황해 해양발전논단은 국가 간 협력의 즉각적 이행을 의도하지 않는다. 연구영역에서의 학술적 교류와 이해를 바탕으로 황해지역의 점진적 협력확대와 지속가능한 이용을 도모하는데 있다. 협력이 가능한 영역과 불가한 영역을 제한하지도 않을 것이다. 지역해 거주민의 생존권이 경성적 이슈(hard issue)와 연성적 이슈(soft issue)를 구분하며 다가오지는 않기 때문이다. 우리는 황해로 쏟아지는 행위가 주권(主權)의 모습이건, 혹은 국가별 핵심이익(核心利益)의 모습이건 모두 거주민의 생존권에 관한 문제라는 것과 국가 간 갈등의 모든 요소에는 반드시 학술적 영역을 매개로 하는 문제해결 방식이 분명히 존재한다는 것을 믿는다. 황해를 매개로 하는 모든 국가 정책 역시 타당하고 정당한 이유에 기반 한다는 것 역시 이해한다.

환황해 해양발전논단은 한국해양과학기술원 해양정책연구소(소장: 양희철)가 주최/주관하여 2016년 12월 12일 중국 청도에서 처음 개최되었다. 환황해 해양발전논단에서 참여자들은 연구성과의 우수성을 서로 공유하고, 국가간 갈등 요소에 대하여는 바람직한 해결방향과 정책적 제언을 모색할 것이다. 해양환경, 해양자원(수산, 광물), 해양공간계획, 신재생에너지, 기후변화, 해양재난, 원자력안전, 해양질병 등 모든 영역에서 정보교류와 연구협력 기반을 구축할 것이며, 황해에서 전개되는 모든 국가정책과 인간활동에 대한 이해를 제고하려고 노력할 것이다. 국가별 해양수산 정책의 소개와 최근 영역별 연구현황 및 문제점, 국가 간 우위에 있는 연구동향과 접근방법, 한계 등에 대한 자발적 협력은 환황해 해양발전논단을 더욱 지혜로운 플랫폼으로 확대하는 기반이 될 것이다. 환황해 해양발전논단에서는 특히 북한의 참여를 지속적으로 유도할 것이며, 해양수산 영역에서 북한의 제도적 관리체계 구축과 발전, 지역해 연구 정보와 기술적 성과 확산을 위해서도 노력할 것이다.

우리는 환황해 협력이 국가의 이익을 주제로 하는 거대한 담론이 아닌 황해를 터전으로 하는 지역민의 생존을 위한 협력으로 점진적 전환이 선행되어야 한다고 본다. 이를 위해 환황해 해양발전논단은 항상 열려있다. 국가기관, 연구기관, NGO, 학계 모두가 대상이다. 다만 주제는 각국의 이익을 위한 발제와 논의가 아닌 황해의 해양수산 지식을 공유하고 지속가능한 발전이 정착되는 지역해로 전환시키기 위한 협력이어야 한다.

환황해 해양발전논단은 황해를 매개로 하는 국가 간 교류와 신뢰의 한계를 타개하기 위하여 한국과 중국학자를 중심으로 추진되었다. 제1회 회의에서는 중국의 요녕성 해양수산과학연구원, 대련해양대학, 연변대학, 중국국가해양국 제1해양연구소, 중국수산과학원, 길림성 사회과학원, 중국해양대, 산동성 해양 및 어업청, 중국어업협회 등 약 23명이 참석하였으며, 한국에서는 한국해양과학기술원 해양정책연구소 8명의 전문가가 참여하였다.

2017년 개최된 제2회 논단에서는 중국의 요녕성해양수산과학원, 대련해양대, 연변대, 중국국가해양국 제1해양연구소, 중국수산과학원, 길림성 사회과학원,

연길성 사회과학원, 길림대, 중국해양대, 샤먼대, 중국석유대, 청도대, 산동성 사회과학원 등 24명이 참석하였으며, 한국에서는 한국해양과학기술원 해양정책 연구소 및 연안개발연구센터 등에서 9명이 참석하였다. 특히, 제2회 논단에서는 발표 영역과 참여범위(기관)가 제1회 논단과 비교하여 대폭 확대되었고, 중국측 참여자들은 논단이 향후 다양한 기관 및 관련 전문가를 포함한 규모의 확대, 논단의 정례화를 위한 협의체 구성을 요구하였다.

환황해 해양발전논단은 중국과 한국, 그리고 아직은 참여가 제한된 북한 학자를 주축으로 추진된다. 이들은 국가 혹은 남북간 갈등의 일면을 가지면서도, 항상 동일한 지역해를 매개로 공동의 생존방식과 협력을 고민하여야 하는 현재의 정착자들이기 때문이다. 그러나 황해는 현재와 다음 세대가 지속가능한 이용을 위해 끊임없이 소통하여야 하는 세대와 세대간의 터전이어야 한다. 황해의 발전이 국가, 개인, 혹은 도시의 것이 아닌 환황해 지역민의 생존을 위해 계획되고 이용되며, 존재되어야 하는 이유다.

환황해 해양발전논단은 협력을 의제의 기조로 하면서도, 자국의 해양정책 현안과 해양환경의 현재, 해양과학기술의 개선과 발전을 위한 노력과 성취, 황해 해양문제에 관한 반성적 회고를 진솔하게 담아내면서 상호 이해의 폭을 넓히고자 한다. 따라서 환황해 해양발전논단에 참석하는 모든 학자들은 영역별 전문가이면서, 지역해 생존을 모색하는 활동가이며, 지역해 협력을 위해 국가의 의지를 유도하는 정책결정의 조력자이기도 하다.

환황해 해양발전논단의 참석자들의 모습 또한 이러한 취지와 기대에서 벗어나지 않았다. 더할 수 없는 참석자들의 적극성과 의지에 감사의 마음을 전한다.

환황해 해양발전논단에 참여하신 모든 전문가를 대표하여<br>

**양 희 철**

# 목 차

* 본 총서는 한국해양과학기술원 연구과제 “동북아 해양의 평화적 관리협력을 통한 남북한 통일시대 해양정책 수립 연구” 및 “동북아 해양갈등 관리를 통한 남북한 해양정책 수립 연구”의 일환으로 발간되었다.

# 01

# 중국의 해양거버넌스 패러다임 변화와 특징 및 원인에 대한 고찰

王印红(Wang Yinhong), 刘旭(Liu Xu)

# 중국의 해양거버넌스 패러다임 변화와 특징 및 원인에 대한 고찰

王印红(Wang Yinhong*), 刘旭(Liu Xu)

## 국문초록

신중국 성립 이래 중국 해양거버넌스 패러다임의 시대별 변천과정은 대체로 행정구행정(行政区行政)모델, 구역기반관리(区域治理)모델, 통합 거버넌스(整体性治理) 등 3단계로 나누어 볼 수 있다. 나아가 해양관리 패러다임의 변화에 따라 정책적 가치관이 변화하는 양상을 보였는데 제1단계 행정구행정 모델은 관할 지방정부 해양산업의 경제적 이익 창출을 기본목표로 설정하였으며, 제2단계 구역관리모델은 해양환경과 해양오염 등 돌발상황에 대한 신속한 대응체계의 확립을 기본목표로 설정하고, 제3단계 통합 거버넌스는 통합적이고 계획적인 해양관리와 지속가능한 개발을 통해 사회적 공익을 추구하는 것을 기본목표로 한다. 중국의 해양관리 패러다임의 변화 원인에는 3가지가 있는데 중국이 당면한 현안 해결을 위한 대책마련이 내적원인이고, 사회제도의 변화가 외적원인이며, 경제력과 기술력의 발전이 패러다임 변화의 근간이 된다고 본다.

**키워드:** 해양거버넌스(해양통치방식), 행정구행정, 구역관리, 통합관리

* 교신저자 Wang Yinhong, 중국해양대학교 법과대학 교수, 정치학박사, 메일 Top100.wang@126.com.

## Ⅰ. 문제의 제기

중국 사회발전은 전략기회의 단계에 접어들었다. 해양은 "중화민족 부흥의 꿈"을 실현할 수 있는 핵심요소라고 할 수 있으나 최근 10여년의 해양행정 및 관리에 대한 성과는 기대에 미치지 못하고 있는 실정이다.[1] 이러한 맥락에서 2013년 중국정부는 해양거버넌스의 필요성과 복잡성을 감안하여 국가해양국과 중국해경국을 새로이 설치하였다. 정부조직개편이 이루어진 지 4년이 지났으나 국가해양위원회 및 해경국에 대한 역할과 기능정립이 확실하지 않으며 이에 대한 관계부처의 의견이 일치하지 않는다. 또한 이는 해양거버넌스에 대한 사회 각계의 이해 부족으로 인한 것이며, 나아가 해양거버넌스 현황에 대한 분석과 발전방안에 대한 정확한 판단에 부정적인 영향을 미칠 수 있다. 이에 따라 중국의 해양거버넌스 특징과 변천과정을 검토할 필요가 있다고 생각된다.

우선 패러다임은 인식의 틀을 활용하는 논리적, 체계적, 절차적, 서술적인 모델의 하나이다. 해양거버넌스는 패러다임기법에 따라 비슷한 패턴을 반복하면서도 끊임없이 변화하는 가운데 진행되어 왔다. 체계론적 관점에서 거버넌스 패러다임은 여러 개의 요소로 구성되어 있는데, 그 중 거버넌스의 주체 및 객체, 정치적 · 경제적 · 법률 제도, 운영체제 등 다양한 요소들의 결합체로 서로 견제와 균형을 이루어 가고 있다. 패러다임은 체계성을 중요시하는데 정책 결정자가 패러다임의 구조성, 전체성, 연관성 등 다양한 특징을 고려하여 효과적인 정책을 모색하게 되며, 이로 인해 "머리가 아프면 머리를 보고, 하나를 돌보다가 다른 것을 놓치는 식(头疼医头, 顾此失彼)"의 정책결정을 피할 수 있다. 다음으로 패러다임에 대한 분석을 통해 해양거버넌스 패러다임 변화의 규칙을 파악할 수 있다. 사회과학 연구의 목적은 사물의 변천과정과 그 규칙을 발견하는 것으로 본 연구는 신중국 성립 이후 해양관리제도를 처음으

1) 王印红, 渠蒙蒙. 海洋治理中的 "强政府模式"探析[J]. 中国软科学, 2015(10):30.

로 도입하게 된 배경과 행정구행정모델, 구역관리모델, 통합관리모델 등의 변천과정에 대해 살펴보고, 나아가 해양거버넌스의 발전방향을 전망함으로써 해양행정관리체제의 개혁과 해경국의 통합에 필요한 정책을 제언하고자 한다. 세 번째, 해양거버넌스 패러다임의 변화 원인을 규명하고자 한다. 주의할 점은 중국의 해양거버넌스 패러다임의 변화과정에서 "통합관리이념"의 제시는 매우 중요한 역할을 하게 되었다. 그러나 중국이 직면한 대내외적 여건의 변화, 해양관리의 어려움, 해양자원의 전략적 중요성의 변화, 자원이용 및 관리에 있어서의 한계와 기회비용, 기술적 경쟁력 등 다양한 요소들이 패러다임의 변화에 보다 큰 영향을 미치게 된다. 이처럼 다양한 요소들이 종합적으로 작용함으로써 패러다임의 변화를 이끌어내는데, 거버넌스 구성 요소에 대한 분석을 통해 해양거버넌스 패러다임의 변화를 파악할 수 있다. 네 번째, 해양거버넌스의 패러다임은 해양소프트파워 향상의 수요에 의해 변화한다. 해양거버넌스 패러다임은 해양발전 전략을 구체화한 것이라고 할 수 있으며 해양발전모델, 사회제도 등을 포함하는 소프트파워를 의미한다. 따라서 중국의 해양거버넌스에 중화사상인 "화해이념(和谐理念)"을 접목하여 영향력과 호소력, 동화력(同化力)을 더해주어 중국의 부흥과 문화를 통한 소프트파워 강화에 일조하여야 한다.

중국은 개혁개방을 추진하여 고도의 경제성장을 이루었으며, 시장경제의 후발주자의 장점을 살려 정보화를 바탕으로 산업의 비약적인 성장을 실현하고, 정부주도의 경제개혁을 통해 양적인 성장을 이루어 중국식 경제발전모델을 창조하였다.[2] 경제적인 성과에 반해 해양 분야에서는 안정적이고 효율적인 거버넌스를 형성하지 못하였으며 해양거버넌스와 해양관리체제의 구축현황은 경제사회의 발전과 해양관리의 요구에 미치지 못하고 있다. 당해 해양관리체제의 특징은 다음과 같다. 첫째, 전통적인 해양관리는 국가 또는 정부 등

2) 胡键. 争论中的中国模式:内涵, 特点和意义[J]. 社会科学. 2010(06): 10.

정부조직에 의한 행정서비스 공급체계의 복합적 기능에 의해 운영되어 왔으며, 그 특징상 지방정부 관리에 바탕을 두는 "행정구행정+지방정부와 중앙정부 산하기관의 기능분담(条块职能分工)" 형식의 관리체제를 구축하였다.[3] 학계에서는 이러한 관리체제를 "행정구행정+기능별 관리"형식의 거버넌스로 정의하고 있다. 중국 동부 연안에 위치한 지방정부는 해양행정관리부서를 설치하여 국가해양국의 지도하에 관할해역의 해역사용, 해양환경, 도서, 해안지대(연안) 등 해양과 관련된 행정업무를 주관한다.[4] 둘째, 해역의 이용, 해양자원 개발, 해상운송, 해양환경, 해양안보 등 해양과 관련된 여러 문제들은 농업부, 교통부, 공안부, 환경부 등 다양한 부처가 나눠서 관리하고 있다. 기존의 해양 관리체제는 농업부, 교통부, 공안부 등 관계 부처에 기능이 분산되어 관리되었으나 세계화와 정보화의 흐름 속에서 해양이용자와 관리자 간의 갈등, 해양이용자 간의 갈등, 해양이용과 환경보존에 관한 갈등 등 문제가 행정구역내에서도 심각한 사회문제로 대두되었다. 물론 그동안 해양과 관련된 여러 문제들을 해결하려는 노력이 있었으나 이는 "행정구행정"이란 행정방식의 문제점에서 비롯된 것이라고 판단된다.[5] 그렇다면 기존의 행정구행정방식은 해양관리에 있어서도 어려움을 겪고 있는 것인가? "행정구행정"이란 행정방식의 실패를 보완하기 위해 어떠한 해양거버넌스를 형성하고 구축해야 할 것이며, 새로운 해양거버넌스의 형성이 필요한 대내외적 여건과 원인은 무엇인가? 이러한 문제의 제기가 본 연구의 출발점이라고 할 수 있다.

---

3) 金太军. 从行政区行政到区域公共管理—政府治理形态嬗变的博弈分析[J]. 中国社会科学, 2007(6):53.

4) 중국 지방정부간의 해상경계가 중첩되고 경계선 획정이 이루어지지 않은 수역이 많으며, 지방자치단체간의 해상경계 분쟁도 빈번히 발생한다. 해역 및 해양자원을 이용 · 개발하고자 하는 자(개인, 기업, 사회단체)는 소재지 관할 행정부서에 등록하게 되어 있는데 이러한 등록제도는 해양관리체제가 행정구행정을 기반으로 하고 있음을 보여준다.

5) 金太军, 앞의 논문, 53쪽.

# Ⅱ. 신중국 성립 이후 해양거버넌스의 변천과정

## 1. 행정구행정+부문별 관리모델(1964년-2000년)

행정구행정은 단일 행정구역의 관리를 기반으로 하며, 민족국가와 한 국가의 지방정부가 사회 공공사무를 관리하는 형태로 운영된다. 이는 폐쇄적이고 독단적인 정부관료제의 특징을 가진다.[6] 행정구획이란 정치적으로 하나의 단위를 이루는 국가의 영역을 행정상의 목적에 따라 구획한 행정단위로, 행정권 발동의 지역적 관할을 말한다. 해양거버넌스 형성 초창기에는 육상 행정관리체계의 "행정구행정"을 적용하게 되었는데, 이는 인위적이고, 기술적으로 행정구역을 설정하고, 지방정부에서 해양행정을 관리하는 방법으로 취하는 관료모델이다. 이에 따라 행정구행정은 폐쇄적이고 기계적인 특징을 갖게 되었다.

1964년 7월 국가해양국의 설립은 해양문제에 대한 전문적이고 체계적인 관리를 의미한다.[7] 국가해양국은 설립초반부터 해양자원에 대한 통합적인 관리, 해양환경 조사, 데이터 수집 및 분석, 해양 관련 공공서비스 공급 등의 기능을 수행하여 왔다. 하지만 국가해양국의 실제 해양관리 경험을 살펴보노라면 통합적인 해양자원관리는 해양거버넌스 정책목표의 하나에 불과하였으며 이에 대한 효율적인 이행이 없었다. 또한 해양행정의 강제력과 집행력이 미비한 원인으로 해양환경 보존 및 관리, 해양자료의 수집, 공공서비스 제공 등 기능을 주로 수행해왔다. 해양환경과 공공서비스의 제공에 관한 행정업무는 대체로 사물에 대한 관리로 파악할 수 있다. 80년대 초반 중앙정부 5개 부처에서 공동으로 연안지역의 "해안대 및 간석지 자원에 대한 종합조사(海岸带和海涂资源综合调查)"를 실시하였다. 이번 연안지역 실태조사업무 수행을

6) 杨爱平, 陈瑞莲. 从"行政区行政"到"区域公共管理"--政府治理形态嬗变的一种比较分析[J]. 江西社会科学, 2004(11): 25-26.

7) 신중국이 성립된 후 오랜 시간동안 중국 정부조직에는 해양관련 중앙부처가 설치되지 않은 상태에서 해양 국경수비만 수행하였다.

위해 관련 지방정부는 "해안대조사판공실(海岸带调查办公室)"을 새로이 설치하였다. 해안대조사판공실은 8년간 관할지역의 연안지대에 대한 조사업무를 수행하였으며, 조사업무를 마친 후에는 지방정부 산하의 해양국 또는 해양처, 해양실 등 명칭으로 변경하여 지방정부의 해양관리 기구로 새로운 기능과 역할을 수행하게 되었다.[8] 이와 같은 정부조직 개편은 중국의 행정구행정모델의 초기 형태라고 할 수 있다.

1980년대 중반에 들어 중국은 해양행정과 해양관리를 강화하게 되었는데 육상부문의 교통, 자원 등에 대한 행정관리모델을 해양 분야에 적용하게 됨으로써 해양수산, 교통, 염업 등 해양산업을 그 특징에 따라 관련 부처에 분산시켜 관리하도록 하였다. 이에 따라 농업부(农业部) 산하에 어업 및 어정관리부서인 어업국(渔业局)을 설치하고, 어업국 산하에 어정어항감독관리국(渔政渔港监督管理局), 어업선박검역국(渔业船舶检疫局)을 설치하였다. 또한 교통부 산하에 항무감독국(港务监督局)[9]을 설치하여 해상 교통안전을 주관하도록 하였다. 염업생산에 관한 관리는 국가경공업국(国家轻工业局)에 이전시키고 국가차원의 중국염업협회(中国盐业协会)와 중염업총회사(中盐业总公司)를 설립하였다. 이러한 해양거버넌스는 "행정구행정+산업관리"의 이중적 특징을 나타냈다. 수직관계에 있어서 해양 문제의 관리와 통치는 중앙정부의 행정지도하에 직책 기능부서(职能部门)가 해당 산업에 대한 관리를 수행하였다. 수평관계에서 각 지방정부는 행정단위 또는 행정구획에 근거하여 지역차원에서 해양관리를 수행하였다. 행정구행정의 거버넌스는 행정구역 내의 행정이 효율성과 효과성이 높은 관계로 상당히 오랜 시간동안 핵심적인 해양거버넌스 역할을 담당했다. 행정구행정의 특징은 아래와 같다.

첫째, 해양관리 주체와 관련하여 국가해양국은 절대적인 권위를 가지나 해양업무 집행기관의 부재로 인해 업무수행의 한계에 봉착했다. 반면에 해양의

8) 王琪, 王刚等. 海洋管理学[M]. 北京 : 人民出版社. 73.
9) 여러 차례 부처명칭 변경을 거쳤으며 기존의 명칭은 교통부해사국(交通部海事局)이다.

이용과 개발주체인 개인과 기업들은 관할 지방정부의 해양행정관리부서에 등록, 신고, 허가 등의 행정절차를 통해 해양을 개발하고 이용하게 된다. 이처럼 지역적 해양관리에 있어서 해양행정업무 집행기관인 지방정부는 중앙부처인 국가해양국보다 월등한 지위에 있게 되고, 직접적인 권력 행사를 통해 통제를 강화할 수 있다. 기존의 해양관리모델은 정부기관이 유일한 주체이며, 관주도적인 정책결정방식을 취하고 있다.

둘째, 행정구행정 거버넌스의 가치관은 행정구역내의 해양문제와 해양관련 업무를 해결하기 위한 것에 있으며, 모든 정책결정은 행정구역 또는 지방정부의 이익을 최우선으로 한다. 이에 따라 행정구행정 거버넌스는 폐쇄적일 수밖에 없으며, 지방정부 간의 해상경계 수역과 경계를 초월하는 해역전반에 대한 관리가 전혀 이루어지지 않고 있다. 아울러 실적주의에 기반을 둔 인사행정체제 하에 지방정부간의 역할분담이 보다 명확해졌고, 해상경계 또한 보다 분명해져 갔다. 이러한 원인으로 인해 행정구행정은 내향형 행정(内向型行政) 또는 폐쇄형 행정(闭合型行政)으로 불린다. 셋째, 거버넌스체계와 관련하여 행정구행정은 관료제모델을 채택하는데 수평적 관계에서 시민, 사회단체, 기업 등 다양한 주체의 참여를 배제하고 차단한다. 행정구역 내의 조직구성, 구조형태는 수직관계, 상하관계를 나타내고 있으며 하급기관이 상급기관에 복종하고 지방정부가 중앙정부에 복종하는 정치원칙을 토대로 한다.

그러나 최근에는 해양 관련 문제가 복합적 성격을 갖게 되었고, 해양문제가 지방중심에서 구역화로 확대됨에 따라 행정구행정 거버넌스의 문제점이 드러나게 되었다. 첫째, 해양의 전체성과 해수의 유동특징을 가진다. 오늘날 해양환경문제는 어느 한 지역의 문제가 아니라 구역전반 또는 국가적 차원의 문제로 되었다. 둘째, 지방정부는 해양의 경제적 이익만 추구할 뿐 생태적, 사회적 가치는 소홀히 하고, 해양환경 보존과 오염방지, 해양환경 개선조치 등 공적인 문제의 해결을 외면하고, 관련 지역해의 해양관리비용 부담을 꺼려하는데 이는 해양문제의 지방보호주의를 초래하였다. 셋째, 지방정부와 공무원은 실적

주의 평가방식에 근거하여 해양환경의 보존 보다는 해양경제개발을 우선으로 추진하게 되었으며, 지방정부의 GDP 향상을 위해 방법과 수단을 가리지 않았다. 이로 인해 지방정부의 단위별 이익과 구역 내의 전체적 이익 간의 충돌이 발생하고, 나아가 연근해 어업자원의 고갈, 수질악화를 초래하였으며 궁극적으로는 공유지 비극을 초래하게 되었다.

## 2. 구역기반관리모델(2000년-2013년)

엄격히 말하자면 중국의 구역기반관리모델은 행정구행정 거버넌스의 한계를 보완하는 대책으로 제시되었다. 구역기반관리모델의 경우에도 해양거버넌스는 행정구역에 따른 관리체제를 유지하였다. 이에 따라 해양거버넌스가 행정구행정에서 구역기반관리모델로 변화되었음을 감지하기에는 충분하지 않았다. 2000년 이후 환경문제에 대한 국제적인 관심이 고조되고 중앙정부와 시민, 언론매체 등 다양한 이해관계자들의 관심사항이 해양개발과 이용에서 해양환경 보존으로 변화되었다. 아울러 해양환경의 보존과 관리에 있어서의 국민의 역할이 증대하고 다양한 이해관계자의 참여가 요구되었는데 행정구행정 거버넌스는 새로운 한계에 봉착하게 되었다. 해양은 서로 연관되어 있는 통일체로서 광역성을 한 특징으로 한다. 또한 해양개발과 이용은 인간의 활동에 의해 이루어진다는 점에서 외부적 여건의 영향을 크게 받는다. 오늘날 해양문제는 어느 한 지역, 한 국가만의 문제가 아니라 공간적으로 광범위한 영향권을 형성하기에 통합적, 총괄적이며 생태학적 접근에 적합한 해양거버넌스가 필요하다. 이러한 시대적 흐름 속에서 나타난 거버넌스가 바로 구역기반관리모델이다. 천루이렌(陈瑞莲)은 "구역공공관리(区域公共管理)"란 구역 내의 정부조직과 비정부조적을 주체로 하는 구역공공관리기구로서 특정구역 내의 공공업무를 해결하는 역할을 담당하며, 공공문제의 해결과 구역 공공이익의 실현을 목적으로 한다.[10] 이는 전통적인 거버넌스와 비교할 경우 아래와 같은 특징을 가진다.

첫째, 해양분국(海洋分局)을 해역별 분소에서 구역기반관리기구로 전환한다.

국가해양국은 효율적인 해양관리를 위해 1965년 북해분국, 동해분국, 남해분국 등 3개 분소를 설치하였다. 해역별로 설치된 해양관리기관은 해양환경조사, 관련 데이터 수집, 해양 공공서비스 제공 등의 기능을 수행하였다.[11] 이러한 기능을 수행하기 위해 해양기초연구와 데이터 수집, 환경조사 및 분석, 과학정보, 수문관측(水文观测) 등 임무를 수행하였는데 행정관리보다는 해양조사 및 기초연구 등 해양연구에 초점을 맞추고 있다. 국가해양국은 구역기반관리 거버넌스의 요구에 대응하기 위하여 1998년 3개의 분소에 법집행기관인 해감 "海监"을 새로이 설치하였다. 해양관리에 관한 감독과 법집행 기능을 겸비한 3개의 분소는 국가해양국과 지방정부 해양행정 주관부서의 이해관계를 조율하고 각 해역에서 진행되는 해양활동에 대해 통합적으로 관리하고 규제하며, 구역 해양경제 운영현황에 대한 감독과 평가, 정보공개 등의 업무를 주관하게 되었다. 아울러 기후변화에 대응하기 위해 해양부문에서의 배출가스 감축방안을 수립하고 시행하는 등 시대의 요구에 따라 기능과 역할이 다양화되고있다.[12] 예컨대 북해분국의 경우 발해 해양기능구획의 설정, 발해만 환경오염방지, 산동반도의 블루오션 경제권 건설에 있어서 지역적 해양행정의 한계를 극복하고 해양관리와 해양행정의 정책결정에 있어서 중요한 역할을 발휘하였다. 이는 중국의 구역기반관리 해양거버넌스의 형성을 보여주는 대표적인 사례로서 상징적 의미를 갖는다.

둘째, 해양기능구획제도를 도입하여 시행하였다. 1988년 중국은 처음으로 해양기능구획제도를 도입하였으며 두 차례의 해양조사 및 데이터 분석을 통해 〈전국해양기능구획(全国海洋功能区划)〉을 수립하였으며, 2002년 8월 국무원의 승인을 받았다. 전국해양기능구획의 규정에 따르면 해양공간을 10개의

10) 陈瑞莲. 区域公共管理导论[M].北京：中国社会科学出版社, 2006: 01.
11) 鹿守本. 海岸带综合管理[M]. 海洋出版社, 2001. 127-128.
12) 북해분국의 8개 기능에 대한 자세한 소개 내용은 아래 홈페이지에서 확인 가능하다 (http://www.ncsb. gov.cn/n1/n70003/n78095/index.html).

해양기능구역으로 구분해 관리함으로써 가치를 극대화한다. 아울러 전국해양기능구획에서는 해양기능구의 정의를 규정하고 있는데, 해양기능구란 해역별 자연자원 여건, 환경여건, 지리적 위치 등 특징을 고려하여 용도에 맞게 배분하며, 해양개발과 이용 현황 그리고 사회 · 경제발전 수요와 향후에 일어날 미래의 수요에 대한 예측을 통해 특정해역의 핵심가치를 도출하고, 자원 이용의 극대화를 달성하게 하는 것이다.[13] 해양기능구의 개념으로부터 알 수 있는 바 해양공간에 대한 관리는 정치적 프로세스를 통해 구분하는 것이 아닌, 해역의 자연환경여건과 환경의 질, 지리적 위치 등 제반 사항을 고려하여 해양공간을 설정한다. 이에 따라 전국해양기능구획에서 정한 10개의 해양기능구는 지방정부 간의 해상경계를 타파하였다. 예컨대 료하삼각주해역(辽河三角洲海域)의 "구역 오염물질 배출총량규제제도(区域污染物排海总量控制制度)", 발해만 "갯벌습지생태계복원사업"등 해양환경사업은 행정구역의 한계를 깨뜨리고 지방정부 간의 공동관리, 협력과 협동을 요구한다. 구역기반관리모델은 지방정부와 중앙정부 간의 관리 이념의 충돌을 해결함으로써 통합적이고 총괄적이며 효율적인 해양자원 개발과 이용이 가능하다. 해양기능구획제도의 도입은 구역기반관리의 해양거버넌스의 기본제도이며 구역기반 해양관리의 실현을 상징한다.

셋째, 각급 지방정부 소속의 해양협력기구를 설치한다. 행정구역 내의 지방정부차원의 해양행정 및 해양관리는 여전히 관료제도의 방식을 취하고 있으며 엄격한 수직적 관계를 통해 감독 · 관리한다. 그러나 구역해양문제가 발생하는 경우, 관계 지방정부의 이익이 서로 충돌되는 경우가 대부분이기에 문제해결이 어렵다. 이 경우 분쟁 당사자 공통의 상급 정부가 해당 지방정부의 간부들로 구성된 조정위원회(协调小组)를 구성하여 의견을 조율하고 합의를 유도함으로써 합리적인 해결방안을 제시한다. 이로부터 알 수 있는바 구역기반관리에

13) 王琪, 王刚等. 海洋行政管理学[M]. 北京: 人民出版社, 2012年, 180.

있어서 분쟁 또는 갈등을 조정하는 기관이 가장 뚜렷한 특징이다. 2011년 국무원은 〈산동반도블루경제구발전계획(山东半岛蓝色经济区发展规划)〉을 승인하였는데 이는 중국 최초의 해양경제에 관련한 구역발전전략계획이다. 블루경제구를 국제적 경쟁력을 갖춘 현대화 해양산업거점으로, 세계적 수준의 해양과학교육핵심지역으로, 국가해양경제 개혁개방 선도구로, 전국 중점 해양생태문명건설 시범구로 건설하기 위해 산동성위원회는(山东省委) 산동반도블루경제구계획건설 영도소조(山东半岛蓝色经济区规划建设领导小组)를 설립하였다. 당해 영도소조는 7개 지급시(地级市)의 주요 영도로 구성되었으며 산하에 블루경제구계획건설판공실(蓝色经济区规划建设办公室)을 설치하여 운영하고 있다. 블루경제구계획건설판공실은 산동성 발개위(山东省发改委) 청사에 위치해 있다. 블루경제구계획건설 영도소조와 판공실의 설치는 구역기반관리에 있어서의 행정지도와 의견조율의 기능을 수행한다.[14] 특히 해양돌발사고의 대응에 있어서 구역기반관리의 역할을 나타냈다. 중앙정부차원에서 국가해양국은 해양응급관리영도소조(海洋应急管理领导小组)를 설치하였으며, 영도소조는 국가해양국 주요 영도와 각급 연해 지방정부의 분관영도(分管领导)로 구성되며, 영도소조 산하에 "응급판공실(应急办)"과 전문가위원회를 설치하였다. 아울러 해난구조 기능은 교통부 해사국에서 주관하되 15개의 관계부처가 공동으로 "해상구조합동회의(海上搜救部际联席会议)"를 구성하여 관할해역 전체에서의 해상구조 및 선박오염 응급관리를 추진하도록 대응체제를 마련하였다.

학문적인 시각에서 바라보자면 제2단계의 해양관리체제 및 정부조직구성은 구역기반관리의 형식적 특징을 잘 보여주고 있다. 이러한 형식적인 즉 외적인 특징을 제외하고도 구역기반관리의 특징에 부합하는 일반적인 특징도 나타나고 있다.

14) 추후에 블루경제구계획건설판공실은 산동성구역발전전략추진판공실(山东省区域发展战略推进办公室)로 명칭을 변경하였다.

첫째, 구역기반관리 거버넌스는 기존의 관료모델에 비해 해양행정 및 해양관리에 참여하는 주체가 다양하다. 특히 해양돌발사고와 해양오염사고의 대처에 있어서 행정기관을 제외한 사회단체와 시민들의 참여가 늘어나고 있다. 예컨대 2008년 중국 청도에서 대규모 파래(浒苔)현상이 발생하였을 때 시민들의 자원봉사 활동과 천진시에서 중국 최초로 민간 해양구조센터인 "란톈응급구조지원서비스센터(蓝天应急救援志愿服务中心)"를 설립한 사례가 있다. 둘째, 구역기반관리 거버넌스는 특정 구역의 공공문제와 공공사무의 해결을 기본적인 가치관으로 한다. 이는 기존의 행정구행정 거버넌스의 지방정부 이익을 출발점으로 하는 문제점을 보완할 수 있을 뿐만 아니라 폐쇄적이고 내적인 행정관리에서 구역기반 행정관리로 전환할 수 있다. 아울러 특정 구역내의 공공사무에 대한 통합적인 관리가 가능하다. 셋째, 구역기반관리 거버넌스의 경우 해양관리에 있어서 전통적인 행정방식인 관료모델에 따르는 것이 아닌, 해양에 대한 다양한 정부활동과 동시에 정부, 기업, 시민단체가 함께 지역사회의 문제해결을 시도하고, 아울러 해양관리와 해양정책에 대한 중앙정부의 통제력과 관리능력을 강화하고, 지방정부와 특정기업체와의 이익연결고리를 차단함으로써 해양정책으로 인해 영향을 받는 수혜집단, 해양행정에 대한 당사자들 간의 갈등 등 다양한 형태의 이해관계를 적절한 네트워크 속에서 조절할 수 있는 장점이 있다.

앞에서 언급한바와 같이 구역기반관리 거버넌스의 경우 상급행정기관의 주도하에 구역 내 공공문제 해결을 위한 협의체제, 격려체제, 정치적 부장체제를 확립함으로써 각 지방정부 간의 협력과 의견합의를 도출하고 현지의 사정에 맞게 역할을 분담함으로써 해양구역 내의 공공서비스의 제공과 공공문제 해결을 위한 실효성을 제고할 수 있다. 이는 구역 내의 공공문제 해결에 관한 공동의 의지와 공동의 인식을 근간으로 할 뿐더러 해양 부문에 관한 중앙정부의 권리 이전도 동시에 이루어져야 할 것이다. 2008년 칭다오 파래현상 긴급대처, 발해만 환경오염사고 대응, 금어기 불법조업에 대한 합동단속 등은 구역

관리기반 거버넌스 적용의 대표적인 사례이다. 반면에 해양환경오염 대처에 있어서의 지방정부 간의 협력을 이끌어낼 수 있었던 가장 근본적인 원인은 지방정부 공통의 이익을 창출할 수 있다는 점이다. [15]그러나 가장 근본적인 원인인 "지방정부 간의 공통이익을 바탕으로 한다"는 점을 법제도화할 수 없기에 구역 내의 해양관련 공공서비스의 제공과 공공문제의 해결에 있어서 상급 행정기관의 주도 또는 의견조율이 필수적이다.

유의할 점은, 해양환경의 심각한 파괴와 해양자원의 고갈로 인해 중국 해양 정책과 해양관리의 핵심이 해양의 개발과 이용에서 해양자원과 해양환경의 보존으로 전환되었다. 이러한 문제를 해결하기 위해 중국 "해역사용관리법"은 해역권리제도, 해양기능구제도, 해역사용료 지급제도 등 3개의 해양관리제도를 도입하여 해양자원이용에 대한 규제와 자원보존의 목적을 실현하고자 노력하였다. 그러나 해양환경오염이 날로 심각해지고 국제화의 추세를 보이게 되었으며, 해양환경의 문제가 어느 한 지역, 한 국가만의 문제가 아니라 공간적으로 광범위한 영향을 형성하게 되었기에 구역기반관리 거버넌스는 해양환경문제를 해결하기에는 새로운 한계에 봉착하게 되었다.

## 3. 통합 거버넌스 패러다임 (2013- )

통합 거버넌스는 1980년대에서 1990년에 초반에 나타난 개념으로 영국정부의 분산된 정책기능을 집중하는 것을 궁극적인 목적으로 한다. 통합 거버넌스의 개념은 영국 학자 패리 힉스(perry Hicks)가 1997년 출판한 "전체정부(Whole of government)"에서 처음으로 제시하였다. 본 저서는 영국정부의 기능이 분산된 원인은 8가지로 구분할 수 있다.[16] 이에는 책임 전가(责任转嫁), 목표 충돌, 각자위정(各自为政), 공공서비스 공급이 원활하지 않고, 정부

15) 马丽. 跨区域公共治理中的地方政府行为模式：一个理论框架[J].福建行政学院学报, 2015(04): 36.

16) Perri6.Dianaleat, Kimberly Seltzer and Gerry Stoker. Towards Holistic Governance: Tte New Reform Agenda[M]. New York: Palgrave, 2002:48.

에서 제공한 서비스가 지역주민들의 수요와 현실에 어긋난다는 점 등이 있다. 이러한 문제점은 중국의 해양관리와 해양행정에서도 나타나고 있는 공통의 문제점이다. 중국의 해양거버넌스는 행정구행정에서 부문별 관리, 구역기반 관리의 과정을 거치게 되었으나 해양관리 기능이 각 부처에 분산되어 수행되는 문제점을 해결하지 못하였다. 이러한 공통점은 해양관리에 있어서의 통합 거버넌스 도입을 위한 기반을 마련하였다.

패리 힉스의 주장에 따르면 통합 거버넌스 패러다임은 "시민의 요구 반영, 정부기술의 활용, 각 주체들의 유기적인 통합, 분산된 정책기능을 집중, 부분에서 전체로 이르는 집중화"로 전환하는 특징을 갖는다. [17] 전술한 통합 거버넌스 패러다임의 특징 중에서도 가장 핵심적인 특징은 아래와 같다.

첫째, 통합, 협력, 총괄적인 운영방식을 중요시한다. 국가 국무원은 해양문제의 복잡성과 해양부분의 법집행 기능이 5개 부처에 분산되어 있는 문제를 해결하기 위해 2013년 새로운 거버넌스를 도입하였다. 첫째, 중국해경(中国海警), 중국해사(中国海事), 중국해감(中国海监), 중국집사(세관 경비대, 中国缉私) 등 4개의 법집행기관을 중국해경국으로 통합하였으며, 국가해양국에서 총괄적으로 관리한다. 둘째, 국가해양국의 조직개편을 통해 국가해경이 해상 법집행을 주관하도록 한다. 셋째, 국가해양위원회를 설립하여 국가해양발전전략을 수립하고 해양관련 현안문제를 해결하도록 한다. 국가해양위원회는 국가해양국의 지도를 받는다. 위의 세 가지 중요한 변화는 통합 거버넌스의 특징을 잘 보여주고 있는데, 수직적 관계에서 국가해양위원회는 국가해양전략과 해양정책을 수립함에 있어서 각 행정기관 간의 의견을 조정하는 협의체의 역할을 수행하며, 국가해양국은 통합적이고 총괄적인 관리기능을 수행한다. 수평적 관계에 있어서, 효율적인 해양관리를 위하여 국가해경, 해감, 해사, 세관집사 등 4개의 법집행기관은 하나의 부처로 통합함으로써 국가해양국의

17) 竺乾威. 从新公共管理到整体性治理[J].中国行政管理, 2008(10): 57.

통합적인 관리를 실현하였다.

둘째, 네트워크 정보기술을 활용해 전자정부기능을 확대한다. 통합 거버넌스 패러다임은 네트워크 정보화를 통한 효율적인 해양관리를 실현하고자 중앙정부와 지방정부를 아우르는 정보체계를 구축하고 정보의 표준화사업을 추진함으로써 정부조직을 능률적으로 관리하고 국민들에게 신속하고 능률적인 행정 서비스를 제공하기 위해 노력하여 왔다. 2014년 국가해양국은 두 차례에 걸쳐 홈페이지 개정작업을 수행하였으며 해양국 홈페이지에 해양관련 핵심 정보를 공개하였다. 또한 메인 홈페이지에 소속기관 사이트와 산하기관 사이트, 연안지역 지방정부 해양행정관리부서 사이트 주소를 링크해 능률적인 행정정보 제공을 실현하였다. 아쉬운 점은 국가해양국 사이트가 "24시간 온라인 서비스"를 제공하지 못하고 있기에 진정한 의미의 전자정부 온라인 민원서비스가 이루어지고 있지 않다. 반면에 19개의 행정허가사항에 관한 정보와 60여 개의 허가신청서 양식 등의 자료를 제공하고 있다는 점에서 큰 의미를 갖는다. 아울러 국가해양국은 해양관련 정보의 공유 및 DB 구축을 통해 시민의 생활에 밀접하게 관련되는 해양경제, 해양환경, 해역사용, 행정의무 위반에 관한 법집행 등 정보네트워크를 구축하고, 이러한 정보에 대한 수집과 분석을 통해 "국가해양경제통계공보(中国海洋经济统计公报)", "해역사용관리공보(海域使用管理公报)", "중국해양환경질량공보(中国海洋环境质量公报)", "중국해양재해공보(中国海洋灾害公报)" 등을 발표하고 있다.

그밖에 전체성 해양거버넌스는 전체주의 사고방식(整体主义思维方式)을 중요시하며, 해양관리에 대한 다양한 정부활동과 동시에 정부, 기업, 시민단체, 시민의 참여를 통해 통합적인 해양정책의 수립을 지향한다. 이와 같은 전체성 해양거버넌스에 관한 논의가 전개되고 있는 것은 해양환경의 악화와 해양권익 수호에 능률적으로 대응하기 위해서이다.

## Ⅲ. 해양거버넌스 패러다임의 변화 원인

### 1. 지방제도 개설

1964년 국가해양국을 설치함에 따라 해양거버넌스가 중앙정부 정책기능에 편입되었다. 그 후 중국 해양거버넌스 패러다임은 "행정구행정+부문별행정", "구역기반관리", "통합 거버넌스"등 3단계의 변화를 가져왔는데, 해양거버넌스가 해양자원의 개발과 이용을 중요시하던 것으로부터 생태계 보존, 환경보존, 해양권익의 수호를 중요시하는 것으로 전환되었다. 이러한 해양거버넌스의 변화를 초래하게 된 원인에는 여러 가지가 있는데 정치, 경제, 사회적 여건과 전통문화의 변화 등이 일반적이고 공통적인 요인들이라 볼 수 있다. 유의할 점은 전술한 공통적인 요인들을 제외한 기타 근본적인 요인이 해양거버넌스의 변화에 중요한 영향을 미치게 된다는 것이다. 즉 국가이익, 공공이익 실현의 필요성과 당면한 해양현안 해결의 필요성이 서로 충돌되고 다양한 이익관계를 합리적 방향으로 정립시켜 나가는 활동이 해양거버넌스의 형성에 중요한 영향을 미친 것으로 판단된다.

#### 1) 해양관련 현안문제의 해결은 해양거버넌스 변화의 내적 원인

중국공산당과 정부의 정책목표는 현안문제의 해결에 있었다. 이러한 정책결정 방법은 마르크스주의 사고방식으로 해양문제의 관리와 해양정책의 결정과정에서도 상당히 중요한 역할을 한다. 신중국 성립 초반 중국의 대외관계는 상당히 불리한 상황에 놓였으며, 러시아와 미국 양 대국의 "강건책과 유화책(软硬兼施)"에 대응하여야 했다.[18] 조선전쟁이후 대만에 대한 미국의 적극적인 지원과 일본, 한국, 필리핀 등 동아시아 국가들 간의 동아시아연맹의 결성으로 인해 중국은 대만문제 해결의 최적의 타이밍을 놓치게 되었다. 이에 따라

18) 刘中民, 桑红. 防御下的强大—第一代海洋防卫思想[J], 海洋世界, 2007(01): 54.

중국은 동남연해에서의 해양안보전략은 공격에서 연안방위와 수비로 전환되었다. 이러한 배경 하에 해양국이 설치되기 전과 설치된 후 상당한 기간 동안 국가해양국의 주요 기능은 해양 정보 및 데이터를 수집 · 분석함으로써 해양안보 및 안전 역량을 강화하는 것이다. 국가해양국 설치 이후 중국은 해양산업에 대한 본격적인 개발을 추진하였다. 그러나 경제발전수준과 기술혁신 수준이 낮은 관계로 해양개발과 이용이 연근해수역에 집중되었다. 특히 해안대와 연안습지 및 갯벌지역에서 개발이 활발히 진행되었는데, 해안대와 연안지역은 육지국토공간의 특징을 갖고, 나아가 해당 부분에 대한 해양국 관리의 부재로 인해 지방정부차원에서 관리가 이루어졌다. 현 단계에 있어서 지방정부에 의한 "행정구행정"거버넌스가 필연적인 선택이었다. 행정구행정 거버넌스 체제 하에 자원의 효율적인 이용을 위해 다양한 관리제도를 도입하여 시행했으며 그 결과 해양자원의 과도한 개발과 무질서한 난개발 문제가 어느 정도 해결되었다. 그러나 환경오염과 난개발 등으로 인해 해양생태계가 파괴되고 자원이 고갈됨에 따라 해양문제에 대한 지역 공동대응의 필요성이 대두되자 "행정구행정"거버넌스는 한계에 봉착하게 되었고 그 대안으로 "구역기반관리"거버넌스가 주목을 받게 되었다. 그러나 국제사회의 변화와 해양갈등의 효율적인 대응에 있어서 "구역기반관리"거버넌스 또한 여러 가지 문제점을 드러내고 있었다. 첫째, 국가 간 영토분쟁이다. 중국이 유엔해양법협약에 가입한 이래 주변국과의 해양경계획정 및 배타적 경제수역에 관한 분쟁이 빈번히 발생하였는데 이에는 중-일 간 조어도 영유권분쟁, 한-중 어업분쟁, 중-필리핀 간의 스카버러 암초(黄岩岛) 영유권분쟁, 중-베트남 유전개발에 관한 분쟁 등이 있다. 아울러 미국과 일본이 남태평양수역에 "제1열도선(第一岛链)", "제2열도선(第二岛链)"을 설치하여 군사적인 봉쇄작전을 개시함에 따라 주변국과의 해양분쟁이 가속화되었다. 이처럼 중국과 주변국과의 해양분쟁이 빈번히 발생함에 따라 해양거버넌스는 점차 복잡해져 갔다.[19] 둘째, 해양환경의 통합성이다. 해양도 국가영토에 포함되나 육상의 국토개념과는 분명 다르다. 해양은 해수면, 수체, 해상, 도서, 암초 및 해양에 생존하는 다양한 생물자원들로 구성된 통일체이다. 이에 따라 해양은 체계적이고 복합적인 특징을 가지게 된다.[20] 따라서 해양거버넌스는 통합적이고 총괄적 접근이 필요하며, 특히 환경문제의 해결에 있어서 한 지역, 한 국가만의 문제가 아닌 범지구적, 국가 간의 문제로 변화됨에 따라 통합적인 접근이 요구되었다.

### 2) 경제제도의 변화는 해양거버넌스 변화의 외적 원인

중국의 사회제도 및 사회형태의 변화는 중공 11기 3중전회를 기점으로 전혀 다른 양상을 보였다. 본 회의 이후 당의 공작중점이 사회주의 현대화건설로 옮겨졌으며, 계획경제체제에서 시장경제체제로 전환하였다. 일반적으로 해양거버넌스의 패러다임 변화는 사회제도의 변화와 밀접한 관계를 가진다. 시장경제체제의 전환과 개혁개방정책의 시행에 따라 중국 영해수역에 위치한 도서의 해방(解放) 및 연안지역 해양수비업무가 점진적으로 추진되었으며 해역사용과 해양개발에 대한 행정관리가 시행되었다. 개혁개방 이후 사회제도와 경제제도는 다양한 변화를 가져왔으나 해양거버넌스는 그렇다할 변화가 없었다. 서방 선진국과는 상이한 사회제도와 경제체제, 정치이념, 개발수준의 차이 등으로 선진적인 해양거버넌스의 도입이 어려웠고, 연맹국가인 소련의 경우 내륙국가인 관계로 해양거버넌스가 확립되어 있지 않았기 때문에 해양관리 및 해양정책에 관한 선진적인 경험을 제공할 수 없었다. 이러한 상황에서 국가의 해양관리가 보수적이고 수동적으로 진행될 수밖에 없었다. 예컨대 국가해양국 설치 초반에는 해군이 대관(代管)하였으며, 그 후에는 국가과학기술위원회(国家科学技术委员会)에서 관리하게 되었으며, 그 다음 조직개편에서는 국토부 소속의 해양국으로 되었다. 지방정부에 소속된 해양행정관리체제 또한 다양한 형태를 보여주었다. 어떤 지역에서는 해양관련 행정기관과 수관리국을

19) 王印红, 渠蒙蒙. 海洋治理中的 "强政府模式"探析[J], 中国软科学, 2015(10):30.
20) 崔鹏, 中国海洋功能区划制度研究[D], 中国海洋大学, 2009: 48. 51-52.

통합하였고, 어떤 지역에서는 해양과 국토관련 행정기관을 통합하고, 또 어떤 지역에서는 해양과 어업관련 행정기관을 통합하는 관리체제를 취하였다. 이로부터 알 수 있는바 "행정구행정+부문별 행정관리 모델"은 육상의 행정 거버넌스를 해양관리에 도입하는 시도였다. 그러나 해양 고유의 속성과 특징으로 인해 육상 행정 거버넌스가 해양관리에 있어서는 한계가 있었다.

해양관리와 관련하여 등소평은 "논쟁보류 및 공동개발(搁置争议)"원칙을 제시하였다. 중국은 "논쟁보류 공동개발"의 원칙에 따라 관련 주변국과의 관계를 개선하고, 국제사회의 해양갈등에 적극 대처하기 위한 국제 협력체제에 참여하게 되었다. 예컨대 유엔해양법협약의 제정과정에 적극 참여하였으며, 협약 발효 후 서둘러 가입하였다. 해양관련 국제 협력체제의 참여를 통해 중국은 해외 선진국들의 해양 관리 이념과 제도를 도입하게 되었고 이로 인해 해양거버넌스의 변화를 초래하게 되었다. 국제사회에서 최초로 "통합관리"이념을 제시한 나라는 미국으로, 1972년 연안관리법을 제정하여 연안관리 개념에 정부부처 간 통합적 접근이 필요하다는 인식하에 연안통합관리 거버넌스를 시행하게 되었다. 중국은 1980년대, 90년대에 연안지역의 과도한 개발로 인해 환경오염과 생태파괴 등 문제를 초래하게 되었으며 해양환경 문제의 해결을 위해 새로운 거버넌스의 도입이 필요하게 되었다. 둘째, "통합적인 법집행"이념과 관리체제를 도입하였다. 일반적으로 해양선진국의 경우 통합적인 해상법집행기관을 설치하였다. 예컨대 미국은 연안경비대, 일본의 해상보안청, 한국의 해양경찰청이 있다.[21] 중국정부는 분산된 해상 법집행기능을 집중하기 위해 2013년 국가해양국을 재편하고 4개의 해상 법집행기관을 통폐합하여 국가해경국을 새로이 설치하였다. 셋째, "통합적인 협력"의 이념과 제도를 도입하였다. 유의할 점은 통합적인 해양행정관리기관을 설립하여 해양에 관한 외교, 정치, 문화, 환경, 교통 등에 관한 모든 해양업무를 총괄할 시 해양행정

21) 한국해양경찰청은 세월호 침몰사고 구조실패로 인해 해양경찰청이 폐지되고, 2014년 11월 18일 신설된 국민안전처 해양경비안전본부로 재편되었다.

통합관리부처는 "작은 국무원"으로 될 것이다. 이러한 문제를 보완할 수 있는 대응방안이 "해양위원회"의 설립이다. 해양위원회는 각 부처에 분산된 기능을 총괄하고 부처 간의 이익을 조정하는 합의체의 역할을 수행한다. 미국의 경우 대통령 직속 해양위원회를 설립하여 연방정부 각 부처 간의 해양업무를 조정하고 있으며, 캐나다의 경우 해양사무기구위원회를 설립하여 해양업무를 책임지는 부처의 협조와 합의를 이끌어내고 있다. 일본의 경우 종합해양정책본부 등 기타 해양선진국과 유사한 통합정부부처를 설립하여 부처 간의 협력과 협조를 이끌어냄으로써 시너지 효과를 일으키고 있다. 외국의 해양관련 협력 프로세스에 관한 경험을 참고하여 2013년 고위급 의사결정 협의체인 국가해양위원회를 설치하였는데, 본 위원회의 주요활동 및 업무는 국가해양발전 전략의 수립, 해양관련 중요 현안의 대응 등이 있다.

### 3) 경제적 기반과 기술수준은 해양거버넌스 변화의 기본 조건

경제 인프라는 상부구조를 결정짓는다. 신중국 성립 초기 중국은 경제적으로 낙후되고 해양정보 및 선박기술 기반이 열악하여 해양개발과 이용이 연근해에 집중되었으며, 연안개발이 해양개발 및 이용에서 중요한 비중을 차지하였다. 아울러 연안지역 지방구역 내의 어민과 수산업회사가 해양산업 및 해양개발 활동의 주체가 되었다. 해양관리에 있어서 "행정구행정"거버넌스가 효율적인 문제해결방식으로 간주된 것은 해양개발에 대한 관리와 규제의 대상이 행정구역 내의 수산업 회사이기 때문이다. 개혁개방 이후 중국은 경제와 과학기술 분야에서 신속한 발전을 이루었으며 해양개발이 공간적으로 연근해에서 접속수역, 배타적 경제수역 등 외해수역으로 확대되었으며, 해양거버넌스도 해양의 개발이용에 한정되지 않고 환경, 안보, 생태보존 등 다양화 추세를 보였다. 그러나 해양개발의 가속화에 따라 환경문제와 자원고갈 등 문제점이 대두되었고 해양환경문제를 해결하기 위해 "구역기반관리"거버넌스 필요성이 제시되었다. 유의할 점은 구역기반관리 거버넌스의 형성에는 해양지리정보시스템(MGIS), 해양원격감지기술, 해양공간계획 및 해양예측예보에 관한 핵심 기술이 중요한 역할을 했다. 아울러 첨단정보통신기술의 발전을 통해 통합적인 해양관리에 필요한 "전체적 거버넌스"를 구축해가고 있다. 나아가 해양정보 통합관리시스템의 구축을 통해 해역관리와 이용에 관한 종합적인 정보를 수집 · 처리 · 저장 · 분석 · 제공함으로써 해양관련 정책의 수립, 정책의사결정 지원을 궁극적인 목표로 설정하고 있다. 최근에는 중국의 종합 국력의 향상으로 인해 항공모함의 자체건조가 가능하게 되었고, 해양군사시설 및 해양과학 장비 등에 있어서도 경쟁력이 크게 도약되었다. 아울러 해양과학분야의 경쟁력과 기술력을 바탕으로 국제사회 해양공공서비스와 해양시설물을 제공할 수 있게 되었다. 첨단기술을 기반으로 한 해양과학기술의 발달과 국제협력의 참여 등은 중국의 "통합 거버넌스"도입을 위한 경제적, 기술적 기반을 제공하였다.

## Ⅳ. 맺음말

해양거버넌스 패러다임은 해양관리에 관한 이론적 틀이나 개념의 집합으로, 해양관리 연구자와 실무자들의 해양관리체제, 메커니즘, 규칙 및 관계 등에 대한 공통된 인식이다. 해양거버넌스는 직면한 해양현안을 효과적으로 해결할 수 있을 뿐만 아니라 국가 해양관리제도 및 해양발전 전략에 반영된다. 기존의 연구결과에 의하면, 새로운 해양거버넌스의 형성은 한 국가의 또는 지역의 해양문제해결에 관한 경험에만 의존할 수 없으며, 또한 해양강국의 선진 경험의 직접적인 도입에 의존할 수 없고, 행정기관의 정책결정자의 의지와 방향제시에 의존할 수 없다. 해양거버넌스 패러다임에 대한 연구와 분석을 통해 해양거버넌스 변화의 규칙과 원인에 대해 분석하였으며 나아가 효율적이고 신속한 해양문제해결을 위한 대책을 제언하고자 한다.

따라서 본 연구는 중국의 해양관리 경험과 해양거버넌스의 변화에 대한 분석을 통해 해양거버넌스 패러다임 변화의 규칙을 밝혀냈다. 즉 신중국 성립이후 해양거버넌스의 패러다임 변화는 "행정구행정", "구역기반관리", "통합 거버넌스"등 3단계의 변화과정을 거쳤다. 아울러 해양관리 패러다임의 변화에 따라 정책적 가치관이 변화하는 양상을 보였는데, 지방정부 해양산업의 경제적 이익 추구에서 해양환경과 해양오염 돌발 상황 등 구역 내 해양문제의 해결과 공공서비스의 제공으로 전환되었다. 국제사회에서 전체적이고 통합적인 거버넌스 방식이 요구되고 있는 지금, 중국의 해양행정 및 정책분야에 있어서도 "통합 거버넌스"의 도입과 적용이 필요하다고 생각된다. 기존의 연구에 따르면 중국 해양거버넌스가 "통합 거버넌스"형성의 초기단계에 처해있으나 해양행정 및 관리의 통합성, 장기적인 목표와 가치관, 원활한 해양서비스 제공, 통합적인 법집행 등의 특징은 "통합 거버넌스"의 일반적인 형성 요인에 부합된다. 나아가 해양의 중요성과 활용가치가 점차 향상되고, 인간의 해양개발과 이용의 범위가 확대됨에 따라 해양거버넌스에 대한 요구수준이 높아지고 있다. "통합 거버넌스"는 시민의 수요를 기반으로 하는 정책수립과 해양문제해결에 대한 정부, 기업, 시민 등 다양한 주체의 참여와 협력을 중요시함으로써 통합적인 해양관리를 실현하고자 한다. 이의 실현을 위해서는 시민수요를 정책수립에 반영하여야 하고, 해양관리의 핵심을 해양권익 수호, 자원 절약, 환경보존 등 공공이익의 실현을 위한 공공업무의 수행을 주요 업무로 설정하여야 한다. 또한 정부, 기업, 사회단체, 시민 등 다양한 관리주체가 해양관련 공동문제에 대해 의사결정권을 공유하며 통합적인 해상 법집행기관을 설치하고, 해양정보종합관리시스템을 구축하여 효율적이고 통합적인 해양거버넌스를 형성하여야 한다.

앞에서 서술한 바와 같이 중국은 해양거버넌스 형성과정을 통해 해양행정 및 해양문제 해결에 있어서 통합적 해양관리를 위한 기술적 기반과 제도적 장치를 마련하였다. 또한 다양한 해양관리주체가 해양문제에 대한 공통의 경험과 인식을 토대로 "통합 거버넌스"를 점진적으로 발전시키고 나아가 해양공공업무의 수행, 해양환경의 보존, 해양권익의 수호 등 해양문제의 해결에 있어서 중요한 역할을 하게 될 것이다.

# 참고문헌

[1] 王印红, 渠蒙蒙. 海洋治理中的“强政府模式”探析[J]. 中国软科学, 2015(10):30.

[2] 胡键. 争论中的中国模式:内涵, 特点和意义[J]. 社会科学. 2010(06): 10.

[3] 金太军. 从行政区行政到区域公共管理一政府治理形态嬗变的博弈分析[J]. 中国社会科学, 2007(6): 53.

[4] 杨爱平, 陈瑞莲. 从“行政区行政”到“区域公共管理”--政府治理形态嬗变的一种比较分析[J]. 江西社会科学, 2004(11): 25-26.

[5] 王琪, 王刚等. 海洋管理学[M]. 北京：人民出版社. 71-72.

[6] 王印红, 王琪. 海洋强国建设背景下海洋行政管理体制改革的思考与重构[J]. 上海行政学院学报, 2014(4): 104.

[7] 陈瑞莲. 区域公共管理导论[M].北京：中国社会科学出版社, 2006: 01.

[8] 鹿守本. 海岸带综合管理[M]. 海洋出版社, 2001. 127-128.

[9] 国家海洋局北海分局. 主要职责[EBOL]. [2016-3-3]. [2016-3-3]. http://w ww.ncsb.gov.cn/ n1/n70003/n78095/index.html.

[10] 王琪, 王刚等. 海洋行政管理学[M]. 北京: 人民出版社, 2012年, 180.

[11] 马丽. 跨区域公共治理中的地方政府行为模式：一个理论框架[J].福建行政学院学报, 2015(04): 36.

[12] [英]Perri6.Dianaleat, Kimberly Seltzer and Gerry Stoker. Towards Holistic Governance: Tte New Reform Agenda[M]. New York: Palgrave, 2002:48.

[13] 竺乾威. 从新公共管理到整体性治理[J].中国行政管理, 2008(10): 57.

[14] 刘中民, 桑红. 防御下的强大一第一代海洋防卫思想[J]. 海洋世界, 2007(01): 54.

[15] 王印红, 渠蒙蒙. 海洋治理中的“强政府模式”探析[J]. 中国软科学, 2015(10):30.

[16] 崔鹏. 中国海洋功能区划制度研究[D]. 中国海洋大学, 2009: 48. 51-52.

# 02

# 황해광역생태계의 변화 및 지속가능한 발전

曲方圆(Qu Fangyuan), 张朝晖(Zhang Zhaohui)

# 황해광역생태계의 변화 및 지속가능한 발전

曲方圆(Qu Fangyuan), 张朝晖(Zhang Zhaohui*)

## 국문초록

황해광역해양생태계(YSLME)는 64개 광역해양생태계의 하나로서 생물자원이 풍부하여 황금어장으로 불린다. 또한 주요한 항구가 황해연안지역에 자리 잡고 있어 해상교역 통로로 이용되고 있으며, 바다 속에는 광물자원이 풍부하게 매장되어 있어 연안국들에게 중요한 생태계 서비스를 제공하고 있다. 그러나 인간 활동의 영향을 받아 황해는 생태환경 쇠퇴문제에 직면하게 되었다. 황해광역해양생태계에 주는 부정적인 영향을 줄이고, 지속가능한 발전을 실현하기 위해 한중 양국은 황해광역생태계관리프로그램을 신청하게 되었다. 본 프로그램은 지구환경기금(GEF)과 국제연합개발계획(UNDP)가 주관하는 광역생태계 관리프로그램의 하나이다. 제1기 사업은 두 단계로 구분하여 수행하였는데 2005년부터 2006년까지 제1단계 사업이 추진되었고, 2007년부터 2014년까지 제2단계 사업이 추진되었다. 제1기 사업단계에서 과학자들은 황해생태지역 내에 존재하는 생물종, 오염상태, 생물다양성, 생태계, 사회경제 현황 및 관리현황을 파악함으로써 황해광역해양생태계에 존재하는 환경문제

* 교신저자 Zhang Zhaohui, 국가해양국 제1해양연구소 부연구원, 이학박사, 메일 zhang@fio.org.cn.

를 제시하였다. 2017년에 착수된 제2기 사업에서는 1기 사업에서 수립된 전략계획을 이행하며 생태적 접근방법으로 해양환경 및 해양생태계에 대해 효과적으로 관리함으로써 지속가능한 해양관리체제를 구축하고 다양한 정책적 지원방안과 재원을 지속적으로 지원할 수 있는 방안을 마련하고자 한다.

**키워드:** 황해, 광역해양생태계, 지속가능한 발전

# Ⅰ. 황해는 지역발전의 생태적 중추

황해는 전 세계 64개 광역해양생태계의 하나이다. 황해는 한반도와 중국으로 둘러싸인 반폐쇄성 해역으로 남북길이가 1000km, 동서길이가 약 700km에 이르며, 총 면적은 380,000㎢, 평균 수심은 44m이다. 황해의 서쪽은 중국 대륙의 산동반도와 수베이 평원(苏北平原)과 접해있고, 동쪽은 한반도, 북쪽은 요동반도에 접해있다. 황해는 한국, 북한, 중국 등 3개 연안국으로 둘러싸여 있으며 이들 국가의 발전에 중요한 생태 서비스와 해양자원을 제공하여 왔다.

## 1. 황해 생물자원이 풍부한 황금어장

황해는 북태평양 동아시아구역으로 구분되며 난온대 특징을 띠어 수온이 대체적으로 높다. 특히 황해남부에 고온수역을 형성하고, 동쪽과 서쪽 연안 해역은 저온수역을 형성하고 있다. 해양생물 중에 어류가 주를 이루며 대략 300여종의 해양어류가 파악되었다. 주요 경제성 어종에는 참조기, 갈치, 고등어, 삼치, 수조기, 준치, 청어, 병어, 대구 등이 있다. 그밖에 철갑오징어, 오징어 등 두족류와 밍크고래, 큰고래, 범고래 등의 고래가 있으며, 저서동물도 풍부하게 서식하고 있는데 연체동물과 갑각류가 포함된다. 주요 경제성 패류자원에는 굴, 홍합, 고막, 바지락, 가리비, 전복 등이 있고, 주요 경제성 새우, 게 종류에는 참새우, 새우, 대하, 곰새우, 꽃게 등이 있다. 저서식물은 동쪽연안과 서쪽연안으로 구분할 수 있으며, 온대종이 차지하는 비중이 상대적으로 높다. 서쪽연안에는 겨울철과 봄철에 아한대 우점종이 나타나고 있으며, 여름과 가을철에는 열대성 우점종이 나타나고 있다. 저서식물자원에는 미역, 다시마, 우뭇가사리 등이 있다.

## 2. 황해 주요 항만과 해상통로 확보

황해연안지역에는 중국의 연운강(连云港), 염성(盐城), 남통(南通), 일조

(日照), 청도(青岛), 연태(烟台), 위해(威海), 대련(大连), 단동(丹东) 등의 항구와 북한의 신의주, 남포, 한국의 인천항구가 있으며, 이들은 무역에서 중요한 역할을 수행하고 있다.

### 3. 황해 풍부한 광물자원 매장

남황해분지는 중생대, 신생대 퇴적물에 의해 이루어진 암석층이 있으며, 이러한 암석층에는 풍부한 석유자원이 매장되어 있다. 그밖에 기타 광물자원으로 연안지역 사광(砂矿)이 있으며 표사 또는 광상 중에 있는 유용한 광물을 채취하고 있다.

### 4. 황해 지역발전의 중요한 생태적 중추

황해 연안 수괴, 중앙 냉수괴, 황해 남부해역 고염 수괴 등 3개 종류의 수괴를 형성하고 있다. 특히 냉수괴의 움직임이 활발하여 중요한 생태 서비스를 제공한다.

## II. 황해 생태환경이 직면한 도전과제

황해는 연안지역의 급속한 성장, 높은 강도의 인간 활동으로 인해 생태계 훼손과 환경악화를 초래하여, 현재 황해 생태환경이 직면한 도전과제는 아래와 같다.

### 1. 어업자원의 감소

황해는 과도한 남획으로 인해 생물의 영양섭취 단계가 현저히 낮아지고 어획물 및 어종의 경제적 가치가 감소하게 되었다. 트롤어업에 대한 조사결과 황해 주요 어획 어종은 1950년~1960년대 굴비, 참조기, 갈치 등 고품질의 생선에서 멸치 등 경제성이 낮은 어종으로 전환되었다.

## 2. 간척 · 매립으로 인한 생태환경 악화

연안국들의 급속한 경제성장으로 인해 농지와 공업용지 확보를 위해 실시한 간척사업은 황해 연안오염의 중요한 원인이 되었다. 연안습지와 갯벌은 지구상에서 가장 생명력이 풍부한 지역으로, 완벽한 자연생태계를 보존하고 있으나 간척지 매립으로 인해 생물다양성이 감소되고 있으며 생태계 서비스 기능이 약화되고 있다. 아울러 습지식물의 파괴로 인해 연안방제능력과 해양재난에 대한 대응력이 떨어지고 있다. 또한 항만구역 내의 간척지 매립은 조수량(纳潮量)의 감소를 동반하게 되며 수력학 여건을 저하시키고, 수질의 탁도(浊度)를 높게 하여 수중에 서식하는 부유식물의 광합작용과 성장을 저해한다. 이러한 환경적인 영향으로 인해 저서환경이 파괴되고 어류, 새우, 패류, 게 등 수산자원의 서식지와 산란장이 지속적으로 축소되고, 나아가 일부 해역의 주요 생산력을 저하시키는 등 부정적인 영향을 미치게 된다.

## 3. 연안해역 오염 심각

2015년 중국해양환경상황공보(中国海洋环境状况公报)에 따르면 2015년 사계절 평균치가 1급 해수 수질표준에 미치지 못한 해역면적이 40,065km$^2$에 달한다. 1급 해수 수질표준에 미치지 못하는 해역의 면적이 가장 넓은 곳은 동중국해이고 다음으로 황해이다. 해수 수질표준에 미치지 못한 해역은 대부분 연안해역에 위치하여 있으며 주요 오염원인은 육상기인 오염에 의한 것으로 나타났다.

## 4. 해수양식으로 인한 해역오염

해수양식에서 배출되는 대량의 배출물과 사료 찌꺼기가 오랜 시간 동안 축적되고, 정화처리를 거치지 않은 양식장 순환수가 바다로 직접 배출되는 등 양식 활동으로 인해 수중에 질소, 인 등 화학물질이 증가하여 수질과 해저

생태환경이 파괴되었다. 또한 전술한 해양환경오염으로 인해 병원체가 번식하고 부영양화가 가속화되고 적조현상이 빈번하게 나타나고 있다.

### 5. 해상 기름유출사고로 인한 해양오염

경제성장에 따른 석유자원의 수요가 증가하게 되었고 석유채취 및 운송과정에서 기름유출사고가 빈번히 발생하고 있다. 돌발성 기름유출사고는 해양 및 연안 생태계 및 환경에 심각한 영향을 미치게 되는데 지역 어업인, 수산양식, 관광 등 해양산업에 막대한 경제적 손실을 초래한다.

### 6. 적조, 녹조현상 빈발

2015년 중국해양환경상황공보에 따르면 2011년부터 2015년까지 5년간 황해지역 평균 적조발생 면적이 1,000km$^2$에 이른다. 2004년 적조발생 면적 1,000km$^2$에 비교할 경우 현저히 증가되었으며 해마다 늘어나는 추세를 보이고 있다. 아울러 2007년부터 중국 연안해역에서 녹조현상이 빈발하고 있으며 매년 5월에서 7월 사이에 황해해역에서 주기적으로 발생하여 소멸하는 현상을 보이고 있다. 녹조발생은 최근에 나타난 새로운 환경문제로 지역사회에 환경적인 영향은 물론 경제적 손실도 야기하고 있다.

## Ⅲ. 황해광역해양생태계의 지속가능한 발전

황해와 이를 둘러싸고 있는 유역의 지속가능한 이용을 통해 황해를 보호하고 관리하기 위해 한중 양국은 황해광역해양생태계보전사업을 신청하게 되었다. 당해 사업은 지구환경기금이 연구비용을 지원하고 유엔개발계획에서 관리하는 국제해역 프로젝트이다. 제1기 사업은 2005년부터 2009년까지 총 5년에 걸쳐 수행되었고 1기 사업의 성과를 바탕으로 2017년부터 2019년까지 제2기 사업을 수행할 계획이다. 제2기 사업에서는 1기 사업에서 수립된 "황해광역해양생태계 전략행동계획"을 이행하며, 해양생태계 복원을 통해 서비스 기능을 강화하고 지역해 환경거버넌스 프레임을 구축하는 것을 목표로 하고 있다.

## 1. 황해광역해양생태계 보전사업(YSLME) 제1기 사업성과

2005년 3월 공식적 출범한 황해광역생태계보전사업 제1기는 2005년부터 2009년까지 추진되었다. 본 프로그램은 황해와 이를 둘러싸고 있는 유역의 지속가능한 이용을 통해 황해를 보호하고 보존, 관리하는 것이다. 이를 위해 황해 전해역의 수산자원, 해양오염, 해양생태계, 사회경제 및 관리 등 문제에 대해 조사하고 분석하였다. 분석결과 황해해역에는 환경오염, 부영양화, 부유생물군락 구성 변화, 어획량이 해양생태계 수용능력 초과, 지속불가한 양식업, 어패류 서식지 축소, 해파리 수량 폭증, 기후변화에 따른 영향 등 환경문제가 발생하고 있다는 결론을 내렸다. 이와 같이 황해광역해양생태계보전사업의 제1기 사업은 황해현황 파악을 위한 과학조사를 실시하고, 황해의 해양생태계에 대한 종합 진단보고서를 작성하였다. 이를 바탕으로 해양문제 해결을 위한 구체적 실천계획(SAP, Strategic Action Plan, 2010-2020)을 수립하고, 계획의 이행을 확보하기 위해 한중 양국과 유엔개발계획(UNDP)은 공동으로 제2기 사업을 신청하였다.

## 2. 황해광역해양생태계 보전사업(YSLME) 제2기 사업

황해광역해양생태계 보전사업 제2기 사업은 2017년 7월 서울 코리아나 호텔에서 "황해광역해양생태계" 착수워크숍을 개최하였으며 이를 시작으로 제2기 사업이 본격 추진되었다. 제2기사업의 주요 목표는 제1기 사업에서 수립된 전략계획을 이행함으로써 생태적 접근방법으로 황해지역을 관리하고 지속가능한 관리체계 구축, 정책 및 재원을 마련하는 것이다. 구체적으로는

1) 지역해 관리를 위한 국가 간의 협력을 지속적으로 추진함으로써 생태계를 기반으로 한 해양관리를 실현한다. 2) 자원배치 방법을 개선하여 해양생태계의 수용능력을 개선한다. 3) 해양생태계 조절기능과 문화적인 서비스 기능을 향상시킨다. 4) 해양생태계 지원 서비스 기능을 향상시킨다. 그림-1에서 해양생태계 수용능력 향상을 위한 4가지 방안을 제시하였다. 첫째, 해양생태계의 서비스기능 개선에 관한 주요 목표는 어획량을 25-30% 줄이며, 과잉 개발된 수산자원을 복원하고 지속가능한 양식기술개발하는 것이다. 둘째, 해양생태계 조절기능에 대한 주요 목표는 오염물질의 배출을 줄여 국제기준을 충족하도록 한다. 셋째, 문화서비스기능에 대한 주요 목표는 해양쓰레기의 배출량을 줄이고 연안해역 오염을 줄이는 것이다. 넷째, 생태계 중추 역할의 수행과 관련하여 주요 목표는 해양생태계 예측능력을 제고하고, 생물다양성을 보존함으로써 서식지를 확보하고 외래종의 위협을 줄인다.

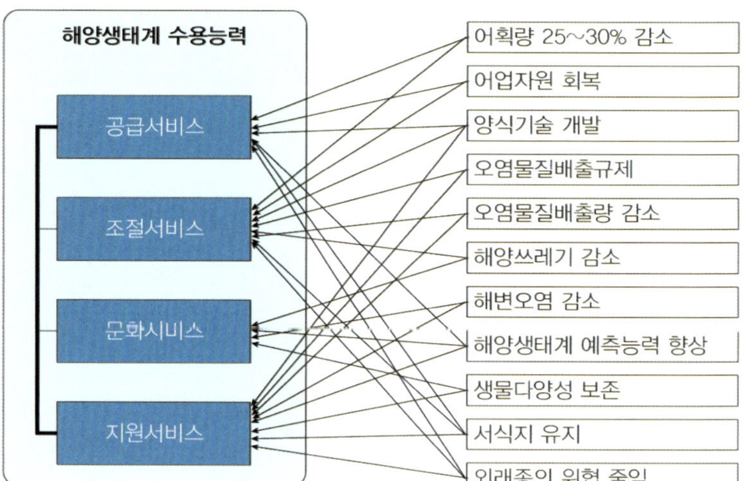


[그림-1] 제2기 황해광역해양생태계보전사업 해양생태계 수용능력 향상

생태적 접근방법에 의한 해양관리는 공급서비스, 조절서비스, 문화서비스, 지원서비스 등 4개 모듈(模块)로 구분하여 구체적인 행동계획을 마련하여 이행한다. 모듈1은 해양환경관리기관과의 협력을 강화하고 정책결정에 관한 정보를 공유함으로써 해양생태계 관리에 관한 국제협력을 강화한다. 모듈2는 해양생태계의 서비스제공 기능을 강화한다. 모듈3은 해양생태계의 조절서비스 및 문화서비스 기능을 강화한다. 모듈4는 해양생태계의 지원서비스기능을 강화한다. 4개 모듈의 주요 목표는 아래와 같다.

모듈1: 해양환경관리기관과의 협력을 강화하고 정책결정에 관한 정보를 공유함으로써 해양생태계 관리에 관한 국제협력을 강화한다.

- 목표1.1 참여국가 간의 협력강화를 통해 황해광역해양생태계 위원회를 설립하고 나아가 지역 거버넌스를 구축한다. 아울러 보다 많은 이해관계자들의 참여를 유도함으로써 시민들의 해양환경보전의식을 제고시킨다.
- 목표1.2 국가차원의 협력과 협조를 개선하고 관계부서 간의 조정위원회의 효율성을 향상시킨다.
- 목표1.3 황해 연안국과의 협력관계를 강화하고 이해관계자 참여 확대를 기반으로 전략행동계획을 확보하고, 시민들의 환경보전의식을 제고함으로써 생태적 접근을 통해 해양관리역량을 향상하는데 노력을 기울인다.
- 목표1.4 지역협정, 국제조약 및 협약, 관련지침의 준수와 국내이행을 강화한다.
- 목표1.5 효과적이고 체계적이며 생태적 접근방식을 기반으로 해양생태계보전에 관한 국제협력을 추진하기 위한 재원을 마련한다.

모듈2: 해양생태계의 서비스제공 기능을 강화한다.

- 목표2.1 생물의 영양섭취단계 등급을 제고하고 어업자원을 회복하기 위해 노력한다.
- 목표2.2 수산종묘방류를 통해 자원량을 회복하고 서식지를 개선한다.
- 목표2.3 지속가능한 양식기술개발을 통해 과도한 어획 압력을 줄인다.

모듈3: 해양생태계의 조절서비스 및 문화서비스 기능을 강화한다.

- 목표3.1 육상기인 오염물질의 배출을 줄이고 해양생태계의 건강을 개선한다.
- 목표3.2 오염방지기술의 개발을 강화하고 시범구 운영을 확대한다.
- 목표3.3 오염배출규제에 관한 법제도를 강화한다.
- 목표3.4 해양쓰레기 관리지침을 수립하여 특정해역에서 배출하도록 한다.

모듈4: 해양생태계의 지원서비스기능을 강화한다.

- 목표4.1 기존의 서식지를 유지하고 간척·매립사업에 대한 규제를 강화하고 신규사업 신청을 엄격히 제한한다.
- 목표4.2 해양보호구역(MPA) 관련 정보를 공유하고 평가한다.
- 목표4.3 기후변화로 인한 연안재해 대응계획을 수립한다.
- 목표4.4 생태계에 기반 한 군락관리시스템을 활용하여 기후변화 및 연안재해에 대응하기 위한 위험관리계획을 수립한다.

## 3. 황해광역해양생태계 보전사업(YSLME) 제2기 사업의 기대효과

첫째, 협력관리체제 – 황해위원회(Yellow Sea Large Marine Ecosystem Commissi-on)를 구축 · 운영한다. 그림-2는 황해위원회의 조직도이다. 황해위원회는 생태계에 기반한 협력체제로서 당해 위원회의 의사결정이 법적 구속력이 없는 권고의 성격을 갖도록 설정하는 것이 바람직하다. 따라서 황해위원회에서 결정한 모든 협의사항은 참여국과의 협상 및 동의를 거쳐야 하며 협력관리의 내용범위는 황해 환경관리의 현안을 중심으로 제시하고 관련 국가간의 해양개발과 이용 및 보전에 관한 이해관계의 충돌을 해결하여야 한다. 이러한 협력관리의 지속적 유지에 있어서 가장 중요한 요소는 안정적 재원확보라 할 수 있다. 황해위원회는 협력정책 및 의제를 발굴, 전략행동계획의 이행, UNDP-GEF 국제프로그램을 감독 · 관리하는 최고기구이다. 아울러 황해위원회는 매년 1회의 정례회의를 개최하여야 하며, 산하의 과학기술위원회(Management Science and Technical Panel, MSTP) 또한 매년 1회의 정례회의를 개최하여야 한다. 과학기술위원회는 총 6개의 분과위원회를 설치하여 특정업무에 대한 연구와 관리를 추진하며, 보고서를 작성하여 과학기술위원회에 제출한다. 황해위원회 사무국은 연간지출 계획을 작성하고 이를 바탕으로 다음해 예산을 편성하고, 예산집행업무를 담당하고, 국가과학협조요원(NPC)에게 정책수립을 위한 기술적 지원과 제언을 한다.

둘째, 고갈된 어업자원을 회복하고 양식 수산물의 품질안전을 개선한다.

셋째, 해양생태계의 건강을 개선한다.

넷째, 부처 간의 협력을 강화하고, 해양관리에 있어서의 국가책임을 강화함으로써 어업자원의 서식지를 유지한다. 나아가 다양한 이해관계자가 참여하는 해양거버넌스를 구축하고 해양관리에 관한 법제도를 개선함으로써 정책결정체제를 최적화한다.

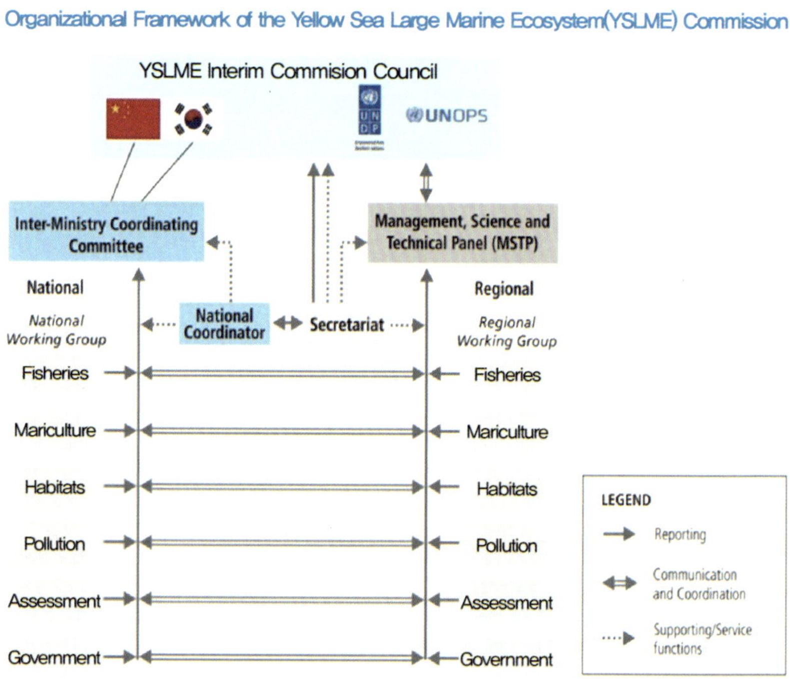


[그림-2] 황해위원회 조직도 제안

황해광역해양생태계보전사업 제2기 사업이 재개됨에 따라 한국과 중국의 협력을 통해 황해 해양환경문제를 해결할 수 있는 실마리를 찾았다고 할 수 있다. 이와 관련하여 제2기 사업은 "황해광역생태계 전략행동계획"을 이행하며, 구체적인 보전사업을 추진함으로써 황해 연안지역 지방정부의 해양생태계 보존에 관한 관심을 향상시키고, 해양환경에 대한 시민 의식을 제고할 수 있다. 아울러 해양생태계 보존에 관한 선진국의 사례를 도입함으로써 기술적 관리조치를 개선하고, 황해연안 지방정부의 국제협력 역량을 강화하고, 황해 해양생태계의 지속적인 서비스제공 기능을 유지하여, 궁극적으로는 해양생태계를 보호하고, 나아가 해양생태문명을 건설하기 위한 것이다.

# 03

# 북황해 생태환경 복원을 위한 기술개발 및 응용

崔正国(Cui Zhengguo)

# 북황해 생태환경 복원을 위한 기술개발 및 응용

崔正国(Cui Zhengguo*)

## 국문초록

현 단계 중국의 국가발전전략에 있어서 가장 핵심적인 요소는 환경문제에 대한 효과적인 대응과 해결이다. 환경문제의 근본적인 해결을 위해 국가전략 수립단계에서 경제개발과 환경 보존을 동시에 고려함으로써 경제와 환경의 지속가능한 발전을 실현하여야 한다. 이러한 배경 하에 생태문명건설 사업은 국가발전전략에서 중요한 자리를 잡아가고 있다. 교주만은 중국 청도의 "어머니 만(母亲湾)"으로 이를 서식지로 다양한 해양생물이 살면서 완벽한 해양생태계를 이루고 있다. 그러나 경제성장의 가속화와 도시화 과정에서 연안개발, 간척 · 매립, 폐수배출, 유류오염 등으로 인해 해양생태계는 훼손되었다. 본 연구는 생태계 복원을 위한 기술개발에 관한 국내외 연구 성과를 바탕으로 교주만 생태계 복원사업의 기본원칙과 사업범위 및 생태적 목표를 제시하였다. 또한 "육해통합(陆海统筹)"이란 기본원칙에 따라 육상기인 오염물질의 배출을 엄격히 규제하고, 3원결합기술(三元耦合技术)을 활용하여 바다로 유입되는 하천과 그와 밀접한 연관성을 갖는 연안습지의 복원, 하구와 조간대 및

* 중국수산과학연구원 황해수산연구소 어업환경 및 생물복원연구실 부연구원.
메일 cuizg@ysfri.ac.cn.

이에 서식하는 어패류자원의 복원, 천해(浅海)수역 해양생태계의 복원 등 3개 핵심 요소를 연계하여 복원사업을 추진함으로써 교주만의 생태 병풍을 구축하고, 연안생태계의 지속적인 이용을 추진하고자 한다. 본 연구결과는 교주만 생태환경의 보존과 관리를 위해 기술적인 지원과 실질적인 참고자료를 제공하게 될 것이다.

**키워드:** 교주만, 생태복원, 환경보호, 패류, 습지

# Ⅰ. 연구배경 및 의의

중국은 서방 100년 동안의 경제성장 성과를 40년 만에 이루어냈으나, 환경문제 또한 서방의 100년 기간 동안 형성한 것을 40년 만에 집중적으로 야기한 문제점도 노출하고 있다. 교주만 역시 동일한 문제에 직면해 있다. 생태환경의 파괴와 생활환경의 악화는 중국 사회, 경제의 지속가능한 발전을 저해하는 중요한 요소이다. 이러한 환경문제를 해결하기 위해 중국정부는 국가차원에서 생태문명건설 사업을 추진해오고 있으며 중국공산당 17차 당 대회에서 최초로 "생태문명(生态文明)"의 개념을 공산당 행동강령에 포함시켰다. 중국공산당 18차 당 대회에서 "아름다운 중국(美丽中国)"이란 행동목표를 설정하였으며 아울러 생태문명건설 사업을 중점과제로 추진한다고 명시하였다. 정부는 생태문명제도의 관리시스템을 구축하기 위하여 2015년 4월 25일 중공중앙, 국무원은 공동으로 "생태문명건설 가속화에 관한 의견(关于加快推进生态文明建设的意见)"을 발표하였다.

교주만은 청도의 "어머니 만"으로 청도시 정부와 관련 부처는 교주만의 생태환경 보전을 위해 많은 노력을 경주해왔다. 2001년 청도시는 "푸른 바다 행동계획(碧海行动计划)"을 수립하였는데, 본 행동계획은 교주만 및 이에 인접한 해역의 환경보전을 위한 시행방법을 규정하고 육상기인 오염물질에 대한 관리를 강화할 것을 강조하였다. 2005년에는 "교주만 해역 및 근해해안선보호를 강화하기 위한 의안(关于切实加强胶州湾水域及近海岸线保护的议案)"을 발표하여 교주만 생태보전을 위한 효과적인 조치를 취하여 생태환경을 개선하고, 교주만 연안의 간척 · 매립을 제한함으로써 연안오염관리를 강화하기로 하였다. 2006년에는 "교주만습지보호계획(胶州湾湿地保护规划)"을 수립하고, 2008년에는 "환만보호, 옹만발전(环湾保护, 拥湾发展)" 발전전략을 제시하였다. 나아가 2012년 청도시는 "교주만 보호 통제선 획정 및 해안선 정리계획(环胶州湾保护控制线划定与岸线整理规划方案)", "교주만 해안선 정리 및 보호 행동계획 실시방안(青岛胶州湾岸线整理保护三年行动计划)(2013-2015년)"을 발표하였다. 나아가 교주만 환경보존 및 해안선 정리에 관한 관리수단의 시행을 확보하기 위해 "청도시교주만보호조례(青岛市胶州湾保护条例)"를 제정하여 2014년 9월 1일부터 시행하였다. 이와 같이 청도시는 교주만 생태보존 및 해안선정리에 관한 시행방안과 행정조례를 제정하여 시행함으로써 교주만 생태보존을 위해 법제도적 장치를 마련하게 되었다. 아울러 교주만 보존사업의 범위를 명확히하고 교주만에 유입되는 하천과 양측의 통제구역에 대한 관리를 강화하고, 생태보존과 하구습지를 훼손하는 행위는 전면 차단하였다. 2014년 10월에는 "청도시 국가생태시 건설 3년 행동계획(2014-2016년)(青岛市创建国家生态市三年行动计划2014-2016年)"을 수립하여 생태문명제도를 확립하고 교주만 생태홍선획정 업무(胶州湾生态红线的划定工作)에 착수하였다. 아울러 2015년에는 "교주만 수질환경보호업무추진방안(胶州湾水环境保护工作方案)"을 제정하여 시행하였다.

2016년 3월 해양생태계보전에 관한 "13차 5개년 계획"에서 제시한 100대 중점과제 중에 "교주만, 요동만, 발해만, 항주만, 샤먼만, 통킹만 등 해만에 대한 수질오염 관리 및 통합적 환경관리사업"이 14번째 중점과제로 선정되었으며, 2016년 8월에는 청도 교주만이 국가급 해양공원으로 승인되었다. 청도시는 "13차 5개년 계획" 100대 중점과제의 하나로 선정된 교주만 수질오염관리와 통합관리를 위해 2016년 10월 28일 "교주만 보호 실시의견(关于加强胶州湾保护工作的实施意见)"을 발표하고 2020년까지 교주만을 청정지역, 연안과 해변이 아름답고 쾌적하며, 생물자원이 풍부한 해만으로 복원할 것을 목표로 설정하였다. 나아가 교주만 생태보전사업의 실천경험을 바탕으로 교주만을 전국 해양생태문명건설 및 푸른 해만 관리사업의 시범구역으로 발전시킬 것을 약속하였다.

그동안 교주만의 해양생태 복원 및 환경보존에 관련된 여러 문제들을 해결하려는 청도시의 노력이 생태복원에 긍정적인 작용을 하여 왔고 나름대로 성과를 이루었으나 여전히 많은 문제점이 존재한다.

# II. 교주만 생태환경보전의 문제점

교주만은 청도의 "어미니 만"으로 산동반도 남단에 위치해 있으며 전형적인 반폐쇄형 해만으로 생태계를 잘 보존하고 있는 해역으로 평가받고 있다. 교주만 만구(灣口)에는 동쪽에 라오산(崂山), 서쪽에 링산(靈山)등 2곳이 돌출하여 만구의 너비가 30~44km로 좁고, 만안은 두루주머니처럼 넓어 천연의 양항(良港)을 이룬다. 교주만의 길이는 32km, 넓이는 27km, 면적은 353.92km$^2$이다. 이처럼 만의 면적이 넓고 풍랑이 작아, 해상운송, 수산양식, 염업, 관광 등 다양한 용도로 이용이 가능한 바 해양경제발전에 중요한 역할을 해왔다. 그러나 연안지역 경제발전과 고밀도 연안이용으로 인해 수질오염과 유해화학물질 오염이 심화되고 있는 것으로 나타났다.

## 1. 교주만 환경오염은 여전히 심각

첸궈둥(钱国栋, 2009)을 선두로 하는 연구진은 2007년 5월, 8월, 10월 3차례에 걸쳐 교주만 해양환경 조사를 시행하였으며, 최근 30년간 교주만 해양환경측정결과와 연계하여 교주만 해수 표층수에 대한 무기질소(无机氮), 인산염(磷酸盐), 석유계 탄화수소(石油烃), 화학적 산소 요구량(石油烃和化学需氧量, COD) 등 화학 오염물질의 농도와 분포 특성을 분석하고 부영양화지수가 해수 수질에 미치는 영향을 평가 · 분석하였다. 연구 결과, 1980년대부터 교주만 해수의 무기질소의 평균농도가 점차 높아지는 추세를 보이고 변화범위는 6.14-33.19$\mu$ mol · dm$^{-3}$으로 나타났다. 인산염과 석유계 탄화수소가 증가 추세를 보이다가 감소하고 있는 현황이다. 그중 인산염의 농도 변화범위는 0.32-0.92$\mu$ mol · dm$^{-3}$이며, 석유계 탄화수소 농도의 변화범위는 28.26-79.13 $\mu$ mol · dm$^{-3}$이다. 화학적 산소 요구량(COD)의 경우 우선 감소하는 추세를 보이다가 다시 증가하고 있는 현황이며, 변화의 폭은 0.57-1.60mg · dm$^{-3}$이다(그림-1).

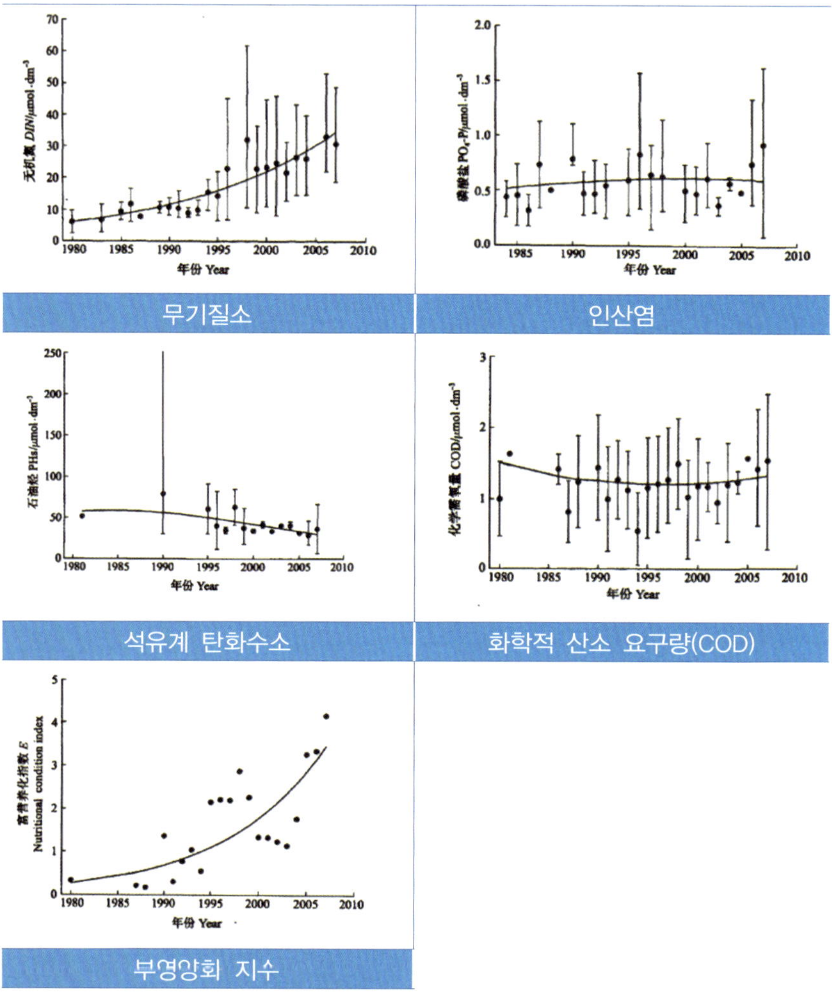


[그림-1] 1980년대부터 2000년대까지 교주만 해수 오염물질의 변화추이

오염물질의 수평분포를 보자면 무기질소, 인산염의 농도가 높은 지역은 북동부에 분포되어 있으며, 2000년대부터 서쪽해역으로 점차 이전하는 추세를 보이고 있다. 석유계 탄화수소는 동쪽해역의 농도가 높고 서쪽해역의 농도가

낮으며, 화학적 산소 요구량은 북동쪽과 북서쪽 연안해역의 농도가 높고, 중앙 부분과 남쪽해역이 상대적으로 낮게 나타났다. 부영양화에 대한 평가결과 1980년대 교주만 해역 E값이 1보다 작게 나타나 부영양화 현상이 발생하지 않았으며, 1990년대부터 현재까지는 E값이 1을 초과하게 되었으며 점차 증가하는 추세를 보이고 있다. 이러한 측정결과는 부영양화 현상이 가중화되고 있음을 보여주며 2007년에는 E값이 4.15에 이르렀다. E의 수평분포에 대한 평가에 따르면 부영양화구역은 주로 교주만 북동쪽, 서쪽 연안해역에 집중되어 있으며 육상에서 배출되는 영양염과 기타 오염물질이 대량 유입되어 조류의 번식을 가속화한 것으로 판단된다(그림-2).

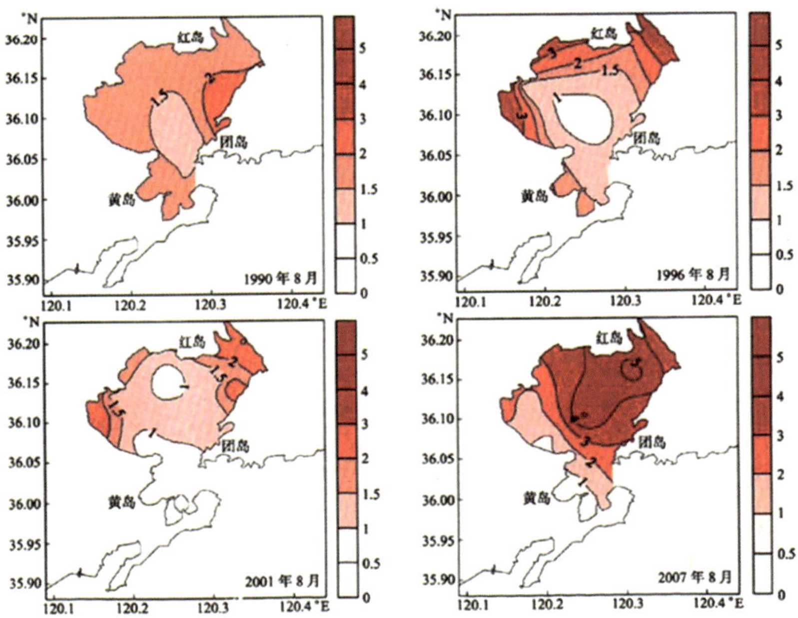


[그림-2] 1990년대부터 2007년까지 교주만 여름철 표층수 COD 농도분포도

왕옌링(王艳玲, 2015)은 교주만해역 및 주변 해역의 25개 조사기점에 대해 분기별 해양환경 조사를 진행하고, 종합오염지수법(综合污染指数法)에 의거하여 환경조사 데이터에 대해 분석함으로써 수질오염상태를 파악할 수 있었다. 분석결과 2013년 교주만 종합오염지수는 4.27로 나타났고, 이는 기타 해역에 비해 오염이 경미한 것으로 나타났다. 교주만 내의 일부 조사기점에서 측정된 무기질소와 활성 인산염의 농도치가 2급 해수수질기준으로 나타났고 이는 만내의 주요 오염물질을 구성한다. 교주만으로 유입되는 하천은 오염물질의 바다로의 유입통로 역할을 하게 되었다.

## 2. 어업자원 현저히 감소

1980년대 초반 교주만 및 주변해역에 대한 생물다양성 조사결과 113종의 어류가 포획되었고 어획물에 대한 분석결과 12목, 52과, 90종(刘瑞玉, 1992)이 분포하고 있음을 알게 되었다. 2008년 9월에서 2009년 2월에 걸쳐 교주만 중부해역을 대상으로 조사지점에 대해 저인망에 의한 어획물을 조사하였다. 채집된 어류는 총 50종에 달했으며 이는 8목, 28과, 42속에 해당한다(梅春 외 3명, 2010년).

슈빈저(徐宾铎, 2013년)는 2009년 3월부터 2010년 2월에 걸쳐 교주만 북서부 연근해 천해수역의 조사지점에서 매월 1회씩 정치망을 이용하여 조사를 시행하였으며, 채집된 어획물에 대해 생태다양성지수(生态多样性), 다원통계분석방법(多元统计分析)을 통해 해역의 어류군락구조 및 다양성 특성에 대해 분석했다. 연구결과 44종의 어류가 채집되었으며 그중 해양성 어류(海洋性鱼类) 27종, 하구성 어류(河口性鱼类) 17종이 있었다. 아울러 생물-환경분석(BIOENV)결과 저수층 수온이 교주만 주변 천수해역 어류군락구조의 변화를 초래하는 주요한 환경요인으로 파악되었다. 교주만 연근해 천해수역에서 40여종의 치어가 발견되었으며 우점종에는 경제적 가치가 낮은 어종으로 교주만이 산란장, 서식장의 기능이 저하됨을 증명하고 있다. 이러한 문제점을 해결하기 위해 교주만 연근해 수역의 생태환경 및 어업자원에 대한 보존과 복원사업을 실시하기로 하였다.

2011년-2014년에 이루어진 교주만 연근해 해역조사에 의해 총 137종의 유영동물(游泳动物)이 채집되었으며 그중 어류가 77종, 새우 25종, 게 29종, 두족류 6종이 포함된다. 최근 30여년간의 해역조사결과에 대해 분석한 결과 교주만 및 주변 해역의 어업자원이 급속히 감소하였으며 자원밀도 또한 현저히 낮아졌고, 경제성 어종의 자원량이 감소하였다.

[그림-3] 청도 교주만 어획량 및 자원량 감소

## 3. 간척 · 매립 및 건설공정사업이 생태서비스 기능에 미치는 영향

조우리샤(赵丽霞, 2013)의 연구결과에 따르면 1944년에서 2012년에 이르기까지 교주만 해안선은 평균 18.5m/a의 속도로 바다 방향으로 이동하고 있다고 한다. 1950년대에 들어 교주만은 염전, 양식장, 항구 및 항만 그리고 배후단지 건설 등 사업개발로 인해 연안지역 간척 · 매립이 진행되었다. 대규모 간척 · 매립사업의 시행으로 인해 교주만 해역면적은 급속한 속도로 감소되고 있는데, 기존의 감소속도는 자연 상태의 감소속도의 200배 이상에 달한다. 교주만 습지면적은 1988년의 508.51km$^2$미터에서 2008년에는 348.25 km$^2$로 감소되었는데 20여 년간 160.26km$^2$가 감축되었고 연평균 8km$^2$의 속도로 감소되어 생태서비스 기능이 저하되었다.

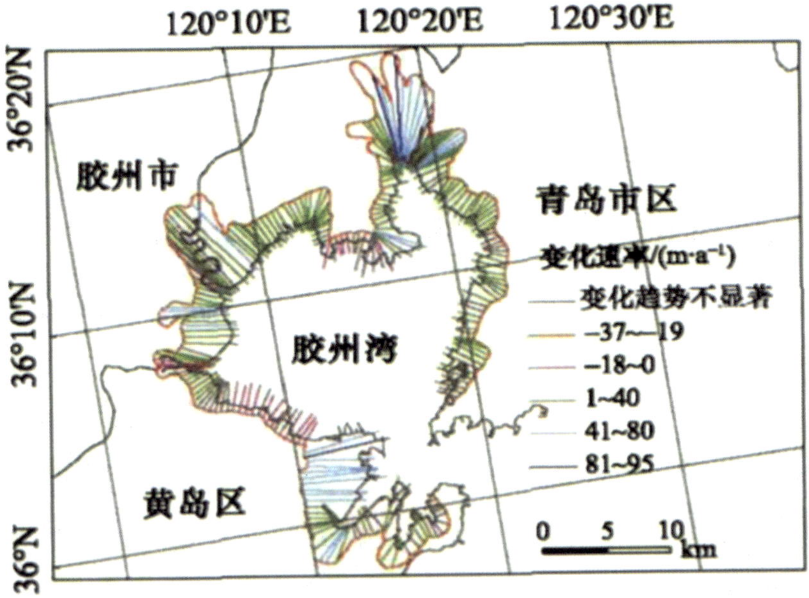


[그림-4] 최근 70년간 교주만 해안선 변화 추이 및 공간의 차이(叫亭等, 2015)

또한 간척 · 매립, 도로와 항만, 도시건설 등 인간의 개발활동으로 인해 교주만 습지면적이 최근 수십 년간 현저히 감소되었다. 교주만습지에 대한 위성원격탐사 동영상을 분석한 결과 교주만 연안조상대(沿岸潮上带) 자연 상태의 습지와 인공습지의 면적이 감축되는 추세를 보였다. 1986년 교주만 연안조상대(潮上带) 면적이 10858.6헥타르였고, 1995년에는 12347.92헥타르, 2010

년은 10378.98헥타르였다. 습지 전체면적의 감소폭이 크지 않지만 자연 상태의 습지면적은 현저히 감소되었다. 즉 자연 상태의 습지면적은 1986년 2804.88헥타르에서 1995년에는 2760.56헥타르, 2010년에는 1912.48헥타르로 감소되었다(徐宾铎等, 2015).

## 4. 재해 빈발

청도시에서 배출되는 오폐수의 대다수가 교주만에 유입된다. 청도시의 급속한 경제발전과 인구의 증가, 해상활동의 증대로 인해 교주만에 배출되는 화학오염물질 총량이 매년 증가되는 추세를 보이고 있고, 이로 인해 교주만해역의 수질이 악화되고 해양생태계가 파괴되며 적조현상이 빈발하는 등 환경문제를 초래하게 되었다. 1990년 6월 교주만에서 적갈색 적조현상이 발생하게 되었고 발생면적은 90, 000km$^2$에 달했으며, 2000년 7월 말에 적조발생 면적이 대폭 증가하여 10만km$^2$를 초과하였다. 2000년대 초반부터 청도시 근해에서 파래현상이 발생하게 되었으며, 2007년 교주만 양식장에 대규모 해파리가 나타나게 되어 양식장 내의 16만 묘에 달하는 바지락 종묘가 피해를 받게 되었다. 피해에 대한 통계결과 양식장 내 바지락의 60%가 불가사리 출현으로 인한 피해를 받게 되었고 사망률이 70-80%에 달하는 등 수산 양식업에 막대한 손실을 끼쳤다. 2009년 교주만에 갑작스런 해파리떼들의 습격사건으로 인해 피해를 본적도 있었으며, 그밖에 교주만 영국갯끈풀(Spartina anglica), 기름유출사고, 해수 빙동(冰冻) 등 자연재해로 인해 해양생태계가 심각하게 파괴되었다.

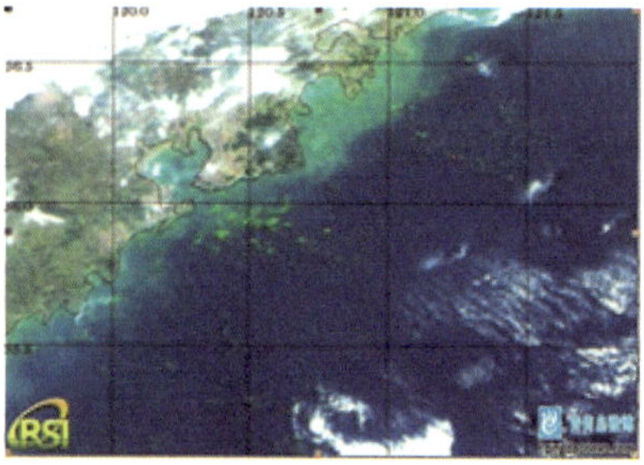

파래현상 위성도

적조현상

해파리떼 발생

불가사리 증가

황도 기름유출사고

영국갯끈풀

[그림-5] 교주만 재해 현황

# Ⅲ. 교주만 생태복원 기술개발 및 응용

## 1. 묵수하(墨水河) 삼원결합생태복원기술

묵수하는 청도시(青岛市) 노산구(崂山区) 삼표산(三标山)에서 발원하여 지묵시(即墨市)와 청양구(城阳区)를 경유하여 조호마을(皂户村) 남쪽하구를 통해 교주만 해역으로 흘러간다. 이처럼 묵수하를 통해 생활폐수와 공장폐수가 바다로 흘러들게 되었으며,[24] 이로 인해 암모니아, 질소, 인소 등 화학물질이 대량으로 유입되고 화학적 산소 요구량(COD)이 허용기준을 초과하고 부영양화가 심각하여 주민들의 심신건강을 해친다. 아울러 묵수하 등 연안하천을 통해 매년 교주만으로 유입되는 오염물질은 적조현상을 야기하는데 이 또한 막대한 경제적 손실을 가한다. 2011년 9월 청도시는 묵수하를 대상으로 화학적 산소 요구량(COD), 암모니아, 색상에 대한 환경조사를 수행한 결과, 허용기준을 초과하여 배출한 기업에 대해 처벌을 부과하고, 허용기준을 준수한 기업에 대해 장려하는 "양방향(双向)" 생태보상제도를 시행하였다. 이러한 단속과 처벌, 격려를 병행하는 관리수단을 시행하여 수질개선에 많은 효과를 본 것으로 알려져 있다. 그러나 묵수하 습지복원사업이 정부의 관심이 결여되고 지속적인 조치가 이루어지지 않아 오염원 원천 차단이 어려운 문제 등으로 인해 하천의 생태계 자정능력이 제한을 받게 되었고 오염관리조치의 효과를 저하시키게 되었다. 이에 따라 묵수하의 수질오염 특징에 부합되는 오염관리수단을 도입하여 수질환경 개선에 대한 효과적인 조치를 취하는 것은 청도시의 생태문명건설과 경제발전에 있어서 매우 중요하다고 할 수 있다.

현재 국내에서 활용되고 있는 하천의 수질개선과 수생태계 복원을 위한 기술에는 주로 3가지가 있다. 이에는 물리적 복원(퇴적물 준설, 기계를 사용하

24) 梅春, 徐宾铎, 薛莹等.胶州湾中部海域秋, 冬季鱼类群落结构及其多样性研究.中国水产科学, 2010, 17(1):110-118.钱国栋, 汉红燕, 刘静等. 近30年胶州湾海水中主要化学污染物时空变化特征 .《中国海洋大学学报(自然科学版)自然科学版》, 2009, 39(4) :781-788.

여 조류 제거), 화학적 복원(조류제거, 응집 · 침강), 생태적 복원(조류 번식을 억제하는 생물 방류, 인공습지와 수생식물)이 포함된다. 전술한 복원방법 중에서 물리적 복원이 가장 간단하고 실용적이나 효율성이 떨어진다. 화학적 복원은 효율성이 높으나 2차 오염을 발생할 수 있는 단점이 있다. 생태복원기술은 1970년대부터 도입되어 1990년대에 급속한 발전을 가져왔으며 생태복원기술은 일본과 미국이 앞서고 있다. 이는 해양에 서식하는 식물, 동물, 미생물을 통해 생태계에 유해한 물질을 흡수, 분해하거나 오염물질을 기타 물질로 전환시키는 방법으로 환경관리비용이 저렴하고 환경에 미치는 영향 또한 경미하다. 하천 수생태계 복원기술에 대한 연구에 있어서 중국은 미국, 일본 및 다른 선진국에 비해 늦게 시작하였지만 외국 선진사례, 기술개발 경험 및 관계 이론과 관리제도의 도입으로 인해 짧은 시간 내에 큰 성과를 이루게 되었다. 일반적으로 중국의 하천 수생태계 복원기술은 외국사례와 관리모델에 대한 단순한 모방에 그치는 수준이기 때문에 하천 수생태계 복원 이론의 정립과 관리제도의 확립, 공정기술과 사후관리 등 핵심문제에 관한 체계적이고 과학적인 연구가 필요하다.[25]

청도시 묵수하의 수질오염현황 및 특성을 재연하여 실험실 생태모의연구를 진행함으로써 수생식물의 밀도, 식물종의 조합, 오염부하 등 요소가 환경정화 효과에 미치는 영향을 분석하였다. 나아가 인클로저실험(enclosure experiments)을 통해 묵수하 수생생물, 동물, 미생물 3원결합 생태복원기술에 대해 실험하고, 당해 기술을 실용화하여 현장 적용함으로써 묵수하 생태복원기술의 실용화 가능성에 대해 검토하고 문세점을 개선하였다. 연구 성과는 교수만으로 흘러드는 하천의 오염방지와 수질개선 및 수생태계 복원에 과학적 근거와 선례를 제공할 수 있으며, 청도시의 생태문명 건설사업의 추진, 지속가능한 생태관리모델 개발 등 목표 실현을 위해 지술적인 지원을 할 수 있다.

25) 王修林, 石晓勇. 胶州湾主要化学污染物海洋环境容量. 北京 : 科学出版社, 2006.

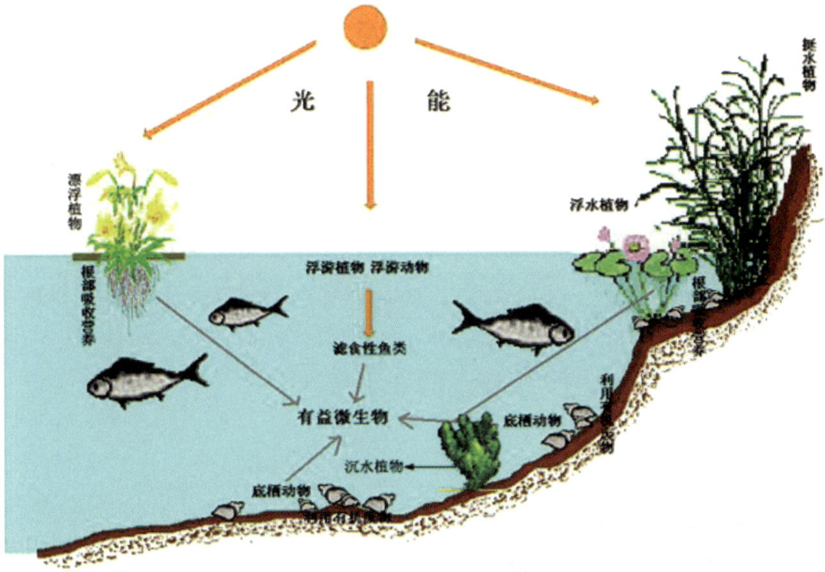


[그림-6] 묵수하 3원결합생태복원기술 표시도

## 2. 연안습지, 하구습지의 생태복원기술

자연의 신장이라고 불리는 습지는 수권과 지구상의 특수한 생태계를 구성하는 요소로서 생태적 가치와, 경제적 가치, 경관의 가치를 가진다. 특히 연안(해안)습지는 환경정화, 재해 감소, 해안선보호, 생물다양성 보존에 있어서 중요한 역할을 하게 되어 새롭게 조명되고 있다. 미국은 2001년 국가해양어업서비스단체(National Marine Fisheries Service Community)를 통해 연안복원사업 연구비용 300만 달러를 지원하게 되었으며, 중국은 〈전국습지보호공정계획(全国湿地保护工程规划)〉(2004년-2030년)에서 연안습지복원에 관한 생태기술개발을 추진하고 이를 바탕으로 통합관리 및 생태계복원을 실현할 것을 규정하였다. 최근에는 세계 각국에서 연안습지 복원기술에 대한 연구에 관심을 갖게 되었는데, 생태복원기술은 화학적 방법, 물리적 방법, 기술적 방법에 비해 비용이 저렴하고 2차 오염을 방지할 수 있으며, 수질개선 효과가 뛰어나기 때문이다.

습지생태계는 식물, 미생물, 기질(基质) 등 3개 요소의 공동작용에 의해 생태계복원의 목표를 실현할 수 있다. 교주만 생태계복원을 위해 정화능력을 가진 토착종을 최대한 사용하였으며, 수차례의 실험 및 위험성 평가를 거쳐 오염에 강하고, 오염물질 제거 능력이 뛰어난 정화식물 종을 찾기 위해 노력하였다. 아울러 현대분자생물학 및 유전자공학을 활용하여 염성과 오염물질에 강하고, 생물량이 높은 습지에 성장 가능한 식물과 오염물질 분해가 가능한 미생물을 이식시켰다. 또한 공정기술에 대한 연구를 강화하고 연안습지의 생물복원 효과를 극대화하고 나아가 생태복원기술과 기타 복원기술 간의 협력과 연계를 실현하였다.

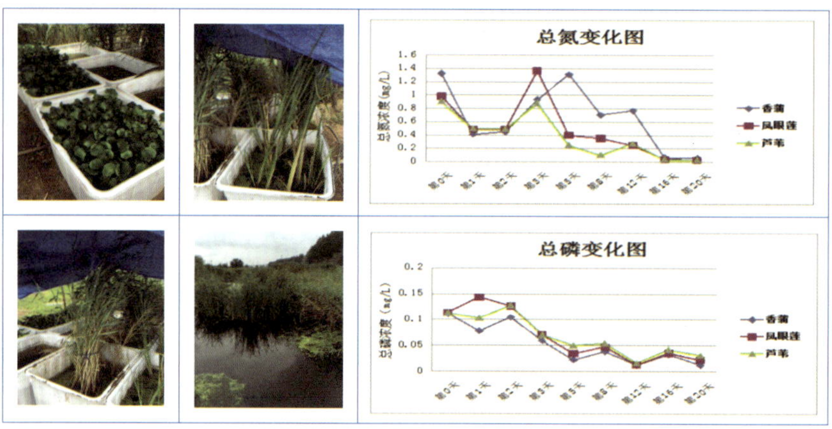


[그림-7] 담수습지생태복원기술

연구결과에 따르면 향포(香蒲), 부레옥잠(凤眼莲), 갈대 등 식물이 수중에 질소제거에 효과적이고 시간이 지남에 따라 질소농도가 낮아지고 있는 추세를 보였다. 약 16일이 지났을 시점 질소 농도는 0.04~0.07mg/L였고, 농도가 상대적으로 낮게 나타났다. 20일이 지났을 시점 향포, 부레옥잠, 갈대숲의 질소농도는 각각96.1%, 98.3%, 98.3%으로 나타났다. 향포, 부레옥잠, 갈대가 인소에 대한 효과도 뛰어났으며, 시간이 지남에 따라 질소농도가 낮아지는 추세를 보였다. 20일이 지났을 시점 향포, 부레옥잠, 갈대숲의 인소농도는 88.0%, 78.0%, 69.0%으로 나타났다. 단, 질소의 해소와는 다르게 인소는 해소되는 과정에 농도가 상하로 변동되는 현상이 나타났다. 이러한 현상이 나타나는 것은 식물이 인소를 흡수하는 동시에 일정한 조건에서 인소를 식물체 밖으로 배출하기 때문이다.

그밖에 복합수직류 인공습지(复合垂直流人工湿地) 조성을 통해 수중의 영양염과 무기질 정화 효과에 대해 분석하였다. 본 실험은 2개월간 안정적으로 진행되었으며 연구결과, 수중의 부유물질 90%가 제거되었으며, 암모니아 질소, BOD의 평균제거율이 70%이상에 달하고, COD는 60% 이상, 아질산성 질소, 질소, 인산염, 인소, TOC는 40-50%, 질산성 질소(NO3-N)는 약 30% 제거됨으로써 출수수질(出水水质)이 양식장에 배출수 재사용 기준에 부합한다(그림-8).

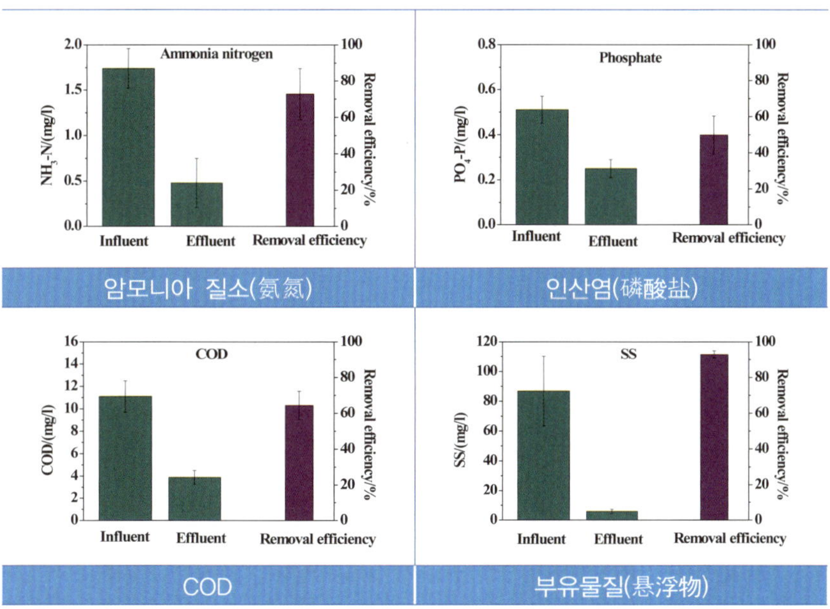


[그림-8] 해수 인공습지 정화 효과

## 3. 천해 패류, 조류 입체종합생태복원기술(立体综合生态修复技术)

교주만은 연안지역 육상에서 배출되는 오폐수로 인해 환경이 악화되어 생물자원이 감소되고, 생태계의 서비스 기능이 저하됨에 따라 극심한 이용압력을 받고 있다. 이러한 환경문제를 해결하기 위해 부영양화를 초래한 물질을 분해하거나 흡수함으로써 교주만의 생태계 안전성을 확보하는 것이 직면한 과제로 대두되었다.

여과기능을 갖는 패류는 해양의 여과기로 불리는데 이들은 부유식물체의 탄소, 질소, 인소 등 화학물질을 단백질로 전환할 수 있는바 인류의 식품공급에 기여한다. 대형조류는 생물 정화능력을 갖는데 수중의 이산화탄소, 질소, 인소 등 화학물질을 흡수한다. 1톤의 대형조류를 양식할 경우 200-300kg의 탄소, 2kg의 인소를 흡수할 수 있다. 중국은 매년 패류양식을 통해 해수 중 120만 톤의 탄소와 9만 톤의 질소를 제거할 수 있다. 현장실험에 의하면 패류와 대형조류의 양식장 설치를 통해 수산물 공급을 확보할 수 있을뿐더러 해양생태계의 안전과 해양환경을 개선할 수 있기에 경제적, 생태적, 사회적 이익을 동시에 이룰 수 있다. 교주만은 패류양식에 적합한 자연여건을 갖추었기에 다양한 종류의 패류 양식이 가능하고, 대규모 양식장 설치가 가능하기에 대형조류 양식장을 활용한 환경보존방법이 적합하다고 판단된다. 이와 동시에 통합적인 관리방법과 효율적이고 선진적인 양식기술을 개발함과 동시에 갯벌과 천해수역에 패류와 대형조류 양식장을 조성함으로서 친환경 양식장을 육성하고 교주만 해역환경을 개선하고, 이로써 경제적인 이익도 창출하게 되었다. 아래에서는 양식기술과 부영양화 현상을 초래하는 물질제거방법에 대해 자세히 설명하도록 한다.

**양식품종 및 양식방법:** 교주만해역에서 부영양화가 심각한 습지에는 강리(龙须菜, Gracilaria lemaneiformis), 방사무늬 김(条斑紫菜, Porphyra yezoensis), 바지락(菲律宾蛤仔, ruditapes philippinarum)을 양식 품종

으로 선정하였다.

**양식수역 및 양식규모:** 양식수역의 선정에 있어서 강리와 방사무늬 김의 성장에 적합한 수심 및 영양물질 등 요건을 고려하여야 하며, 양식장 설치가 해수순환에 미치는 영향을 최소화하고, 나아가 운송항로, 항구, 대교지역을 피하여야 한다. 이에 따라 양식수역을 저조대, 중간조대의 해심이 6m인 천해구역으로 선정하였다(그림-9). 양식장 규모는 약 10만 묘가 적합하다. 바지락 양식은 하구습지가 적합하며 기존의 양식장규모가 적합하다고 판단된다.

**양식주기:** 교주만 연안습지의 부영양화 현상은 수온의 영향을 많이 받는다. 양식주기는 해수수온과 수생식물의 성장특성을 고려하여 강리와 방사무늬 김을 번갈아 양식하는 방법을 취하였다. 구체적으로 말하자면 매년 11월부터 다음해 3월까지는 저온에 강한 방사무늬 김을 양식하고, 4월부터 10월에는 고온에 강한 강리를 양식하였다. 단 바지락은 수온과 계절의 영향을 적게 받고 기타 수생식물과 공존할 수 있는 특성을 갖고 있어 1년간 지속적인 양식이 가능하다.

**건전한 양식기술:** DB32/T 170-2005 "방사무늬 김의 반부동벨브식 재배기술규범(条斑紫菜半浮动筏式栽培技术规程"(강소성품질기술감독국, 2005), "신품종 방사무늬 김의 양식기술(新品种条斑紫菜的养殖技术)"(刘瑜和纪培福, 2007), "강리벨브식양식기술규범(龙须菜养殖技术规范)"(복건성푸텐시품질기술감독국, 2004), (林星, 2002), DB37/T 444-2004 및 NY/T 5289-2004 "무공해식품바지락양식기술규범(无公害食品 菲律宾蛤仔养殖技术规范)"(산동성품질기술감독국, 2004; 농업국, 2004) 등 관련 기술규범의 규정에 따라 설계되고 시행되었으며 대형조류 벨브양식(藻类筏养)과 패류 저층파종종합입체건강양식기술(贝类底播综合立体健康养殖)을 활용하였다.

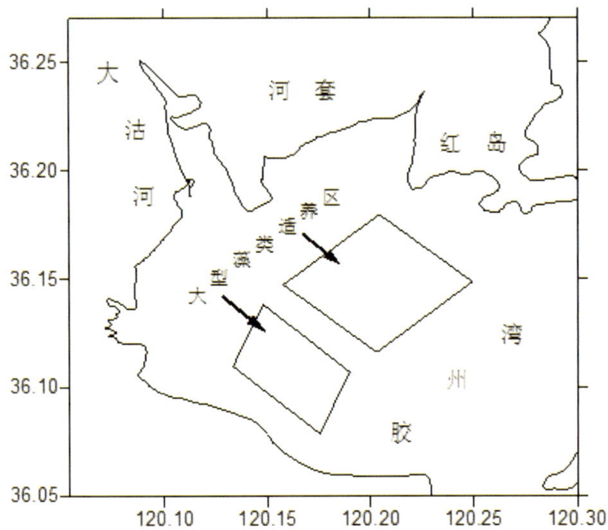


[그림-9] 교주만 부영양화 습지의 대형조류 양식에 적합 수역

### 1) 방사무늬 김과 강리의 수중 N, P, C 제거능력에 대한 추정

방사무늬 김의 연간 재배량은 건중량 기준으로 900-1000kg/hm$^2$(张寒野, 2005), 재배량을 건중량 기준으로 950kg/hm$^2$로 설정할 시 건중량과 습중량의 패리티 지수(比价)는 0.15-0.20(童冠文, 2010)으로 나타났는데 이를 0.175로 설정할 경우 김 생산량은 362kg/묘이다. 이에 따라 재배면적이 10만 묘일 경우 연간 총생산량은 3.62x107kg으로 추정된다. 이렇게 재배된 해조류의 잎에서 검출된 질소, 인소, 탄소 함량은 0.62%, 0.06%, 2.7%(杨宇峰, 费修绠, 2003)의 순으로 나타났다. 이에 근거하여 계산한 결과 방사무늬 김의 수확을 통해 매년 교주만 습지 및 근해해역에서 질소 224.44톤, 인소 21.74톤, 탄소 977.40톤을 제거할 수 있다(그림-10).

강리의 연간 재배량은 건중량 기준으로 1.5톤/묘, 1모작(林星, 2002) 이상이며, 1년 2모작 시 3.0톤/묘로 추정된다. 또한 건중량과 습중량의 패리티 지수(比价)는 0.08-0.10(林星, 2002)으로 나타났는데 이를 0.09로 설정할 경우 강리

야채 생산량은 33.33톤/묘로 나타난다. 이에 따라 재배면적이 10만 묘일 경우 연간 총생산량은 3.333x106톤으로 추정된다. 이렇게 재배된 강리의 잎에서 검출된 질소, 인소, 탄소 함량은 0.25%, 0.003%, 2.5%(杨宇峰, 费修绠, 2003)의 순으로 나타났다. 이에 근거하여 계산한 결과 강리 수확을 통해 매년 교주만 습지 및 근해해역에서 질소 8,332.5톤, 인소 99.99톤, 탄소 83,325톤을 제거할 수 있다. 아울러 교주만해역의 방사무늬 김과 강리 수확을 통해 매년 질소 8,556.94톤, 인소 121.71톤, 탄소 84,302.40톤을 제거할 수 있다(표-1).

[표-1] 교주만 방사무늬 김, 강리 재배를 통한 N, P, C 제거 효과

| 해조류 명칭 | 제거 수량( t /연) | | |
|---|---|---|---|
| | 氮(질소) | 磷(인소) | 碳(탄소) |
| 방사무늬 김 | 224.44 | 21.72 | 977.40 |
| 강 리 | 8,332.50 | 99.99 | 83,325.00 |
| 합 계 | 8,556.94 | 121.71 | 84,302.40 |

### 2) 교주만 습지 N, P, C 총량에 대한 추정

연구진은 2009년 2월, 4월, 6월, 8월, 10월, 12월에 교주만 습지 조간대 수역에서 화학물질에 대한 조사하였으며, 조사 자료에 근거하여 교주만 습지의 TN, TP총량을 추정하였다. 분석결과 TN, TP 함량의 평균치는 각각 1.201mg.dm−3과 0.048mg.dm−3이다. 교주만 습지면적은 약 200km$^2$이며, 고조위 평균수심은 2m이다. 나아가 습지면적을 200km$^2$, 수심을 2m로 설정할 시 습지해역 수중의 TN, TP총량은 각각 46,118.4톤과 1,459.2톤이다.

### 3) 전반적 생태복원 효과

연구결과에 따르면, 방사무늬 김과 강리의 수확을 통해 교주만 습지 및 인근해역에서 질소, 인소, 탄소를 제거하는데 효과가 매우 큰 것으로 나타났으며, 제거된 질소, 인소, 탄소는 TN, TP총량의 18.55%와 8.34%를 차지하고,

수질 영양지수(EI)는 2.67에서 1.92로 저감되어25.29% 감소되었으며, 수질 부영양화등급은 중급에서 경미한 등급으로 낮아졌다. 그밖에 습지나 갯벌에 서식하는 바지락의 질소, 인소 등 화학물질 흡수를 통해 EI지수를 낮춰준다. 이로부터 알 수 있는바 대형조류와 바지락 양식을 통한 종합입체양식방법을 통해 수중의 질소, 인소, 탄소 등 화학물질을 제거함으로써 부영양화 수준을 낮출 수 있다.

또한 습지나 갯벌에서 양식된 해조류와 패류 등 수산물을 직접 또는 가공하여 판매할 수 있기에 경제적 이익을 취득할 수 있으며 양식재배로 인한 2차 오염을 방지할 수 있다. 전술한 연구결과에 따르면 방사무늬와 강리는 부영양화 현상이 발생한 습지에서 재배하기에 적합한 해조류로서 대형조류 양식을 통한 습지 생태계 복원기술은 생태적, 경제적, 사회적 가치를 동시에 실현할 수 있기 때문에 향후에 활용도가 높을 것으로 예상된다.

### 4. 교주만 종합생태복원

육지와 바다를 통합적으로 관리하고, 오염원에 대한 통제를 강화함과 동시에 3원결합기술을 활용해 연안습지 하구 및 조간대 생태계 복원, 패류 양식을 통해 천해구역 생태계를 복원함으로써 교주만 생태계와 환경을 보존하고 연안지역 사회경제의 지속가능한 개발을 실현하고자 한다.

## Ⅳ. 상산항(象山港) 생물 종합복원기술 응용 사례

연안지역 발전소 건설, 양식장 설치 및 간척 · 매립 등 개발행위로 인해 상산항의 환경과 해양생태계가 파괴되었으며, 수온 상승과 부영양화 현상 등 환경오염을 초래하게 되었다. 앞에서 언급한 바와 같이 대형조류와 여과성 패류 양식장을 설치함으로써 수생태계 복원과 경제적, 사회적 이익을 동시에 실현할 수 있었다. 저서생물에 속한 패류와 해조류를 활용한 생태계복원기술과 자원 보충기술에 대한 지속적인 연구, 생태계 복원사업에 대한 측정 장비 및 핵심기술을 개발하며 생태복원사업 시행 수역의 생태계 서비스 평가기술체계를 구축하여야 한다. 나아가 생태복원사업의 동태적인 예측모델과 실시간 환경측정 자료를 결합하는 "복합오염"생태복원사업과 효과평가기술을 겸비한 시범사업을 시행하여야 한다.

상산항(象山港) 수역은 부영양화 현상이 심각하고 수온이 높고 지속되는 시간이 비교적 긴 특징을 가지고 있어 다양한 품종을 입체적 공간에 동시에 양식하는 방법과 다모작기법이 가능하다. 또한 국내 최초로 해조류 부착양식 기술을 도입함으로써 생태적, 경제적 이익을 창출하게 되었다. 부착양식 품종으로 모자반(马尾藻)과 괭생이 모자반(铜藻)을 택하였으며, 양식품종에 대해 생리생태학 연구를 수행하였다. 연구실험은 주로 영양염 동력학 특징과 성장, 광합성 등에 영향을 미치는 요소에 대해 분석하였다. 아울러 종속 영양질산화-호기성 탈질세균X3을 대상으로 환경에 대한 적응력을 조사·분석하였다. 양식장 배출수에 포함된 암모니아 질소와 아질산 질소를 제거하기 위한 경제적인 처리기술을 개발하고, 이러한 양식기술 및 오염처리기술을 바탕으로 상산항 "복합오염" 서식지 복원사업 및 효과에 대한 평가를 시행하기 위한 시범구를 설립하였다. 핵심 시범구 면적은 0.2만 묘이며, 시범구 전체 면적은 0.5만 묘로서 시범구 설립을 통해 경제적 이익이 15% 증가되었다.

# V. 개선방안 및 보장조치

## 1. 개선방안

### 1) 교주만 생태환경 보전 및 관리기구 설립

교주만은 청도시 북구, 청양구, 교주시, 황도구와 고신구 등 행정구역을 포함하는 광범위한 면적을 가지고 있는데 효율적이고 통합적인 관리를 위해서는 교주만 생태환경보존관리기구를 설립하는 것이 급선무이다. 교주만 생태환경보존관리기구를 거점으로 청도 소재의 해양환경측정기구와 협력하여 교주만 환경 모니터링과 환경보존 및 관리에 관한 업무를 수행해야 한다.

### 2) 교주만 생태환경보전에 필요한 재원 및 보상체제 확립

교주만 생태환경보전사업은 지역주민의 민생, 사회복지와 밀접한 연관이 있는 사업으로 중요한 의미를 갖는다. 교주만 주변생태계 보존 및 복원사업에 대한 재원을 확대하고 환경보상체제를 확립함으로써 재원을 안정적으로 확보하여 교주만 자연생태계 보호와 습지 생태계를 효율적으로 복원하며, 생태계 보호에 관한 장기적인 효과 투자체제를 확립하여야 한다.

### 3) 교주만 생태환경 보전에 관한 법률 정비

기존의 교주만 생태환경 모니터링 및 생태환경 보존에 관한 조례를 보완하고, 새로운 제도의 도입과 시행에 필요한 법률을 제정함으로써 생태계 보존 및 관리조치의 법적 장치를 마련하여야 하며, 당해 지역의 간척 · 매립사업이 법률의 틀에서 진행되고 습지생태계를 파괴하는 행위에 대해 행정벌을 처함으로써 생태환경 보전 및 관리에 필요한 법적 장치를 마련하여야 한다.

### 4) 교주만 생태계 동적상태에 대한 모니터링 기술개발

교주만 생태환경 특징에 대한 연구를 바탕으로 교주만 생태계 측정소를 설립하여 이에 대한 동적 모니터링연구를 강화한다. 동적 모니터링을 통해 실시간 위성자료, 생태환경 요소에 관한 자료, 지리정보를 수집함으로써 교주만 자연생태계 복원기술개발 모의실험에 활용한다. 또한 해안선 침식의 변화규칙과 미래의 발전방향에 대해 예측하고 교주만 토지이용의 시공간적 변천의 특징을 파악하고, 환경 수용능력과 동적 변화, 생태 변천도 및 개발활동에 따른 교주만 생태계 변화 추이 등 다양한 연구를 추진함으로써 교주만 생태환경의 보존과 관리를 위한 기술적, 과학적 근거를 제공한다.

### 5) 환경보전 강화, 오염원 통제, 해역환경 개선

교주만으로 배출되는 산업폐수, 생활폐수 등 오폐수의 배출허용기준과 배출허용 총량규제제도를 도입함으로써 오염원에 대한 관리와 규제를 엄격히 한다. 나아가 교주만 배출허용기준에 부합하는지 여부를 판단하기 위한 오폐수 수질측정기준과 방법을 마련하고 적조현상에 대한 예측기술, 적조재해의 방지기술에 대한 연구를 강화함으로써 효율적인 대응체제를 마련한다. 교주만 지역의 항구, 매립, 항로정비, 도시건설 등 개발사업에 대한 환경규제를 강화하여 환경오염을 사전에 방지하고 오염이 확대되는 것을 예방하며, 사후관리와 평가 및 시민감시 등 다양한 주체가 참여하는 환경거버넌스를 형성한다.

### 6) 교주만 생태환경 보전 및 복원사업 실시

교주만 생태복원 또는 회복사업을 추진하고 교주만 국가해양공원사업을 조속히 시행함으로써 교주만 생태계의 합리적 이용과 효율적인 보존을 실현하여야 한다.

## 2. 보장조치

### 1) 정부의 지도 강화, 교류협력 강화

각급 해양관련 행정관리부서는 과학발전의 개념을 수립하고 역사적 책임감을 갖고 교주만 생태계 모니터링 사업의 중요성을 인식하고 대응책을 마련하여야 한다. 해양관련 행정관리부서는 각자 업무를 수행함과 동시에 부처 간 협력체계를 구축하여 생태환경보존에 관한 정책과 관리조치를 적극 시행하여야 한다. 아울러 유관부처 간의 교류와 협력을 통해 행정심사절차를 간소화하고 행정 서비스의 질을 향상하고, 환경관리의 효율성을 제고하여야 한다.

### 2) 법제도 확립, 환경보존에 관한 관리수단 규범화

각급 해양관련 행정관리부서는 생태환경에 관한 법집행과 단속을 강화하고 장비증강, 단속 세력을 지속적으로 확충함으로써 생태계를 파괴하는 의무위반 행위에 대한 단속역량을 확대한다. 아울러 수생생물자원과 해역 생태환경 보존에 관한 관리를 보완하고, 단속공무원의 사법행정권 남용을 방지하고 생태환경을 파괴하는 불법행위를 엄격하게 처벌함으로써 생태계 보존을 위한 관리수단과 정책의 효과적인 시행을 위해 법적 장치를 마련하여야 한다.

### 3) 핵심기술 발전, 생태 이익 제고

교주만 생태환경보존에 대한 기초연구 및 핵심기술개발을 지원함으로써 교주만 해양자원과 환경의 지속가능한 개발을 실현하기 위한 최대한의 기술적 지원을 제공한다. 지속가능한 개발 목표를 실현하기 위해 다양한 분야의 전문가들로 구성된 과학자문위원회를 설립하여 정책결정의 과학적 근거를 제공한다.

### 4) 홍보 강화, 국민의식 증대

해양생태계 보존의 중요성과 필요성에 대해 홍보하고 교육하며, 격려제도를 도입하여 시민참여를 적극 유도한다. 또한 언론 매체의 역할을 적극 발휘하고, 해양환경보존에 대한 과학 활동 개최를 통한 해양환경 인식 제고, 시민의 법률 인식 제고, 시민참여 하의 생태환경 보존에 대한 감독체계를 구축하여야 한다.

## 참고문헌


[1] 刘瑞玉. 胶州湾生态学和生物资源. 北京：科学出版社, 1992

[2] 梅春, 徐宾铎, 薛莹等.胶州湾中部海域秋, 冬季鱼类群落结构及其多样性研究. 中国水产科学, 2010, 17(1)：110-118.钱国栋, 汉红燕, 刘静等. 近30年胶州湾海水中主要化学污染物时空变化特征.《中国海洋大学学报(自然科学版)自然科学版》, 2009, 39(4):781-788

[3] 王修林, 石晓勇. 胶州湾主要化学污染物海洋环境容量, 北京：科学出版社, 2006

[4] 王艳玲, 许颖, 孙立娥.胶州湾水质状况及污染源分析.《中国环境管理干部学院学报》, 2015(4):86-89

[5] 毋亭, 侯西勇.1944—2012年胶州湾岸线时空动态特征.科技导报(北京), 2015, 33(2):28-34

[6] 徐宾铎, 任一平, 陈聚法等. 胶州湾湿地生态系统功能保护与生态修复研究. 青岛, 中国海洋大学出版社, 2015

[7] 徐宾铎, 张帆, 梅春等. 胶州湾中部海域春, 夏季鱼类群落结构特征. 应用生态学报, 2010, 21(6)：1558-1564.

[8] 赵丽霞. 胶州湾滨海湿地生态系统服务功能研究及评价. 青岛大学硕士学位论文, 2013

# 04

# 북황해 주변해역의 해양경제 생태 지속가능한 발전을 위한 노력 및 최근 동향

冷传慧(Leng Chuanhui)

# 북황해 주변해역의 해양경제생태 지속가능한 발전을 위한 노력 및 최근 동향

冷传慧(Leng Chuanhui*)

## 국문초록

북황해지역에는 풍부한 해양자원을 보유하고 있는바 연안국 지역주민들에 풍부한 자원을 부여했다. 황해지역은 중국과 북한, 한국이 오랜 시간 동안 공동으로 이용하고 개발해 온 지역인 만큼 수산자원의 보존 및 관리에 있어서도 공동의 협력이 필요하다. 본 연구는 북황해 연안에 위치한 중국 요동반도 주변의 해양경제 및 생태의 지속가능한 개발을 위해 어떠한 정책을 추진했는지에 대해 정리하고자 한다. 또한 중국과 한반도간의 수산물 교역 현황, 중국 북황해 연안의 갯벌 패류 생산 현황, 새로이 추진 중에 있는 압록강 하구연안 바지락(蛤蜊)어업 개선 프로젝트에 대해 간략히 살펴보고, 아울러 중국의 북황해에 위치한 요동반도 연안지역이 사회경제발전 "13.5계획" 기간 핵심 사업에 대해 분석함으로써 향후 북황해 주변지역의 해양경제 및 생태계의 지속가능한 개발을 위한 대응책을 제시하고자 한다.

**키워드:** 북황해, 수산물 교역, 황해지역 수산자원의 보존, 지역협력, 지속가능한 개발

---

* 요녕성 해양수산과학연구원 해양경제연구실장 책임연구원. 메일 13591394119@163.com.

## Ⅰ. 서론

북황해지역은 풍부한 해양경제자원과 해양생태자원을 보유하고 있기 때문에 지역주민의 삶을 풍요롭게 할 수 있다. 북황해를 둘러싼 요동반도, 산동반도, 한반도에는 약 2억 인구가 거주하고 있으며 이들은 바다를 향해 다양한 욕망과 희망을 생성하고 소비하였다. 이처럼 북황해는 중국과 북한, 한국이 오랜 시간 동안 공동으로 이용하고 개발해온 지역해로서 관련 국가 간의 협력이 중요하다.

북황해 연안지역에는 갯벌 패류가 많아 패류의 생산 · 가공 · 판매(시장), 유통 등의 산업화와 부가가치 창출로 인해 수산업에 종사하는 지역 주민들에게 다양한 혜택을 부여하였다. 따라서 북황해지역의 지속가능한 개발은 주변국들의 공통된 관심사이다.

인간 사회에서 경제의 발전과 생태계는 상호의존하고 다른 한편으로는 대립적인 모순을 가지는 공동체로서 양자 간의 조화로운 균형을 유지하는 것이 최종 목적이다.

지금껏 북황해 연안국들은 해양경제의 발전과 생태계 보전을 위해 다양한 노력을 기울여 왔으며 이러한 정책적, 제도적 기반을 바탕으로 향후의 해양경제 및 생태에 관한 정책을 수립해 나갈 것으로 예상된다.

본 연구는 북황해 연안에 위치한 중국 요동반도에서 해양경제 및 생태의 지속가능한 개발을 위해 어떠한 정책을 추진했는지에 대해 정리하고자 한다. 또한 중국과 한반도간의 수산물 교역 현황, 중국 북황해 연안지역 갯벌의 패류 생산 현황, 새로이 추진하고 있는 압록강하구 연안 갯벌에서 추진되는 바지락(蛤蜊)어업 개선 프로젝트에 대해 간략히 살펴보고, 아울러 중국의 북황해에 위치한 요동반도 연안지역이 사회경제발전 "13.5계획" 기간 추진할 핵심 사업에 대해 분석함으로써 향후 북황해 연안지역의 해양경제 및 생태계의 지속가능한 개발을 위한 대응책을 제시하고자 한다.

## II. 중국과 한반도 간의 수산물 교역 현황

해양수산업은 북황해지역 해양경제에서 차지하는 비중은 매우 높으며 중국과 한반도간의 수산물 교역 중 주요 품목 중 하나이다. 1992년 한중 건교 이후 양국관계는 신속하게 발전해 왔으며 양국 간의 수산물 교역규모도 매년 증가세를 보이고 있다. 양국은 20여 년간의 무역거래를 통해 한국은 중국 수산물 수출의 중요한 시장으로 자리 잡았는데 2014년 대한국 중국 수산물 수출액이 16.89억 달러에 달했으며, 2015년에는 15.61달러로서 한국은 중국의 제 5위 또는 제 6위 교역국으로 부상하였다. 한편 중국의 대북한 수출은 2014년이 0.85억 달러, 2015년이 0.88달러를 넘어서게 되었다. 자세한 내용은 그림-1에서 나타나는 바와 같다.

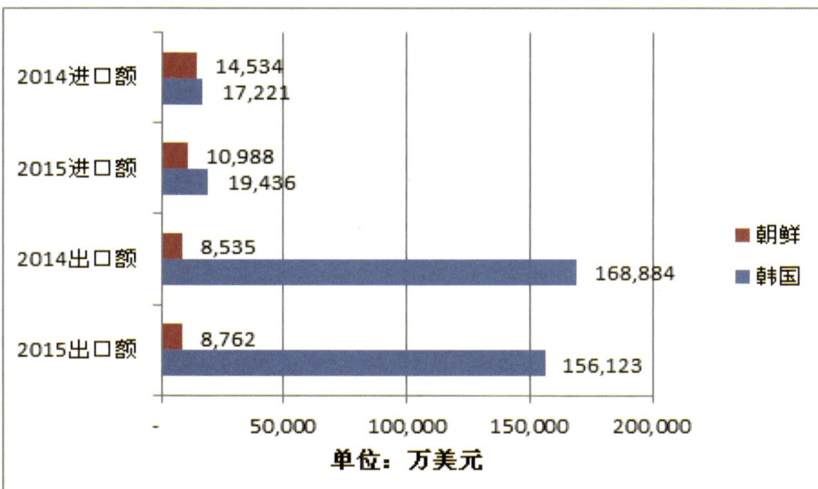


[그림-1] 2014-2015년 간 중국과 한반도간의 수산물 교역 동향(수출액)

표에서 알수 있는바 중국의 대한국 수산물 수출액이 대북한 수출액에 비해 현저히 높다. 2014년 수산물 수출량이 50.26만 톤이며, 2015년은 49.12만 톤으로 한국은 중국의 제4위 또는 제5위 교역국으로 부상하였다. 같은 시기 중국의 대북한 수산물 수출량은 2014년이 5.56만 톤이며, 2015년에는 6.49만 톤에 달한다. 이에 관한 자세한 내용은 아래 그림-2와 같다.

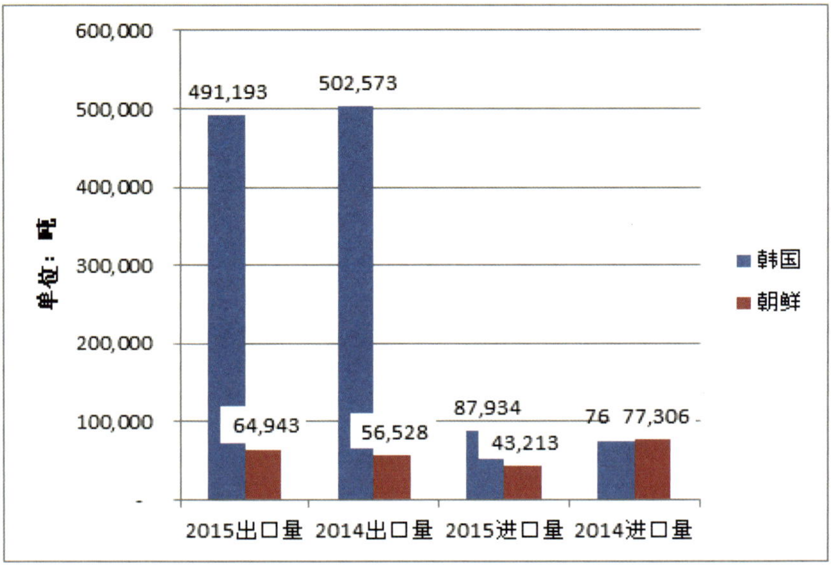


[그림-2] 2014-2015년 간 중국과 한반도간의 수산물 교역 동향(수출량)

2016년 1월부터 10월까지 중국의 대한국 수산물 수출량은 제 5위이며, 수출액은 제 7위이다. 이는 2015년 전년 동기에 비해 수출량이 7.17% 증가하였으며, 수출액은 4.58% 증가하였다. 그러나 10월 수출량과 수출액은 진년대비 각각 7.20%, 7.07% 감소하였다.

한편, 중국과 북한 간의 수산물 교역 품목은 매우 한정적이다. 수산물 교역 동향을 살펴보노라면 중국의 수산물 반입이 수출보다 많으며, 주요 반입 품목은 오징어류, 패류, 꽃게 등이 있다. 북한으로의 반출 품목에는 오징어류, 대구, 청어 등이 있다.

[표-1] 중북 수산물 교역 주요 품목

| 구 분 | 주요 품목 |
|---|---|
| 중국의 반입 | • 쇠갑오징어 및 오징어(냉동, 건조, 절인 생선, 염지, 훈제)<br>• 패각을 지닌 것 또는 지니지 않은 연체동물(냉동, 건조, 절인 생선, 염지, 훈제)<br>• 기타 냉동하지 않은 게 |
| 중국의 반출 | • 쇠갑오징어 및 오징어(냉동, 건조, 절인 생선, 염지, 훈제)<br>• 냉동 대구<br>• 냉동 청어(대서양 청어, 태평양 청어)<br>• 기타 말린 생선 |

중국과 한반도의 수산물 교역 추이에 대해 살펴본 결과 한국과 북한은 수출입규모에 있어서 현저한 차이를 보였다. 중국과 한국의 교역은 거래 규모가 크고 품목이 다양하며 교역에 있어서 무역격차가 큰 것으로 나타났다. 그러나 중국과 북한의 수산물 교역 규모는 작고 품목이 한정적이며 무역격차가 크지 않다. 이러한 결과는 경제적, 사회적 등 여러 요소의 영향을 받은 것으로 판단되나 중북 간의 무역 잠재력이 크다는 것을 보여주기도 한다. 향후 한중자유무역협정의 원활한 이행을 통해 한중간의 수산물 교역에도 새로운 기회가 생길 것이다.

## Ⅲ. 중국 북황해 연안습지 패류산업 현황

북황해 연안습지의 패류는 중국, 일본, 한국, 북한 등 주변 국가들의 공통의 관심사항이며, 중국에서 생산되는 바지락(菲律宾蛤仔, Ruditapes philippinarum)은 수십 년간 해외 수산물 수출의 주력 품목으로 자리매김해 나가고 있다. 아울러 패류는 수산물 양식업의 중요한 품목에 그치지 않고 습지 생태계의 균형을 유지하는데 있어 중요한 역할을 한다.

2012년부터 2013년까지 우리나라는 북황해지역의 요동반도와 산동반도 연안습지 생태환경 및 패류 자원분포에 대해 체계적인 조사를 수행했다(조사 대상지역의 분포는 그림-3을 참조할 것.) 연안습지 패류자원에 대한 조사는 산업 네트워크를 중심으로 생산지, 유통, 시장, 소비 등 주변 산업을 조사대상에 포함시켜 종합적인 조사를 진행했다. 이번 수산자원에 대한 조사는 중국의 북황해 연안습지지역에서의 패류 생산의 지속가능한 개발에 대한 과학적인 판단과 평가기준이 될 것이다. 이에 관련한 소개자료 1과 2에 대한 통계 데이터는 2015년까지 업데이트 되었다.

[그림-3] 중국 북황해 연안습지 패류산업 중점 조사지역

《2016년 중국어업통계연감》에 따르면 2015년 연말기준으로 북황해에 위치한 요녕성과 산동성의 어업종사자는 어업인은 각각 54.37만 명, 148.70만 명으로 두 개 성의 어업인 합계는 1414.85만 명으로 전체 어업인의 14.35%를 차지한다. 2015년 중국 패류 해양양식 생산량은 1,358.38만 톤으로 해양양식 총생산량의 72.42%를 차지한다. 패류 양식업 중 연안습지의 고막, 바지락, 맛조개 3개 품목의 총생산량이 516.75만 톤으로 요녕성과 산동성이 주요 생산지로 거듭났다.

80년대 중반부터 2016년까지 약 30년 간 꽃무늬 바지락은 연안습지의 주요 종으로 자리매김했으며 중국 북황해 수산물 수출의 주력 품목의 하나로 부상하였다. 해외로 수출되는 패류는 주로 신선한 바지락, 냉동 바지락 가공제품이 포함된다. 요녕성과 산동성은 중국 연안습지 패류의 주요 산지로 2000년을 전후로 산동성은 꽃무늬 바지락 가공제품을 주요 수출 품목으로 하고 있으며 요녕성은 신선한 바지락을 수출하여 왔다. 또한 요녕성은 매년 일본으로 3만 톤의 신선한 꽃무늬 바지락을 수출하고 냉동 꽃무늬 바지락 살 2만 톤을 수출하였다.

## 1. 압록강 하구지역

동강(东港)은 요녕반도 동쪽 끝에 위치하여 있으며 남쪽으로는 황해에 접해있고 동측은 압록강에 접해있으며, 북한과 압록강을 사이에 두고 마주하고 있다. 이에 따라 바다와 강·하천의 연안지역에 위치하여 기나긴 연안선을 보유하고 변경지역에 위치하고 있어 지정학적으로도 중요한 의미를 가진다. 그밖에 동강시는 중국 해안선 최북단에 위치하고 있다. 동강은 자고로 중국의 "어미지향(鱼米之乡)"으로 유명하며 연근해 어장에서 145종의 고품질의 수산물이 생산된다. 수산물 연간 생산량이 24만 톤에 달하고 중국의 최대 규모의 해파리 및 해파리 양식기지가 위치하고 있다(그림-4).

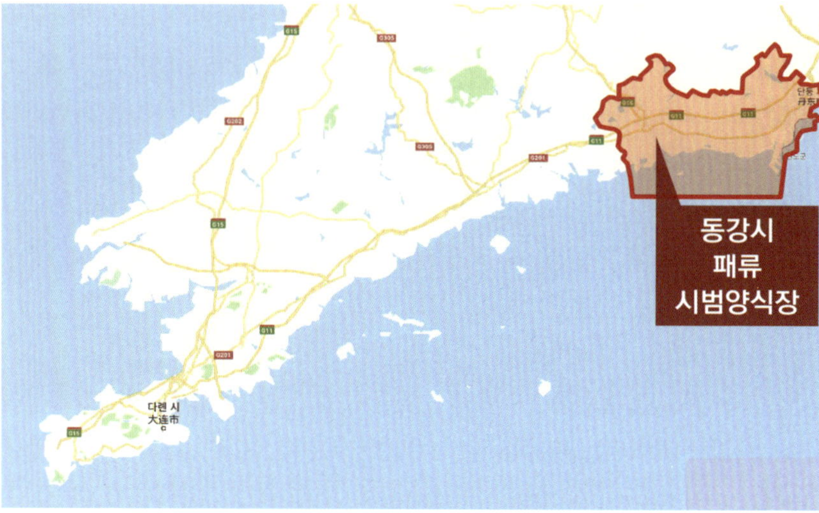


[그림-4] 동강시 패류양식장시범구 위치도(baidu 지도)

압록강 하구지역에는 20여종의 경제성 패류가 서식하고 있다. 또한 연안해역에는 바지락, 사각 바지락, 중국 바지락, 대합, 가막조개, 일본 가는줄 바지락, 가리맛조개, 고막, 피조개, 대맛조개가 분포되어 있으며 그중 바지락의 분포면적은 약 4,667 핵타르로 동강 연안습지 저조선지대에 분포되어 있다.

2000년 이전 동강의 패류 양식업은 사각바지락, 중국바지락, 바지락 등 3개 종류에 한정되었다. 2000년 이전 패류 양식업은 연안습지의 조간대(潮间带)에서 이루어졌으며 자연 양식의 방식을 취했다. 그러나 2000년 이후부터는 적조현상이 심각해져 습지가 오염되고 패류가 폐사하게 되자 기타 해역의 종묘를 수입하여 양식하게 되었다. 주로 복건성, 요녕성 연안의 발해 해수면과 하북성 연근해지역의 패류 종묘를 구입하였다.

[그림-5] 압록강 하구지역 연근해 어장에서 바지락 채취 작업
(동강, 2013년 4월)

현재 압록강하구지역 연안습지 패류 양식장은 조간대에서 조하대(潮下带)로 이전하였다. 그러나 양식장 이전으로 인해 패류 채취방법의 변화를 가져오게 되자 조하대에서는 어민들이 직접 채취할 수 없기에 펌프식 기계를 사용하여 채취하게 되는데, 이 경우 수확량 증가 및 원가 절감 등의 장점이 있으나 무분별한 채취로 갯벌 생태계 및 패류자원에 대한 파괴가 심각하였다. 현재 조간대에서 이루어지는 어민의 전통적 채취에 의한 수확량은 총 수확량의 20%에 불과하다(그림-5).

## 2. 장하(庄河) 연안지역

장하는 요녕성 내의 북황해 연선 중간위치에 있으며 대련시에서 관리하는 하천이다. 장하 연안습지에 위치한 해양촌(海洋村)은 패류의 중요한 생산지의 하나로 인정받고 있다. 해양촌의 갯벌 면적은 10만 묘(亩)에 달하며 2013년 기준 어촌에 거주하는 주민은 5,037명이고 그중 3,000여 명이 어업에 종사하고 있다. 나아가 갯벌 패류 양식가구는 30여 가구에 달하며 연간 바지락 생산량은 7-8만 톤에 달한다(그림-6).

[그림-6] 장하 해양촌 위치도(baidu 지도)

해양촌 연안 갯벌은 퇴적층 및 환경상태가 양호하며 꽃무늬 바지락, 가는 줄 바지락, 대합, 가리맛조개 등의 패류가 서식하고 있다. 당해 지역에서 생산되는 패류는 일본, 한국, 동남아 국가로 수출된다. 2000년부터 중국 남방지역의 무늬 바지락 품종을 양식하게 되었으며, 2005년부터 조간대에서 조하대와 수심이 얕은 해역으로 패류 종묘 양식장을 이동하였으며 좋은 성과를 거두었다. 현재 꽃무늬 바지락 종묘는 복건성에서 수입하고 생산된 제품으로 국내시장에서 소비되고 있으며 그중 5%의 수확량을 한국으로 수출하고 있다.

## 3. 수산시장 및 수산물 유통

중국의 북황해 연안지역은 꽃무늬 바지락의 양식에서 가공, 유통에 이르기까지의 전반적 산업유통체계를 구축하고 있다. 바지락산업 유통체계는 그림-7에서 나타나는 바와 같이 양식업자에서 수산시장 그리고 소비자에 이르기까지 산지 시장, 도매업체, 가공업체, 소비자 시장, 소매업체, 음식점 등 다양한 절차를 거치게 된다.

패류산지 경영자는 주로 양식업에 종사하는 자, 산지에서 집적 수집하는 도매업체, 양식업자가 직접 도매하는 등 3가지 종류로 구분할 수 있다. 양식어패류의 수확 현황 및 시장수요의 변화에 따라 운영방식에도 변화가 수반된다.

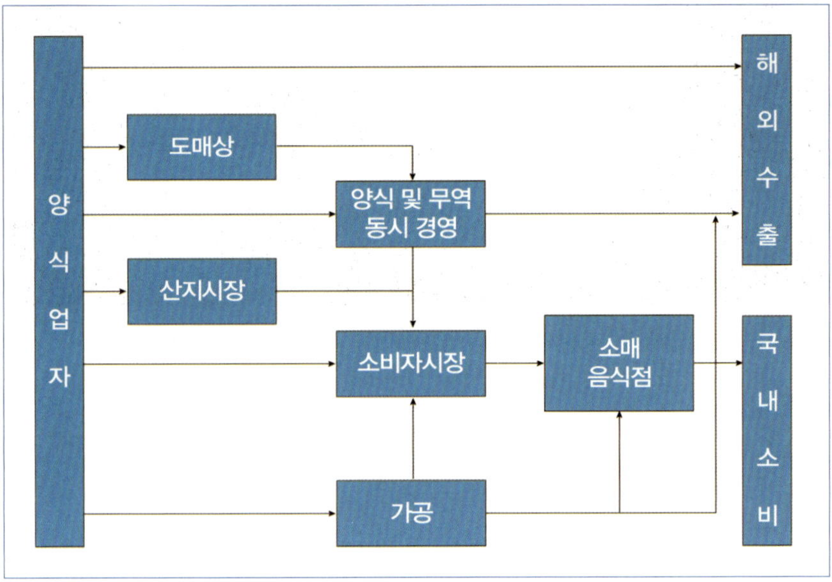


[그림-7] 요녕성 연안 꽃무늬 바지락 산지 유통 노선도

현재 요녕성에서 생산된 꽃무늬 바지락은 산동성 연태와 청도, 절강성 녕파, 심양, 북경 등 도시로 수출되고 있으며 산동성과 절강성은 주요한 소비시장이며, 심양과 북경은 소비와 해산물 집산지 두 가지 기능을 동시에 갖는다. 요녕성 동강에 위치한 황해수산도매시장은 전형적인 어패류 집산시장이고, 대련수산물도매시장은 집산시장 및 소비자를 대상으로 하는 도매시장으로 매일 물동량이 수백 톤에 달한다.

[그림-8] 동강황해수산도매시장 내의 어패류 시장 야간작업 현황

북황해 연안습지 꽃무늬 바지락이 판매되는 시장의 발전 연혁은 80년대 중반에서 2000년대 초반에는 일본과 한국 등 국가를 대상으로 해외시장에 포커스를 맞추었으나 그 이후로는 국내시장에 포커스를 맞추게 되었다. 국내 전 지역으로 판매되는 경우 활바지락의 형태로 배송되며 음식점에서는 바지락 구이, 볶음, 찜 등 다양한 요리로 활용되고 있다.

패류는 기타 수산물에 비해 가격이 상대적으로 저렴하고 소비자가 많으며 전국 각지에 노점상이 분포되어 있어, 소비량이 많으며 장래 시장수요도 점차 커지고 있다. 이에 따라 상당한 시간 동안 패류에 대한 수요가 증가하는 추세를 보일 것으로 예상된다.

[그림-9] 사천성 성도시 청석교 부근의 생선 노점상 (2010년 9월)

시장조사 결과 북황해 패류산업은 아래와 같은 몇 가지 특성을 지니고 있다. 즉 자원이 풍부하고 가격이 안정적이며 소비량이 많고, 국내시장을 포커스로 하고 활어소비가 주를 이룬다. 이러한 시장의 변화를 가져온 원인은 크게 두 가지로 나눌 수 있는데 첫째, 꽃무늬 바지락에 대한 국내 수요가 점차 증가하고 있기 때문이며, 다음으로는 일본 수출의 경우 활어상태로 배송하는 시간이 국내시장으로 배송하는데 소요되는 시간보다 길며 또한 조간대에서 생산되는 꽃무늬 바지락의 수확량이 감소하는 추세를 보이기 때문이다. 그러나 단순히 수출가격을 비교할 경우 일본과 한국으로 수출하는 경우 가격이 높은 관계로 산지 양식업자들은 해외수출에 대한 미련을 떨쳐버릴 수 없다. 이에 반해 조하대 심수지역에서 양식되는 꽃무늬 바지락은 생존율이 낮고 조간대에서 사람이 직접 채취하는 바지락은 수확량이 낮기에 연안습지 조간대의 바지락 생산량을 높이는 것이 시급하다.

## Ⅳ. 압록강 하구 바지락어업개선 프로젝트 개시

최근 몇 년간 중국은 연안생태계 복구를 위해 많은 노력을 기울여 생태계 복구에 필요한 인력 육성, 인프라 구축, 자금마련 등 사업을 지속적으로 추진해 왔으며, 특히 "13.5계획"기간 중 연안생태복구에 대한 관심이 부쩍 높아지고 있다. 연안생태계복구사업과 관련하여 어장환경의 보전 및 해산물 식품안전 확보 등을 주요 내용으로 한다.

앞에서 살펴본 바와 같이 북황해 압록강 하구지역의 주요 패류제품은 바지락으로 국내시장으로 공급될 뿐만 아니라 일본, 한국 등 세계시장으로 수출된다.

"황해생태구역 압록강 하구 바지락어업 개선 프로젝트(黄海生态区鸭绿江口蛤蜊渔业改进项目)"는 단동태홍식품유한회사(丹东泰宏食品有限公司) 및 일냉주식회사(日冷株式会社日冷鲜货) 일본냉동활어 및 세계자연기금회(WWF)와 공동으로 추진하고 있다. 압록강하구 바지락어업 개선 프로젝트의 시행 목적은 바지락 어업수준이 세계어업관리위원회(MSC)의 국제기준을 충족하여 국제인증을 획득하는 것이다. 나아가 해양생태계 보전을 통한 연안습지 바지락산업의 지속가능한 발전을 도모하는 것이다. 바지락어업 개선 프로젝트는 2016년 초부터 10월까지 10개월에 걸쳐 여러 차례의 평가작업을 거쳐 11월 초에 개시되었으며, 2017년에는 대상사업 주요 평가, 2018년에는 MSC 인증 획득을 목표로 하고 있다.

당해 프로젝트는 "13.5계획"의 핵심 키워드인 식품품질안전의 확보 그리고 생태계 복구 및 지속가능한 개발 등에 부합된다. 이에 따라 프로젝트의 시행은 압록강 하구지역 및 북황해 연안 갯벌의 생태환경 개선, 패류 상품의 식품안전 확보와 산업의 지속가능한 발전에 기여할 것이다.

현재 중국 수산업은 MSC인증 획득을 목표로 하고 있으며 2015년 4월 중국 수산업계 최대규모의 상장회사인 대련 장즈섬어업회사(獐子岛渔业公司)가 큰 가리비어장이 MSC인증을 획득하였으며, 2015년 11월 초, 해남상타이어업회사의 틸라피아(罗非鱼)어업이 중국 최초로 ASC인증을 획득하였다.

[그림-10] 압록강하구 바지락어업 개선 프로젝트 개막식 현장
(2016년 11월 1일 청도)

일본의 수산회사에서도 지속가능한 수산물 MSC인증에 대해 높은 관심을 갖고 있는데 일냉주식회사(日冷株式会社) 및 일본 최대 대형마트인 AEON몰은 MSC인증을 추진 중에 있으며, 단동시에서 추진하고 있는 바지락어업 인증 프로젝트에도 적극 참여하고 있다.

**MSC인증**

MSC(Marine Stewardship Council) 해산물 인증은 수산물의 보존와 관리를 위해 글로벌적으로 적용되고 신뢰성 차원에서 해수면어업, 가공업자 등 산업 전반에 대한 관리방침을 규정하고 있다.

MSC인증은 어장의 평가를 위한 규격(Fishery certification)과 공급체인에서 관리를 위한 규격(Chain of custody certification) 두 가지로 구분된다. 어장에 대한 평가기준은 지속가능한 수산물의 보존과 관리를 목표로 하고 있는데 MSC 국제규격의 환경기준에 부합되는 어장에 대해 MSC인증을 부여한다. 공급체인에서 관리를 위한 규격은 수산 제품을 생산, 가공, 유통하는 모든 업체는 투명하고 신뢰할 수

### MSC인증

있는 생산, 가공, 유통 경로를 통해 이 제품을 생산하여야 하고 모든 경로는 추적할 수 있다. 이 기준에 부합하는 업체에 MSC COC 인증을 부여한다. 이로부터 알 수 있는바 MSC인증은 수산물이 생산, 가공, 유통을 거쳐 고객의 식탁에 올라오기까지 어디서, 어떠한 방법으로 어획되어 생산, 제조, 유통되었는지 모두 추적 가능하다.

MSC인증은 1996년 유니레버(Unilever)와 세계야생생물기금회(WWF)가 공동으로 설립하였으며, 각 지역위원회는 “지속가능한 수산물의 보호와 관리기준”에 대한 정의를 내리기 위해 연구를 진행하고 있다. 세계해양책임관리회(MSC)는 독자적인 비영리단체로서 본부는 영국 런던, 미국의 시애틀, 오스트리아의 시드니에 마련하고 있다. 세계해양책임관리회는 2000년 3월에 공식 설립되었으며 아시아 및 미국의 소매상, 생산자 및 식품 서비스 운영업체들이 이를 지원하고 있다.

세계해양책임관리회는 수산물 보존이라는 지속가능성의 측면에서 수산물 생산자, 유통업자, 소비자, 환경보호단체 등 다양한 이해관계를 연결하고, 수산물 제품에 인증마크를 부착함으로써 수산물이 어디서 어떠한 방법으로 생산되었는지 어장의 환경수준이 관리규격에 부합되는지를 판단할 수 있다. 세계해양책임관리회는 어장보호를 위한 3가지 핵심 원칙을 가지고 있는데, 지속가능한 어획량 보유, 생태계의 악영향으로 보호하는 것이며, 어장의 효과적인 경영을 보장하기 위해 요구사항을 제공하고 있다.

MSC 수산제품을 생산, 가공, 유통하는 모든 업체는 MSC COC기준에 부합해야 한다. 이 기준은 투명하고 신뢰할 수 있는 생산, 가공, 유통 경로를 통해 이 제품이 생산되어야 하고, 모든 경로는 추적할 수 있다. 따라서 이 기준에 부합하는 업체에 MSC인증을 부여한다.

MSC인증체계는 추적, 로고 부착, 차단을 핵심으로 한다. 첫째, 원자재 구입, 즉 어장관리가 된 곳에서 어획된 수산물에 대한 MSC인증으로 포장명세서와 영수증의 내용이 일치하여야 한다. 둘째, 원자재 유통과정에 대한 단독 인증으로 어장관리가 된 곳에서 어획된 수산물을 공급하는 과정에서 불법적인 유통, 가공업체에서 불법어획 된 수산물을 혼입하는 것을 차단하는데 목적이 있다. 셋째, 생산과정에 대한 인증으로 어장관리가 된 곳에서 어획된 수산물과 그렇지 아니한 어장에서 어획된 수산물을 구분하는데 목적이 있다. 넷째, 수산물의 보관업체에 대한 단독 인증인데 이는 어장관리가 된 곳에서 어획된 수산물을 공급하는 과정에서 불법적인 유통, 가공업체에서 불법어획 수산물을 혼입하는 것을 차단하는 것이다. 다섯째는 수산물 발주, 포장명세서와 영수증의 내용이 일치할 것을 요한다. 여섯째는 생산, 가공, 유통 모든 경로에 관한 자료를 기록함으로써 이에 대한 추적이 가능하게 한다. 기록물 보존 기간은 3년이다. MSC인증은 상술한 절차를 거쳐 체계화를 이루고자 한다.

## V. 중국 북황해지역 "13.5계획"의 시행에 관한 쟁점사항

북황해에 위치한 요동반도는 2016년부터 2020년까지의 제13차 5개년 계획의 기본정책 및 방침에 근거하여 분야별 실시계획을 수립하였다. 그 중 "요녕성 어업경제 발전 13.5계획(辽宁省渔业经济发展 "十三五"规划)"도 포함되는데 요녕성 전역 및 연안지역의 실시계획을 수립하여 승인을 얻었다.

요녕성의 사회경제발전 전반에 있어 북황해지역은 새로운 활력소를 제공하여 왔다. 북황해지역은 경제가 활성화되고 어업생산에 유리한 여건을 갖추고 있으며 연안지역 및 연근해 어업 기반시설이 집중되고 자원이 풍부하며, 교통이 편리하고, 조직화 및 산업화의 수준이 높다. 북황해지역에는 생산, 가공, 유통 등에서 비교우위를 갖는 수많은 기업과 지역발전을 이끄는 대표기업이 형성되어 있으며 산업기반이 튼튼해서 요녕성 어업발전의 핵심지역이자 수산제품의 주요 수출 및 소비시장으로 거듭났다. 산업발전에 있어서 산업구조의 선진화 국제경쟁력 강화에 중점을 두고 양식, 해수면어업, 가공, 증식, 레저산업 등 다양한 분야를 발전시킬 것이다. 나아가 생태안전, 생산안전, 소비안전을 핵심으로 하는 현대어업종합시범구(现代渔业综合示范区)를 건설함으로써 어업경제의 현대화를 목표로 한다.

대련은 요녕성 핵심도시 중 하나로, 요동반도의 중요한 축이다. 이에 따라 북황해지역의 "13.5계획"기간 중 대련시의 역할이 무엇보다 중요하다. 국가해양어업 종합 개혁 시범사업(国家海洋渔业综合改革试验区), 지속가능한 해수면 양식업 신모델 구축(海水增养殖可持续发展新模式), 요동반도 해양목장 시범구 건설(辽东半岛海洋牧场示范区) 등의 사업을 중점으로 추진할 것이다. 과학기술 연구를 중심으로 대종제품의 산업기술연구개발체계와 자원보존에 관한 플랫폼(资源养护平台)을 구축하여 수산 종묘의 연구개발 및 공급 기지(水产良种研发和供应基地)로 육성시킨다. 이에 따라 해삼, 가리비, 전복, 미역 등 지역의 유명 수산제품의 건전한 증・양식을 발전시키고, 수산자원과 생태환경의 보전을 강화하고 증 · 양식 방류작업 및 인공어초구역을 건설함으로써 현대화 어업 및 청정해양식품기지로 육성하고 나아가 섬 중심의 레저 · 관광구를 건설한다. 또한 수산물 가공업체의 기술 선진화를 추진하고 가공공정, 장비수준, 해양바이오제약, 건강식품과 레저식품 정밀 가공 등 관련 기술을 향상시킴으로써 요녕성의 수산경제의 현대화를 이끌어내야 한다.

단동시는 요녕성의 핵심 도시중 하나로 중국 북황해 동북쪽 끝에 위치하고 압록강을 접하고 있어 독특한 지리적 우세를 점하고 있다.

"13.5계획" 기간 단동시 해양산업의 주요 내용은 다음과 같다. ① 현대화 어업지역 건설, ② 양식업 발전 영역 확대, ③ 현대 수산 종묘산업 육성, ④ 원양어업의 점진적 발전, ⑤ 인공어초 및 양식지역 건설, ⑥ 국제적 수산물 가공 및 수출입기지 건설, ⑦ 국가급, 성급 실내 레저어업시범기지 건설 등이 있다. 그중 한중, 중일, 중북 간의 어업협력을 강화하고 국가 간 어업협정에 따른 해역에서의 어업관리 강화, 불법어업 및 영해침범 조업에 대한 단속을 강화함으로써 주변해역의 해양질서를 유지한다.

요동반도 내 북황해 연안에 위치한 장하(庄河)는 해양경제가 활성화된 지역으로 대련시에 속한다. "13.5계획" 기간 장하시는 "중일한 순환경제시범구역 건설(中日韩循环经济示范基地建设)"을 핵심 추진과제로 시행하여 한중일 3국간의 순환경제 발전을 위한 플랫폼을 구축하고 한중자유무역구의 건설과 발전을 추진한다.

중일한 순환경제 시범구역 건설은 다음과 같은 세 가지 내용을 포함하고 있다. 첫째, 정부차원에서 중일한 3국 간 순환경제시범구역 발전계획을 수립한다. 둘째, 기업차원에서 자원 네트워크 구축, 신속하고 효율적인 자원분배시스템 및 효율적인 대규모 자원이용시스템 구축, 나아가 폐기물의 청결 및 안전한 처리를 위한 국제협력을 추진한다. 셋째, 당해지역 주민들은 자원분포, 순환적 소비 이념과 저탄소 생활방식을 실천하여야 한다.

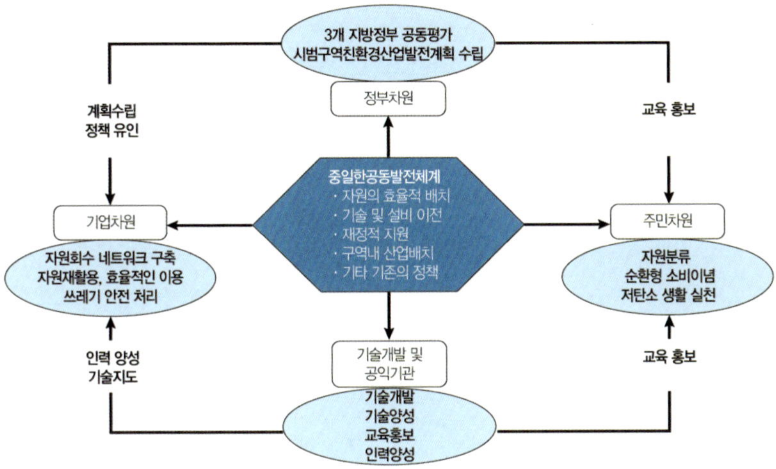


[그림-11] 중일한 순환경제시범구역 신재생에너지산업의 발전 구도

그밖에 기술연구기관과 사회공익단체는 관련 기술개발, 기술 보급, 인력양성 및 홍보 등에 힘써야 한다.

## Ⅵ. 냉철한 사고(冷思考)

인구규모는 소비시장을 가늠하는 중요한 지표가 되고, 종업자수는 특정 산업의 전망을 예측하는 척도이다. 중국 황해생태구(黄海生态区) 주변에 거주하는 인구수와 수산업 종업자수 현황으로 비추어 보면 당해 지역은 거대한 소비시장을 가지고 있고 연안습지 패류양식을 포함한 수산업의 발전이 좋은 전망을 보이고 있다. 또한 생태구역의 연안조하대 및 심수구역에서 양식하는 꽃무늬바지락 양식업이 정상적으로 발전하고 있으며, 생산량이 풍부하다. 5년 전과 비교할 경우 활어 바지락(꽃무늬) 시장에 큰 변화가 나타났는데 주로 해외수출 중심에서 국내시장 중심으로 전환하였고 국내소비의 활성화로 인한 가격의 안정적인 상승세를 이어가고 있다.

또한 중국 황해생태구역의 갯벌 생태환경에도 큰 변화가 일어났으며 이러한 변화는 수많은 환경적 문제를 야기하였다. 첫째, 생물다양성의 감소와 조간대 생물군의 교체현상이 나타났다. 둘째, 갯벌 생태환경이 날로 악화되고, 셋째, 폐수로 인한 연안지역 양식장 피해가 심각하며 양식장이 밀집된 지역에는 양식 수산물이 대량폐사하기도 하였다. 넷째, 바다매립에 따른 갯벌 면적 감소가 심각하다. 이러한 환경문제를 해결하기 위해 국가습지자연보호구(国家级湿地自然保护区)에 대한 수직관리체계(垂直管理体系)를 구축하고 습지보호에 관한 법안작업을 추진하며 습지자연보호구의 지속가능한 이용과 과학적인 관리를 위한 정책을 수립하여야 한다.

습지생태계에 대한 종합적인 보존과 갯벌 패류자원의 복원을 위한 몇 가지 정책적 대안을 제시하고자 한다.

(1) 조간대 패류자원의 생태복원 시범구(潮间带贝类资源生态修复试验区)를 건설하여 생태자원의 복원을 추진한다. 습지생태계 복원사업은 중국에 한정되는 것이 아니라 한국과 일본에도 공동으로 추진하여야 한다. 요녕성 판금(盘锦)시 바지락 등 패류자원 및 산업 생태복원 사례를 참고하여 생태계 복원사업이 바지락산업 및 지역주민에 미치는 영향을 살펴본다.

(2) 기존에 대규모로 진행되고 있는 펌프식 꽃무늬 바지락 채취를 규제하고, 펌프식 채취 방법이 바지락 자원에 미치는 피해를 정확히 파악하여, 친환경적이며 지속가능한 채취방법을 연구한다.

(3) 갯벌 조하대 및 심수지역에 서식하는 꽃무늬 바지락 채취 후 생존시간 및 생존확률을 높이는 양식기술을 개발함으로써 해외시장으로의 수출을 확대한다.

(4) 황해생태보존지역에서의 불법 · 비보고 · 비규제어업(IUU어업)을 규제하고, 생태환경을 파괴하고 사원을 고갈하는 펌프식 채취방식을 단

절함으로써 생태환경 보전 및 식품안전관리 규격에 부합되는 친환경적 수산물 생산을 실현하여야 한다. 예컨대 생태보전구역 내에서 특정 해역을 시범구역으로 설정하고 MSC인증체계를 도입함으로써 시장 경쟁력을 강화한다. 시범구역의 성공적인 사례를 바탕으로 친환경적 패류양식 및 수확방법을 기타 지역으로 확대시킴으로써 황해태생보존 지역 갯벌 패류산업의 지속가능한 이용을 실현하고 안전하고 건강한 패류제품을 국내외 시장에 공급하고자 한다.

이에 따라 황해지역의 지속가능한 개발 · 이용 및 보전을 위해 중국, 일본, 한국, 북한이 공동으로 참여하는 다자간 협력이 필요하다.

## 참고문헌

[1] 中国農牧漁業部1990年《中国浅海灘涂漁業資源》, 浙江科学技术出版社, p78-79.

[2] 冷傳慧, 干潟漁場利用システムの転換と経営形態, 「地域漁業研究」, 2005. 第46巻第1号, p71- 88.

[3] 冷傳慧, 佐久間美明, 産地におけるアサリ業者の市場対応——中国遼寧省を事例にして, 《地域漁業研究》第49巻第2号, 2009年2月：p21-37.

[4] 冷传慧, 王年斌等, 环境补偿费的价格构成标示化探讨, 《环境科学与管理》2008/9, p1-5.

[5] 冷传慧, 陈述平, 雷建维等, 解析海外市场对中国水产品出口的关注焦点——从日本看中国水产品出口, 《对外经济贸易大学学报》, 2008/05, p31-35.

[6] 冷传慧, 李芳芳, 农产品贸易中价值标准设定与量化的探讨-----以日本水产品进口情况为案例, 《中国渔业经济》2009/04, p97-104.

# 05

# 북황해 압록강하구 습지지역 생물생태계에 대한 연구

宋伦(Song Lun)

# 북황해 압록강하구 습지지역 생물생태계에 대한 연구

宋伦(Song Lun*)

## 국문초록

압록강하구 습지는 섭금류(鸻鹬类)가 호주에서 동북아지역으로 이동하는 과정에서 중간 휴식지로 활용하는데, 하구 습지에는 이매패류(双壳类), 복족류(腹足类), 갯지렁이류(多毛类) 등 풍부한 생물이 서식하고 있어 철새들이 먼 비행 중 먹이를 보충할 수 있다. 본 연구에서는 2010년 3월부터 2011년 6월 15개월 동안 압록강하구 조간대의 생물생태 현황에 대해 조사한 결과 생물군집 구조가 비교적 단조롭다. 압록강하구 습지에서 서식하는 주요 생물종에는 이매패류, 복족류, 갯지렁이 등이 있으며 우점종(优势种)의 교체가 현저하고 생물생태의 다양성과 밀도가 낮은 특성을 보였다. 이에 따라 섭금류의 먹이 보충이 상대적으로 부족한 것으로 판단되며 먹이 생물량의 갱신 속도가 느리고 먹이를 통해 보충되는 에너지가 필요한 양보다 적은 것으로 나타났다. 섭금류는 분홍접시조개(江户明樱蛤, Moerella jedoensis), 대합조개(青蛤, clam) 유생, 미갑갯지렁이(长吻沙蚕, Glycera chirori) 등 갯벌에 서식하는 생물을 먹이로 한다. 섭금류는 저조대나 갯벌에서 먹이를 찾는데 철새들이

* 요녕성해양수산과학연구원, 요녕성해양생물자원 및 생태학 중점 실험실 연구원.
메일 785020725@qq.com

북쪽으로 이동하는 성수기가 지난 후에는 조간대에서 서식하는 해양생물의 풍만도와 생물량이 정상수준으로 회복된다. 현재 인류가 철새 서식에 큰 위협을 주는 것은 아니나 인류와 생태계 그리고 이동성 물새(滨鸟, shorebird)들이 조화를 이루기 위해서는 인류를 포함하는 압록강하구 생태계를 구성하는 각 요소들을 종합적으로 고려하여 보존대책을 마련하여야 할 것이며, 궁극적으로는 생태계의 완전성과 인류 사회경제 발전의 지속가능한 개발을 실현하여야 한다.

**키워드:** 섭금류, 생물생태, 먹이섭취 압력, 압록강하구, 조간대, 철새 중간휴식처

압록강하구 습지 국가자연보호구는 섭금류 철새가 북쪽으로 이동하는 경로에서 가장 북쪽에 위치한 휴식처로서 매년 50만 마리가 넘는 섭금류 철새가 여기서 머무르며 휴식을 취하고 먹이를 보충한다. 압록강하구 습지를 찾는 철새의 종류가 다양하나 동북아지역과 호주를 오가는 섭금류가 가장 대표적인 철새 종류이다.[1] 철새들은 철에 따라 번식지와 월동지를 오가는데 이동과정에서 잠시 쉬면서 먹이를 섭취함으로써 체력을 보충한다.[2][3][4][5][6] 섭금류는 주로 조간대에서 서식하는 갯지렁이류, 이매패류, 복족류, 갑각류(甲壳类) 등 무척추 동물을 먹이로 삼는다.[7][8][9] 수력학, 이화학적 환경, 해저 밑바닥 유형 등 생태학적 인자와 인간활동 등이 조간대 생물군락의 형성에 직접적인 영향을 미치게 되고,[10][11] 나아가 이러한 변화는 섭금류 철새의 주요 휴식지 생태계의

1) Zhao H, Li D C. The current situation and protection measure of wading birds resource in Yalujiang River WetLand. China Resources Comprehensive Utilization, 2007, 25(6):31-33.

2) Mcneil R, Cadieux F. Fat content and flight-range capabilities of some adult spring and fall migrant North American shorebirds in relation to migration routes on the AtlanticCoast.Naturaliste Canadien, 1972, 99: 589-606.

3) Drent R, Piersma T. An exploration of the energetics of leap-frog migration in Arctic breeding waders // Gwinner E, ed. Bird Migration: Physiology and Ecophysiology.Berlin:Springer-Verlag, 1990:399-412.

4) Schaub M, Jenni L. Stopoverdurationsofthreewarblerspeciesalongtheirautumnmigra tionroute.Oecologia, 2001, 128(2): 217-227.

5) mith R J, Moore F R. Arrival fat and reproductive performance in a long-distance passerine migrant. Oecologia, 2003, 134(3): 325-331.

6) Ma Z J, Wang Y, Chen J K. Physiological ecology of migratory birds during the stopover periods. Acta Ecologica Sinica, 2005, 25(11): 3067-3075.

7) Weber L M, Haig S M . Shorebird diet and size selection of nereid polychaetes in SouthCarolinacoastaldikedwetlands. Journal of FieldOrnithology, 1997, 68(3):358-366.

8) Kostina E E, Spirina I S, Yankina T A. Distribution of intertidal macrobenthos in Vostok Bay, Sea of Japan. Biologiya Morya (Vladivostok), 1996, 22(2):81-88.

9) Zhu J, Jing K, Gan X J, Ma Z J. Food supply in intertidal area for shorebirds during stopover at ChongmingDongtan, China. ActaEcologicaSinica, 2007, 27(6):2149-2159.

10) Gao A G, Yang J Y, Zeng J N, Wang C S, Hu X G, Chen Q Z, Zhu G H. Ecological characteristics of the benthic organisms in the rocky intertidal zone near the pollutant discharge orifice at Kanmen. Donghai Marine Science, 2004, 22(4): 24-30.

11) Bao Y X, Ge B M, Zheng X, Cheng H Y. Spatial distribution and seasonal

안정성과 먹이공급 수준에 간접적인 영향을 미치게 된다.

현단계에 있어서 섭금류에 대한 국내외 선행연구는 주로 철새집단의 구조, 식성, 먹이 분포, 먹이 찾는 방법, 환경 선택과 교란(干扰) 등의 문제를 중심으로 한 연구가 주를 이루며 철새 이동경로에 위치한 휴식지의 생물군락의 안정성, 우점종의 교체, 먹이섭취를 통한 에너지 보충, 먹이섭취에 관한 어려움(压力) 등에 관한 연구가 부족하다. 특히 압록강하구습지보호구 동서양측에서 항구건설 사업이 빠르게 진행되고 있고, 북한의 황금평 경제구 개발계획의 추진으로 인해 압록강하구 조간대의 생물군락 안정성에 영향을 미칠 것으로 판단된다. 이러한 맥락에서 압록강하구 조간대 생물군락의 특성, 시간적 · 공간적 분포, 생태적 지위, 우점종의 교체, 먹이공급과 갱신, 섭금류 먹이섭취의 어려움 등에 관한 문제를 분석함으로써 섭금류와 저서생태계, 양식업자 3자간의 생태적 연관성을 제시하고, 아울러 철새 휴식지의 생태적 기능을 효과적으로 평가하고 보호함으로써 조간대습지 생태계의 보존 및 관리를 위해 과학적인 근거를 제시하고자 한다.

## 1. 연구방법

### 1) 조사지점

압록강하구 습지는 황해 해안선 최북단에 위치하여 있으며, 지리적 좌표는 동경 123°31'—124°09', 북위 39°40'—40°40'에 걸쳐있다(그림-1). 보호구 면적은 1,010km$^2$으로 그중 20%는 조간대구역이다. 보호구의 평균 폭은 5km이고 해안지형이 평평하고 평균 경사도가 1.3‰이다. 당해 지역 바다 밑바닥(底质)은 모래와 이질 퇴적물이 분포되어 있고 물리적 구조가 단순하다. 보호구 동서양측에 위치한 압록강과 대양하(大洋河)유역은 저서패류의 먹이섭취를 위해

variation of the macrobenthic community on tidal flats of Tianhe, Wenzhou Bay. Acta Zoologica Sinica, 2006, 52(1): 45-52.

풍부한 영양염과 유기물을 제공한다. 보호구 내의 갯벌은 섭금류가 잠깐 머물러 휴식을 취하고 먹이를 섭취함으로써 에너지를 보충하는 중요한 장소이다. 2010년 176,535마리의 섭금류에 대해 조사한 결과 큰뒷부리도요(斑尾塍鹬, Limosa lapponica), 붉은어깨도요(大滨鹬, Calidris tenuirostris), 민물도요(黑腹滨鹬, Calidris alpina)등이 대표적인 철새 종류로 나타났으며 이들 종은 전체 철새의 92.6%를 차지한다.

## 2) 조사방법

2010년 3월, 6월, 9월 세 차례에 걸쳐 압록강하구 조간대 지역에서 5개의 단면(断面)을 설정하여 대조기(大潮期) 조간대 생물분포에 대해 조사하였다(그림-1). 조사지점은 네트워크 설정(网络化设置)방법을 이용하였으며 매개 단면은 조간대의 중조대와 저조대 상하를 구분하여 각각 3개 지점(해안선 지점과 평행하게 100m 떨어진 지점과 수직 1000m 떨어진 지점)을 설정하였다. 2011년 3월, 4월, 6월(섭금류 이동기간 중 전반기, 중반기, 후반기[12]) 그림-1에서 나타나는 바와 같이 D단면에서 섭금류 먹이섭취 압력에 대한 조사를 진행하였다. 조간대 중조대와 저조대 상하구역에 총 20개의 지점(해안선과 평행한 선에서 5개 단면 설정하고 각 단면 간의 간격은 500m로 확정하였으며, 해안선과 수직하는 선에서 4개의 단면을 설정, 각 단면 간의 간격은 300로 확정)을 설정하였으며, 조사지점의 일치성을 확보하기 위하여 지점좌표는 GPS 측량에 의해 얻어졌다.

12) Zhao H, Li D C. The current situation and protection measure of wading birds resource in Yalujiang River WetLand. China Resources Comprehensive Utilization, 2007, 25(6):31-33.

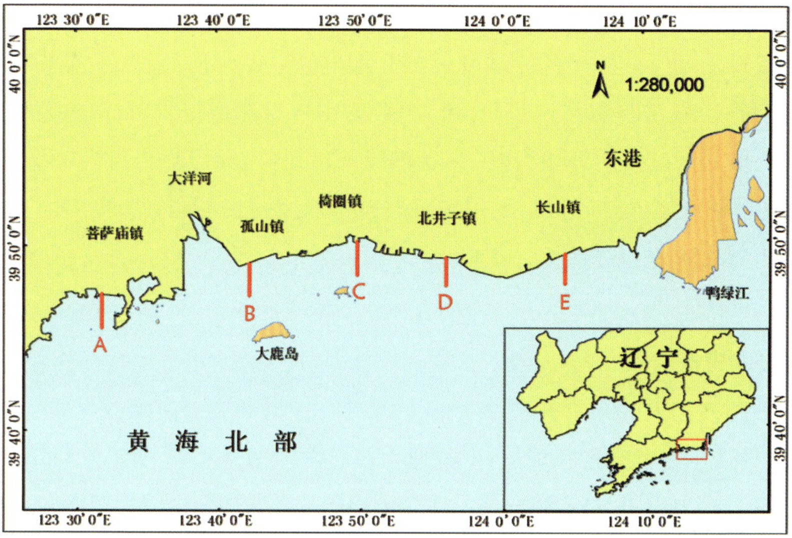


[그림-1] Research area and survey section (A—E) schematic

이에 대한 조사 및 분석방법은 국가표준<해양조사규범(海洋调查规范, GB/T 12763—2007)>, <해양감측규범(海洋监测规范, GB17378—2007)>의 관련 규정에 따른다. 조사지점의 저서동물 95% 이상의 종이 수심 0-30cm 구간에서 서식하고 있으나 섭금류의 부리길이에 의해 15cm이내의 생물만 섭취 가능하다. 저서동물의 서식특성에 의하면 갯지렁이류는 퇴적층에서 수직으로 움직이는 습성을 가지는 관계로,[13] 조사범위를 수심 30cm까지 설정하였다. 또한 <해양조사규범>에서 추천하는 샘플채취기기(25cm×25cm×30cm)를 사용하여 각 조사지점에서 5번 반복하여 샘플을 채취하였다. 여기서 직선중복 간격(直线重复间距)은 1m로 구분하였다.

13) Dierschke V, Kube J, Rippe H. Feeding ecology of dunlins Calidris alpina staging in the southern Baltic Sea, 2. Spatial and temporal variations in the harvestable fraction of their favourite prey Hediste diversicolor. Journal of Sea Research, 1999, 42(1): 65-82.

### 3) 단면환경에 대한 조사

압록강하구 해역의 조석은 약 반날(1/2일)의 주기로 일어나는 밀물과 썰물의 흐름으로 전형적인 반일주조로서 보통 밀물과 썰물은 하루에 두 번 정도 일어난다. 1960년대부터 1990년대는 해상 방파제, 항구, 하천하구 배수구설치 등 연안공정, 연안매립 사업이 급속도로 진행되어 왔으며 이러한 해안개발사업은 조간대의 고조대와 중조대지역의 대부분 면적을 선점하게 되었고, 지속적인 난개발로 인해 압록강하구와 대양하하구의 고조대, 중주대 중 극히 적은 일부분만 보존되었다. 이에 따라 1950년대 342km$^2$에 비교하여 해안지역 면적이 절반 가까이 감소하였으며 어떤 지역은 중조대의 넓이가 300m 미만이다. 조사지점 A단면은 딴둥(丹东) 둥강시(东港市) 푸사묘우쩐(菩萨庙镇) 남측과 대양하하구 서측(39°47'7.81"N, 123°31' 32.16"E)에 위치하여 있으며 중조대 퇴적물은 진흙으로 구성되어 있다. 조사지점 B단면은 딴둥(丹东) 둥강시(东港市) 후산쩐(孤山镇) 남측과 대양하하구 동측(39°49'0.00"N, 123°42'10.71"E)에 위치하여 있으며 중조대와 저조대의 퇴적물은 아주 작은 모래와 진흙이 섞여있는 토질이다. 조사지점 C단면은 딴둥(丹东) 둥강시(东港市) 치쿼엔쩐(椅圈镇) 남측, 장도(獐岛) 북측(39°49'44.68"N, 123°47'37.17"E)에 위치하여 있으며 중조대 퇴적물은 진흙 토질이고, 저조대는 아주 작은 모래와 진흙이 섞여있는 토질이다. 조사지점 D단면은 딴둥(丹东) 둥강시(东港市) 베이징쩐(北井子镇) 남측(39°49'22.82"N, 123°54'9.77"E)에 위치하여 있으며  중조대 퇴적물은 진흙 토질이고, 저조대는 아주 작은 모래와 진흙이 섞여있는 토질이다. 조사지점 E단면은 딴둥(丹东) 둥강시(东港市) 창산쩐(长山镇) 남측이며 압록강하구 양측(39°49'16.01"N, 124° 4'8.46"E)에 위치해 있고, 중조대와 저조대의 퇴적물은 진흙 토질이다. 조사대상 해역의 조간대의 하부지역 조하대는 필리핀(菲律宾蛤仔, Ruditapes philippinarum) 양식장이다.

### 4) 데이터 분석

(1) 우점도(优势度)를 분석하기 위해 Berger-Parter指数(Y)를 이용하였으며 이에 관한 식은 아래와 같다.

$$Y=(n_i/N)\times f_i$$

여기서 $N$은 채취 샘플의 모든 조사대상 생물종의 개체 총수량을 나타내며, $n_i$는 i번째 조사대상 생물종의 개체 총수량이고, $f_i$는 특정 생물종이 시료채취시 출현한 빈도를 나타낸다.

(2) 상대적 중요성을 분석하기 위해 Pinaka指数(IRI)를 이용하였으며 이에 관한 식은 아래와 같다.

$$IRI=(W+N)F$$

여기서 $W$는 특정 생물종의 생물량이 총 생물량 중 차지하는 비율을 나타내며, $N$은 특정 생물종의 밀도가 총 밀도에서 차지하는 비율을 나타내며, $F$는 특정 생물종의 출현 빈도를 나타낸다. 생물량과 밀도에 대한 분석은 국가표준 〈해양감측규범(GB17378.7—2007)〉의 조간대 생물생태조사방법(潮间带生物生态调查方法)에 따른다.

(3) 상대적 존재비(多度, abundancc)(RA)계신식

$$RA=\frac{n_i}{N}$$

여기서 $n_i$는 $i$ 생물종의 밀도 또는 생물량을 나타내며 $N$은 통계단위의 총 밀도와 총 생물량을 나타낸다.

(4) 생물종 다양성을 분석하기 위해 Shannon—Wiener指数(H')를 이용하였으며 이에 관한 식은 아래와 같다.

$$H' = -\sum_{i=1}^{s} P_i \log_2 P_i$$

여기서 $P_i$는 $i$ 생물종의 개체수 중 샘플 개체수가 차지하는 비율이다. $S$는 생물종의 종류를 나타낸다.

(5) 생물종의 균등도(均匀度)를 분석하기 위해 Pielou지수(J)를 이용하였고 이에 관한 식은 아래와 같다.

$$J = \frac{H'}{\log_2 S}$$

여기서 $H'$ 는 다양성 지수를 나타내며, $S$ 는 생물종의 종류를 나타낸다.

(6) 순수 정도(单纯度)(P)

$$P = \sum_{i=1}^{s} \frac{N_i^2}{N^2}$$

여기서 $N_i$ 는 $i$ 생물종의 개체수를 나타내고, $N$ 는 군락 개체수, $S$ 는 종류를 나타낸다.

(7) 생태지위의 폭($B_i$)

$$B_i = -\sum_{j=1}^{N} (P_{ij} \ln P_{ij}) / \ln r$$

여기서 $P_{ij}$ 는 $j$ 지점에서 $i$ 생물종의 개체수가 총 생물량에서 차지하는 비율을 나타내며, $N$ 은 환경자원 조사지점의 수량을 나타내는데 본 연구는 15개 조사지점을 설정하였다. 즉 5개 단면을 설정하여 3번에 걸쳐 시료채취를 진행함으로써 매번 시료채취 지점을 1차례(횟수)의 환경지점으로 계산하였다.

(8) 이차생산력(次级生产, secondary productivity) 및 먹이 에너지를 평가하기 위하여 Brey 경험공식을 이용하였으며, 이에 관한 식은 아래와 같다.[14)]

$$\lg P = 0.27 \lg A + 0.737 \lg B - 0.4$$

여기서 $P$는 대형 저서동물 이차생산력[g(AFDW)/($m^2$.a)]을 의미하며, $A$는 대형 저서동물의 연평균 풍만도(ind/$m^2$)를, $B$는 대형저서동물 연평균 재 뺀 건중량(去灰干重生物量, ash-free dry weight)[g(AFDW)/$m^2$)]을 의미한다. 생물의 습윤 중량이 건중량으로 전환되는 비율은 5:1로 선정하고, 건중량이 재 뺀 건중량으로 전환되는 비율은 10:9로 선정하였다.[15)] 이에 근거하여 습윤 중량과 건중량의 비율(DW, g/$m^2$), 재 뺀 건중량(g(AFDW)/$m^2$), 그에 상응하는 구체화된 에너지(能值, embodied energy)(KJ/ $m^2$)는 Brey를 참고하여 에너지전환계수를 산출하였다.[16)] $P/B$ 값은 하나의 생태군락 내 생물종의 신진대사율의 높고 낮음, 그리고 세대교체의 속도를 나타낸다.[17)] 본 연구는 $P/B$ 값을 통해 철새 먹이 생물량의 연간 갱신 속도를 산출하고자 시도하였다.

---

14) Brey T. Estimating productivity of macrobenthic invertebrates from biomass and mean individual weight. Archive of fishery and marine research (Meeresforschung), 1990, 32(4): 329-343.

15) Crisp D J. Energy flow measurements // Holme N A, Mclntyre A D, eds. Methods for the Study of Marine Benthos. Oxford: Blackwell Scientific Publications, 1984: 284-366.

16) Brey T, Müller W C, Zittier Z, Hagen W. Body composition in aquatic organisms-A global data bank of relationships between mass, elemental composition and energy content. Journal of Sea Research, 2010, 64(3) : 334-340.

17) Water T F. Secondary production in inland waters. Advances in Ecological Research, 1977, 10: 91-164.

나아가 독립표본 t검증(Independent Samples t-Test)을 이용하여 조간대 생물의 밀도와 생물량에 대해 계절별 변화와 특성에 대해 분석하고 섭금류가 먹이로 섭취하는 생물종의 풍만도, 생물량의 월별 변화에 대해 분석하였다. 전술한 공식의 계산과 데이터 처리, 분석을 위하여 Microsoft Excel과 SPSS 13.0 프로그램을 이용하였다.

## 2. 분석결과

### 1) 압록강하구 조간대 생물군락 구조

세 차례에 걸친 조사결과 당해 조사구 조간대 생물 29종을 채취하였으며, 이러한 생물은 8문 8강 16목 24과 27속(8门8纲16目24科27属)으로 나타났고, 이에는 인공종묘 방류작업에 의한 5종의 생물종과 자연번식에 의한 생물종 18종이 포함된다. 군락구조는 연체동물이 총 생물종의 52%로 대부분을 차지한다. 서식공간에 대한 분석결과 시료채취 생물종은 주로 생활의 대부분을 퇴적물에 묻혀서 살고 있는 내생동물로 나타났고, 이는 생물종 총량의 75.86%를 차지했다. 관련 선행연구[18)19)20)21)] 및 현장 조사결과에 대해 분석한 바 압록강하구 조간대에서 서식하는 생물 중 섭금류가 먹이로 섭취할 수 있는 생물종에는 24종의 저서생물이 포함된다(표-1).

18) Weber L M, Haig S M . Shorebird diet and size selection of nereid polychaetes in SouthCarolinacoastaldikedwetlands. JournalofFieldOrnithology, 1997, 68(3):358-366.
19) Kostina E E, Spirina I S, Yankina T A. Distribution of intertidal macrobenthos in Vostok Bay, Sea of Japan. Biologiya Morya (Vladivostok), 1996, 22(2):81-88.
20) Zhu J, Jing K, Gan X J, Ma Z J. Food supply in intertidal area for shorebirds during stopover at ChongmingDongtan, China. ActaEcologicaSinica, 2007, 27(6):2149-2159.
21) Jing K. Stopover Ecology of Shorebirds in Chongming Dongtan, Shanghai [D]. Shanghai: Fudan University, 2005.

[표-1] The macrobenthos species been found in the investigation

| 门 Phylum | 纲 Class | 目Order | 科 Family | 属 Genus | 种 Specie | 鸻鹬类取食选择② |
|---|---|---|---|---|---|---|
| 刺胞动物门 Cnidaria | 珊瑚纲 Anthozoa | 海葵目 Actiniaria | 海葵科 Anthoplidae | 海葵属 Anthopleura | 黄海葵 Anthopleura xanthogrammica | N |
| 纽形动物门 Nemertina | 无刺纲 Anopla | 古纽目 Palaeonemertea | 管栖科 Tubulanidae | 管栖属 Tubulanus | 斑管栖纽虫 Tubulanus punctatus | Y |
| 环节动物门 Annelida | 多毛纲 Polychaeta | 叶须虫目 Phyllodocida | 吻沙蚕科 Glyceridae | 吻沙蚕属 Glycera | 长吻沙蚕 Glycera chirori | Y |
| | | | 叶须虫科 Phyllodocidae | 围巧言属 Eumida | 围巧言虫 Eumida sanguinea | Y |
| | | 沙蚕目 Nereidida | 沙蚕科 Nereididae | 阔沙蚕属 Platynereis | 双管阔沙蚕 Platynereis bicanaliculata | Y |
| | | 矶沙蚕目 Eunicida | 索沙蚕科 Lumbrineridae | 索沙蚕属 Lumbrineris | 圆头索沙蚕 Lumbrineris intlata | Y |
| | | 囊吻目 Scolecida | 小头虫科 Capitellidae | 丝异须虫属 Heteromoastus | 丝异须虫 Heteromoastus filiforms | Y |
| | | 未定目 | 不倒翁虫科 Sternaspidae | 不倒翁虫属 Sternaspis | 不倒翁虫 Sternaspis sculata | Y |
| 螠虫动物门 Echiura | 未定纲 | 螠目 Echiuroinea | 螠科 Echiuridae | 铲荚螠属 Listriolobus | 短吻铲荚螠 Listriolobus brevirostris | N |
| 软体动物门 Mollusca | 腹足纲 Gastropoda | 原始腹足目 Archaeogastropoda | 马蹄螺科 Trochidae | 蝐螺属 Umbonium | 托氏蝐螺 Umbonium thomasi | Y |
| | | 中腹足目 Mesogastropoda | 玉螺科 Naticidae | 镰玉螺属 Lunatica | 微黄镰玉螺 Lunatica gilva | Y(壳高〈15mm) |
| | | | | 扁玉螺属 Neverita | 扁玉螺 Neverita didyma | Y(壳高〈15 mm) |
| | | 新腹足目 Neogastropoda | 织纹螺科 Nassariidae | 织纹螺属 Nassarius | 红带织纹螺 Nassarius succinctus | Y |
| | | | | | 纵肋织纹螺 Nassarius variciferus | Y |

| 门 Phylum | 纲 Class | 目Order | 科 Family | 属 Genus | 种 Specie | 鸻鹬类取食选择② |
|---|---|---|---|---|---|---|
| | | 头楯目 Cephalaspidea | 阿地螺科 Atyidae | 泥螺属 Bullacta | 泥螺 Bullacta exarata | N |
| | 双壳纲 Bivalvia | 帘蛤目 Veneroida | 樱蛤科 Tellinidae | 明樱蛤属 Moerella | 彩虹明樱蛤 Moerella iridescens | Y |
| | | | | | 江户明樱蛤 Moerella jedoensis | Y |
| | | | 截蛏科 Solecurtidae | 缢蛏属 Sinonova cula | 缢蛏 Sinonovacula constrica | Y(壳高 〈15mm) |
| | | | 帘蛤科 Veneridae | 蛤仔属 Ruditape s | 菲律宾蛤仔 Ruditapes philippinarum | Y |
| | | | | 文蛤属 Meretrix | 文蛤 Meretrix meretrix | Y |
| | | | | 青蛤属 Cyclina | 青蛤 Cyclina sinensis | Y |
| | | | 蛤蜊科 Mactridae | 蛤蜊属 Mactra | 四角蛤蜊M actra veneriformis | Y(壳高 〈15mm) |
| | 软甲纲 Malacostra ca | 端足目 Amphipoda | 尾钩虾科 Urothoidae | 尾钩虾属 Urothoe | 黄海尾钩虾 Urothoe huanghaiensis | Y |
| | | 十足目 Decapoda | 美人虾科 Callianassid ae | 和美虾属 Nihonotru paea | 哈氏和美虾 Nihonotrupaea harmandi | Y |
| | | | 玉蟹科 Leucosiidae | 拳蟹属 Philyra | 豆形拳蟹 Philyra pisum | Y(壳高 〈15mm) |
| 节肢动物门 Arthropoda | | | 大眼蟹科 Macrophthal midae | 大眼蟹属 Macropht halmus | 宽身大眼蟹 Macrophthalmus dilatatus | Y(壳高 〈15mm) |
| | | | 弓蟹科 Varunidae | 近方蟹属 Hemigrap sus | 绒螯近方蟹 Hemigrapsus penicillatus | Y(壳高 〈15mm) |
| 腕足动物门 Brachiopo da | 海豆芽纲 Lingulata | 海豆芽目 Lingulida | 海豆芽科 Lingulidae | 海豆芽属 Lingula | 鸭嘴海豆芽 Lingula anatina | N |
| 棘皮动物门 Echinoder mata | 海参纲 Holothurioi dea | 无足目 Apodida | 锚参科 Synaptidae | 刺锚参属 Protankyr a | 棘刺锚参 Protankyra bidentata | N |

비고: 표 중 생물종의 학명은 〈중국해양생물명록(中国海洋生物名录)〉[22]을 참조하여 정리하였으며, Y는 섭금류가 먹이로 섭취할 가능성이 있는 생물종을 의미하고, N은 섭금류가 섭취하지 않는 생물종을 의미한다.

22) Liu R Y. Checklist of marine biota of China seas. Beijing: Science Press, 2008.

본연구의 조사구 조간대 생물의 계절별 평균 상대적 존재비는 봄, 여름, 가을 순으로 각각 0.30, 0.30, 0.40으로 나타났고, 생물량 평균 상대적 존재비는 0.34, 0.27, 0.39로 나타났다. 세로방향의 밀도와 관련하여 평균 상대 존재비는 봄철이 0.50, 여름철 0.39로 나타났으며, 이는 저조대 하구의 최고치에 해당하며, 가을철은 저조대 상구 최고치는 0.42로 나타났다. 생물량 평균 상대 존재비는 봄 0.39, 여름 0.41, 가을 0.50으로 나타났고, 이는 저조대 하구의 최고치다. 가로방향 밀도 상대적 존재비는 봄 0.75, 여름 0.75, 가을 0.92이고, 생물량 평균 상대 존재비는 봄 0.62, 여름 0.73, 가을 0.91로 나타났으며, 베이징즈쩐(北井子镇) D단면의 측정수치가 최고치 나타났다. 계절의 변화에 따라 봄, 여름, 가을 순으로 총밀도, 총생물량 수치가 떨어졌다 상승하는 추세를 보였다. 그러나 변화의 폭이 넓지 않았다($t=0.687$, $P>0.05$). 각 조사단면 조간대에 서식하는 생물의 밀도(ind./$m^2$)와 생물량(g/$m^2$)의 시공간적 분포는 표-2에서 나타나는 바와 같다.

[표-2] The temporal and spatial distribution of each survey section of the intertidal zone density (ind./$m^2$)/ biomass

| 调查断面 Survey section | 春季Spring | | | 夏季Summer | | | 秋季Autumn | | |
|---|---|---|---|---|---|---|---|---|---|
| | M | Lu | Ll | M | Lu | Ll | M | Lu | Ll |
| A | 33.89/ 21.46 | 69.09/ 28.83 | 95.85/ 9.14 | 37.71/ 14.60 | 39.61/ 7.60 | 29.62/ 9.90 | 5.47/ 3.21 | 5.09/ 6.65 | 18.67/ 73.54 |
| B | 37.35/ 71.56 | 15.28/ 29.66 | 16.98/ 28.71 | 76.52/ 101.11 | 84.89/ 84.54 | 57.72/ 39.12 | 17.38/ 7.67 | 26.97/ 22.03 | 16.99/ 20.77 |
| C | 86.58/ 164.81 | 57.55/ 219.42 | 98.50/ 185.29 | 134.12 /62.02 | 57.82/ 40.30 | 49.30/ 87.00 | 46.34/ 16.23 | 30.15/ 14.59 | 37.24/ 19.96 |
| D | 37.59/ 34.76 | 205.49/ 188.33 | 381.62/ 253.91 | 40.74/ 11.97 | 258.66/ 206.51 | 313.32/ 225.74 | 166.84 /48.69 | 460.10/ 371.83 | 393.16/ 378.87 |
| E | 51.20/ 31.77 | 32.00/ 46.45 | 42.67/ 51.73 | 13.92/ 7.19 | 15.96/ 10.36 | 27.16/ 17.45 | 14.21/ 12.97 | 21.58/ 9.24 | 36.84/ 16.16 |
| 平均值 Mean | 49.32/ 64.87 | 75.88/ 102.54 | 127.12/ 105.76 | 60.60/ 39.38 | 91.39/ 69.86 | 95.43/ 75.84 | 50.05/ 17.76 | 108.78/ 84.87 | 100.58/ 101.86 |

M : Middle tide zone 중조대, Lu : The upper part of low tide zone 저조대 상구(上区), Ll : The lower part of low tide zone 저조대 하부구역(下区)

## 2) 우점종

일반적으로 Berger—Parter지수(Y)가 0.02 이상으로 나타나거나[23] Pinaka指数 (IRI)가 1, 000크게[24] 이상일 경우 우점종으로 간주하며 우점도 공식은 밀도 요인만 고려하고, 중요성 지수는 생물량이 미치는 영향을 반영하여 계산한다. 표-3에서 나타나는 것과 같이 저상형(底上型) 생물종인 민챙이(泥螺), 내생동물 분홍접시조개(江户明樱蛤), 대합 등은 봄, 여름, 가을에 절대적이 우세를 차지하며, 봄-여름-가을 순으로 계절별 우점종의 교체규칙은 민챙이, 분홍접시조개, 대합조개, 미갑갯지렁이, 이관갯지렁이 →민챙이, 분홍접시조개, 대합조개 →분홍접시조개, 민챙이, 대합조개, 대합, 미갑갯지렁이, 길게(宽身大眼蟹)의 형태로 나타났다. 그 중 대합조개와 대합은 양식어종에 속한다. 민챙이와 미갑갯지렁이의 생태지위 폭이 제일 높고, 조사단면 및 조간대 전체 조사구에 분포되어 있으며, 이관 갯지렁이는 A단면과 저조대에 분포되어 있고, 길게는 주로 C, D단면과 중조대에, 대합조개는 주로 B, D단면의 중조대에, 분홍접시조개와 대합은 주로 D단면과 저조대 하부구역(下区)에 분포되어 있다.

[표-3] The research area niche breadth and seasonal succession of dominant species

| Dominant species | 중요성 지수 Index of importance | | | 우점도 Dominance | | | 생태 지위 폭 Niche breadth |
|---|---|---|---|---|---|---|---|
| | Sp | Su | Au | Sp | Su | Au | |
| 민챙이 Bullacta exarata | 6337.6 | 10175.3 | 2444.2 | 0.30 | 0.50 | 0.13 | 1.50 |

23) Xu Z L, Wang Y L, Chen Y Q. An ecological study on zooplankton in Maximum turbid zone of estuarine area of Changjiang (Yangtze) River. Journal of Fishery Sciences of China, 1995, 2(1): 39-48.

24) Pinkas L, Oliphamt M S, Iverson I L K. Food habits of albacore, bluefin tuna, and bonito in California waters. California Department of Fish and Game Fish Bulletin, 1971, 152: 1-105.

| Dominant species | 중요성 지수 Index of importance | | | 우점도 Dominance | | | 생태 지위 폭 Niche breadth |
|---|---|---|---|---|---|---|---|
| | Sp | Su | Au | Sp | Su | Au | |
| 미갑갯지렁이 Glycera chirori | 1419.2 | 740.6 | 1226.5 | 0.11 | 0.04 | 0.08 | 1.16 |
| 이관갯지렁이 Platynereis bicanaliculata | 1133.3 | 803.4 | 616.1 | 0.11 | 0.08 | 0.06 | 0.70 |
| 길게 Macrophthalmus dilatatus | 410.3 | 405.4 | 1179.6 | 0.02 | 0.02 | 0.02 | 0.64 |
| 대합조개 Cyclina sinensis | 1837.8 | 1195.2 | 1461.2 | 0.05 | 0.03 | 0.06 | 0.62 |
| 분홍접시조개 Moerella jedoensis | 3471.7 | 5069.9 | 8842.4 | 0.27 | 0.29 | 0.44 | 0.48 |
| 대합 Meretrix meretrix | 664.5 | 904.2 | 1374.3 | 0.03 | 0.02 | 0.05 | 0.17 |

Sp : Spring 春季, Su : Summer 夏季, Au : Autumn 秋季

### 3) 생물다양성에 대한 분석

생물종의 다양성, 균등도, 순수도 지수에 대한 분석 결과 D단면의 다양성 지수가 1.52±0.06으로 가장 높고, 균등도 지수는 0.53±0.06, 단순도 지수는 0.46±0.04로서 가장 낮다. B단면의 다양성 지수는 1.06±0.15로 가장 낮으며, 균등도 지수는 0.70±0.07, 단순도 지수는 0.56±0.05로서 가장 높다. D단면의 다양성 지수가 높게 나타난 것은 존재비가 높기 때문이고, 우점종의 개체수의 영향을 받아 균등도와 순수도가 낮게 나타났다. B단면의 특성은 이와 정반대로 나타났다. A단면을 제외한 기타 4개 단면의 특성 중 봄–여름–가을 계절별 다양성 지수가 떨어졌다 상승하는 폭이 크게 나타났는데 이에 관한 식은 아래와 같다.

t H′ (Sp–Su)=3.23, P<0.01;t H′ (Su–Au)=2.84, P<0.01

이러한 결과는 여름철 조사구 조간대에서 서식하는 생물종 중 어느 한 종류가 외부영향을 받아 정상수치보다 낮게 나타난 것으로 판단된다. 외부영향에는 물새의 먹이섭취나 인간의 어획 등이 포함된다.

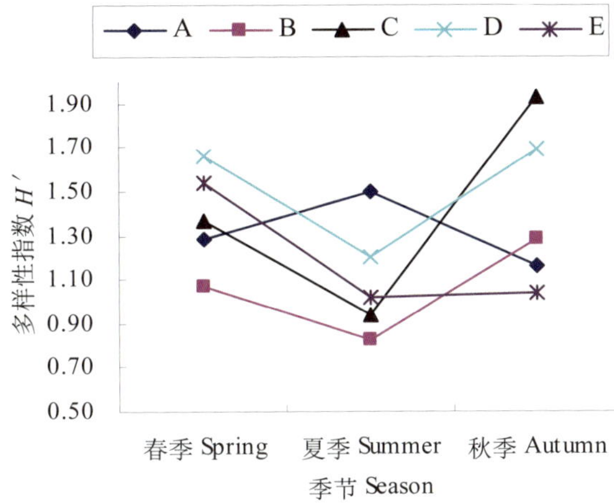


[그림-2] The survey sectionseasonal variation of diversity index

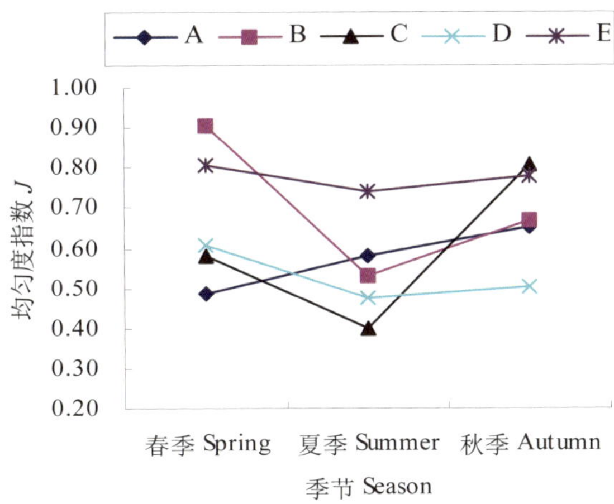


[그림-3] The survey sectionseasonal variation of evenness index

[표-4] The survey section different habitats of seasonal variation of ecological index

| 조사단면 Survey section | 서식지 Habitat | 多样性指数(H′) | | | 均匀度指数(J) | | | 单纯度(P) | | |
|---|---|---|---|---|---|---|---|---|---|---|
| | | Sp | Su | Au | Sp | Su | Au | Sp | Su | Au |
| A | M | 1.12 | 1.28 | 1.25 | 0.48 | 0.55 | 0.62 | 0.50 | 0.46 | 0.49 |
| | Lu | 1.45 | 1.69 | 1.58 | 0.48 | 0.53 | 1.00 | 0.48 | 0.39 | 0.33 |
| | Ll | 1.28 | 1.55 | 0.66 | 0.50 | 0.67 | 0.33 | 0.50 | 0.38 | 1.00 |
| B | M | 1.32 | 1.11 | 1.02 | 0.83 | 0.48 | 0.64 | 0.44 | 0.56 | 0.55 |
| | Lu | 0.92 | 0.71 | 2.10 | 0.92 | 0.44 | 0.91 | 0.56 | 0.75 | 0.26 |
| | Ll | 0.97 | 0.67 | 0.73 | 0.97 | 0.67 | 0.46 | 0.52 | 0.71 | 0.68 |
| C | M | 1.65 | 0.60 | 1.06 | 0.82 | 0.30 | 0.67 | 0.36 | 0.81 | 0.55 |
| | Lu | 0.20 | 0.40 | 2.38 | 0.13 | 0.20 | 0.92 | 0.95 | 0.88 | 0.21 |
| | Ll | 2.24 | 1.80 | 2.34 | 0.80 | 0.70 | 0.83 | 0.24 | 0.37 | 0.21 |
| D | M | 1.99 | 1.59 | 1.78 | 0.86 | 0.80 | 0.56 | 0.30 | 0.38 | 0.38 |
| | Lu | 1.55 | 1.16 | 1.78 | 0.45 | 0.34 | 0.52 | 0.43 | 0.50 | 0.44 |
| | Ll | 1.43 | 0.86 | 1.52 | 0.51 | 0.29 | 0.44 | 0.47 | 0.72 | 0.52 |
| E | M | 0.81 | 1.11 | 1.05 | 0.51 | 0.70 | 0.66 | 0.71 | 0.57 | 0.59 |
| | Lu | 1.92 | 1.13 | 1.10 | 0.96 | 0.71 | 0.69 | 0.28 | 0.51 | 0.51 |
| | Ll | 1.91 | 0.81 | 0.99 | 0.95 | 0.81 | 0.99 | 0.28 | 0.63 | 0.51 |

M : Middle tide zone 중조대, Lu : The upper part of low tide zone 저조대 상구(上区), Ll : The lower part of low tide zone저조대 하부구역(下区) ; Sp : Spring, Su : Summer, Au : Autumn

#### 4) 철새 먹이의 생물 에너지 평가 및 갱신 속도

여러 선행연구에 의하면 섭금류는 식성이 광식성(广食性)을 가지고 있어 중간휴식지에서 빠른 시간 내에 에너지를 보충하기 위하여 섭취하는 먹이의

종류에 대해 까다롭지 않고 휴식지에서 섭식 가능한 생물종의 밀도에 따라 광범위하게 섭취한다.[25)26)]

큰뒷부리도요(斑尾塍鹬, Limosa lapponica), 붉은어깨도요(大滨鹬, Calidris tenuirostris), 민물도요(黑腹滨鹬, Calidris alpina)는 압록강하구 휴식지에 머무르는 철새 중 가장 전형적이고 수량이 많은 종류이다. 따라서 상기 3종의 철새의 먹이섭취 및 이용방법에 대해 분석하고자 한다. 3종의 철새는 촉각이 발달해 갯벌 속의 먹이를 잡아 올린 후 삼켜버리는데 이때 후각은 보조역할을 한다. 또한 갯벌 속의 갯지렁이와 연체동물을 주로 잡아먹는다. 철새의 먹이섭취 전략 및 먹이로 섭취하는 생물종의 규격에 따라 조사대상 범위를 모든 규격의 갯지렁이, 패각 높이 15mm 미만의 이매패류, 패각 넓이 15mm 미만의 복족류가 포함된다. 민챙이과에서 민칭이(Bullacta exarata)를 제외한 기타 생물종은 몸의 표면에 유해독성 분비물을 분출하여 철새들이 먹이로 섭취하지 않는다.

그림−4와 그림−5와 같이 저조대 하부구역(下区) 철새 먹이생물 이차생산력 수치는 2.89±2.42g(AFDW. $m^{-2}$. $y^{-1}$)으로 나타났고, 그에 상응하는 구체화된 에너지(能值, embodied energy)(KJ/ $m^2$)는 78.67±67.68로 나타났는데, 이는 조사구 조간대 중에서 가장 높은 수치이다. 중조대는 저조대 하구에 비해 상대적으로 낮은 수준으로 나타났다. D단면의 저조대 하부구역은 철새 먹이생물이 가장 풍부한 먹이제공에 있어서 기여구역(贡献区域)으로 평가 받고 있다. D단면의 저조대 하부구역 이차생산력은 12.56±2.34g(AFDW. $m^{-2}$. $y^{-1}$)이고, 그에 상응하는 구체화된 에너지는 347.91±118.01KJ/$m^2$이다. 현장조사 결과 또한 섭금류가 저조대 수역 근처에서 먹이를 섭취하는 빈도가 높다는 것을 입증하고 있다.

---

25) Jing K. Stopover Ecology of Shorebirds in Chongming Dongtan, Shanghai [D]. Shanghai: Fudan University, 2005.

26) Warwick R M, Price R. Macrofauna production in an estuarine mud-flat. Journal of the Marine Biological Association of the United Kingdom, 1975, 55: 1−18.

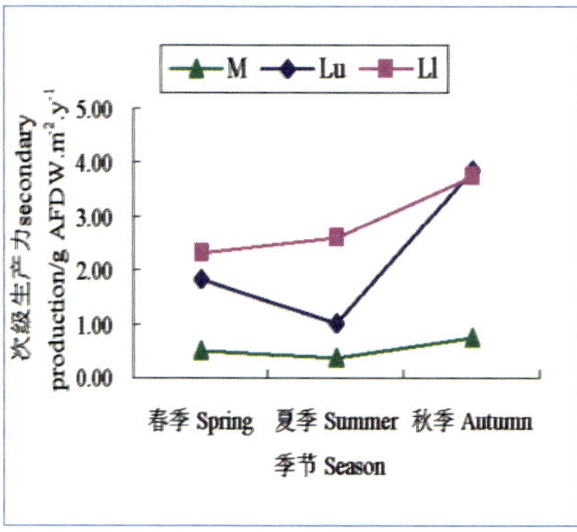


[그림-4] Different tidal zones seasonal variation of secondary production

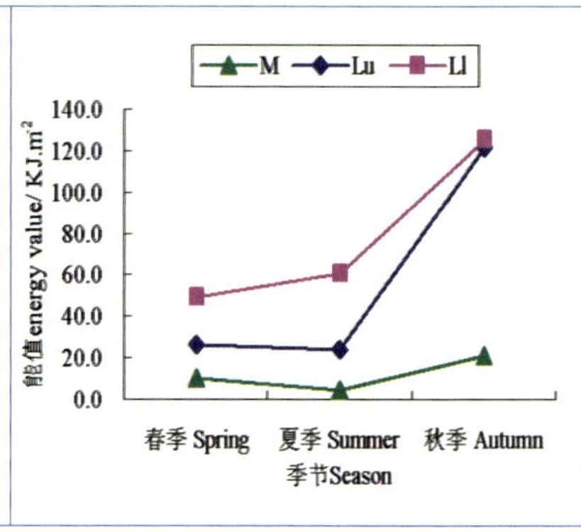


[그림-5] Different tidal zones seasonal variation of biological energy value

먹이 생물량의 갱신속도에 대해 분석한 결과 조사구 P/B 평균치는 (1.07±0.07)으로 나타났는데 이는 압록강하구 조간대 먹이 생물량의 연간 순환 횟수는 1.07회임을 의미한다. 그중 중조대는 1.15회, 저조대 하부구역은 1.14회, 저조대 상부구역은 0.92회이다. 단면별 갱신속도를 살펴보노라면 A(1.30), B(1.18)단면의 갱신속도가 상대적으로 빠르게 나타났으며, C(0.97), D(0.98), E(0.94)단면의 갱신속도는 큰 차이를 보이지 않았다. 우점종인 분홍접시조개와 대합조개 미갑갯지렁이의 P/B 값은 각각 10.6, 0.71, 0.93으로 나타났다.

### 5) 섭금류 먹이섭취 압력에 대한 분석

2011년 선술한 섭금류 3개 우점종의 이동 절정기(高峰期)에 대해 관찰한 결과 큰뒷부리도요는 3월28일-4월28일, 붉은어깨도요는 4월 7일-5월 15일, 민물도요는 3월 28일-5월10일로 나타났다. 섭금류의 먹이섭취 압력에 대해 조사하기 위해 3개 우점종이 압록강하구 습지지역에 머물렀다 떠나는 이 기간 동안 먹이생물량 제공이 가장 풍부한 D단면에 대해 추적조사 연구하였다. 이에 따라 섭금류가 압록강에 머무르는 기간을 전반기(2011년 3월 21일 –22일), 중반기(4월 15일–16일), 후반기 즉 떠나는 시기(5월 31일–6월 1일)로 구분하여 단계별 특성에 대해 조사하였고 그 결과 3월과 4월 간 중조대와 저조대 하부구역 먹이 풍부도 차이가 크지 않았으나($t_{M}=0.803$, $P>0.05$ ; $t_{Lu}=1.048$, $P>0.05$), 저조대 하부구역은 3월에 비해 4월의 먹이 풍부도가 현저히 낮아졌다($t_{Ll}=3.165$, $P<0.05$). 그 중 4월 분홍접시조개의 풍만도는 3월에 비해 80.92%가 감소하여 풍만도의 변화가 현저한 것으로 나타났으며, 조간대 저조대와 중조대, 고조대 먹이 생물량에 대한 조사결과 3월과 4월의 변화가 크지 않았다($t_{M}=0.329$, $P>0.05$ ; $t_{Lu}=1.619$, $P>0.05$ ; $t_{Ll}=2.529$, $P<0.05$).

먹이 풍만도와 생물량의 대수(对数, log2) 산포도(散点分布图)는 그림–6과 그림–7과 같이 섭금류의 휴식지에서의 먹이섭취 압력은 이동 절정기인 4월 중순에 최고치를 기록했고 섭금류가 떠난 후 먹이 풍만도와 생물량은 또 다시 정상적인 수준으로 회복되었다. 이는 조사구 먹이 생물종군의 보충 능력이 높다는 것을 의미한다.

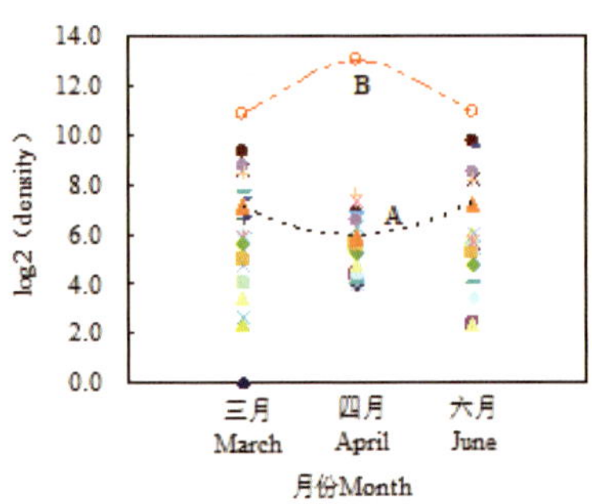


A : 먹이 평균밀도와 C의 관계
B : 실시간 조사와 변화 추이

[그림–6] The influence law of shorebirds to density of food organisms

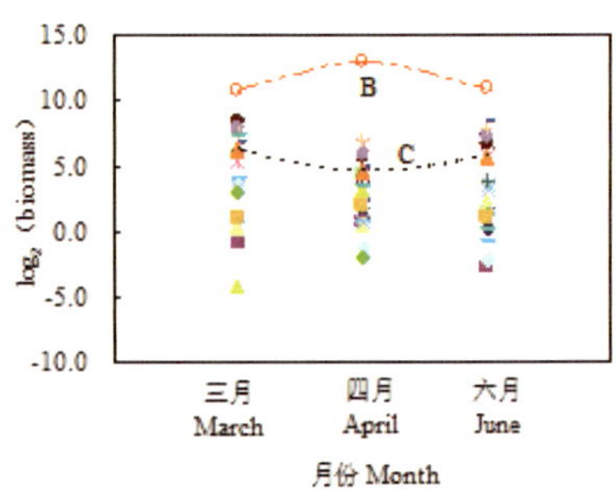


A : 먹이평균밀도와 곡선의 관계
B : 실시간 조사와 변화 추이

[그림–7] The influence law of shorebirds to diet biomass

## 3. 결론

### 1) 압록강하구 조간대 생물군락의 단순한 구조

온대, 아열대 하구와 연안은 이동중인 철새 종류인 섭금류의 중요한 중간휴식지이다. 이에 따라 중간휴식지의 철새 먹이생물의 다양성, 밀도, 분포특성 등은 섭금류의 이동에 직접적인 영향을 미치게 된다.[27] 이 지역은 섭금류의 월동지인 열대 및 아열대 연안지역과 비교하여 생물량의 차이가 크지 않고 위도상의 차이도 크지 않다. 그러나 북온대 조간대와 비교할 경우 열대 생물종군의 구조는 온대지역보다 훨씬 풍부하다.[28] 압록강하구 조간대는 북온대에 위치하여 있으며 이 지역에 서식하는 저서동물은 온대 특성을 보이고 있고 주요 생물군락은 이매패류(双壳类), 복족류(腹足类), 갯지렁이류(多毛类) 등이 있다.

섭금류의 월동지역 중 호주 서북쪽에 위치한 로벅(Roebuck)은 저서동물 161개의 분류군이 있으며 평균 밀도는 1,287 ind./m$^2$이고, 동대양(东大洋)으로의 이동경로의 월동지인 Banc d'Arguind[29]에는 저서동물 110개 분류군이 있고 평균밀도는 1,404 ind./m$^2$이고, 남아프리카 나혼(Nahoon)[30] 유역 하구지역은 저서동물 118종의 분류군이 있으며 평균밀도는 5,171 ind./m$^2$이고, 황해해역에 위치한 또 하나의 중요한 휴식지인 충밍둥탄(崇明东滩)[31]은

---

27) Jing K. Stopover Ecology of Shorebirds in Chongming Dongtan, Shanghai [D]. Shanghai: Fudan University, 2005.

28) Piersma T, de Goeij P, Tulp I. An evaluation of intertidal feeding habitats from a shorebird perspective: towards relevant comparisons between temperate and tropical mudflats. NetherlandsJournalofSeaResearch, 1993, 31(4).503-512.

29) Wijusma G, Wolff W J, Meijboom A, Duiven P, De Vlas J. Species richness and distribution of benthic tidal flat fauna of the Banc d'Arguin, Mauritania. OceanologicaActa, 1999, 22(2):233-243.

30) Bursey M, Wooldridge T. Diversity of benthic macrofauna of the flood-tidal delta of the Nahoon estuary and adjacent beach, SouthAfrica.AfricanZoology, 2002, 37(2):237-246.

31) Jing K. Stopover Ecology of Shorebirds in Chongming Dongtan, Shanghai [D]. Shanghai: Fudan University, 2005.

저서동물 35종의 분류군이 있으며 평균밀도는 3, 982 ind./$m^2$이다. 이와 비교할 경우 압록강하구 휴식지의 생물종군 구조는 상대적으로 간단한데 저서동물 29종의 분류군이 있으며 평균밀도는 84 ind./$m^2$로 생물다양성과 밀도가 낮은 특성을 보이고 있다. 1960년대부터 90년대 사이 압록강하구 연안지역에서 대규모의 연안매립과 해안공정이 빠른 속도로 진행되었고 고조대와 중조대 생태계 파괴가 가속화되어 생태기능의 축소, 군락구조가 파괴됨으로써 중조대와 고조대에서 서식하던 생물종이 멸종되거나 조하대로 서식지를 이전하였다. 또한 육지의 수조양식장과 갯벌양식장에서 장시간 동안 사용하여 왔던 패류의 천적생물인 갑각류와 갯지렁이류를 잡는 약물에 의해 갯벌 생물종군의 수량이 감소된 것으로 판단된다. 그밖에 해수 교란이 강하고 저층이 아주 작은 모래 토질의 특성으로 인해 당해 지역에서 서식하는 저서동물의 수량이 적을 수밖에 없다는 주장도 있다.[32)]

### 2) 최근 30년간 생물군락 구조의 변화

1980년-1981년 사이의 조사결과와 비교할 시 압록강하구 습지에서 서식하였던 대부분의 해양 생물종이 완전히 멸종하거나 쇠퇴했다. 1980년대 해양조사에 의하면 떡조개(日本镜蛤, Dosinorbis japonica), 박편조개(薄片镜蛤, Dosinia laminata), 새꼬막(毛蚶, Scapharca subcrenata), 맛조개(长竹蛏, Solen strictus) 등 자연 우점종의 채집이 거의 불가능하다. 좁살무늬고둥(红带织纹螺, Nassarius succinctus)과 황해비단고둥(托氏昌螺, Umbonium thomasi) 등 자연 생물종의 퇴화율은 3.3%을 넘었다. 생태위 폭이 가장 넓은 저상생물(底上生物) 민챙이과가 이미 주요 우점종으로 교체되었다. 우점종 교체현상을 초래한 데는 여러 가지 원인이 존재하나 1980년대 초반에서 90년

32) Yuan X Z, Lu J J, Liu H. Influence of characteristics of Scirpus mariqueter community on the benthic macro-invertebrate in a salt marsh of the Changjiang Estuary. Acta Ecologica Sinica, 2002, 22(3): 326-333.

대 말까지(1985년-1997년) 당해 연안지역에서 대규모의 대하(对虾) 양식장이 설치되었으며 대부분의 조간대 고조대와 중조대를 점용하게 됨으로써 저서생물군락 구조의 변화를 초래하였다. 대하양식의 규모화와 산업화로 인해 양식업자들은 연안 갯벌에 서식하는 소형 패류를 대하의 먹이로 이용하였고, 이로 인해 우점종 개체수가 대폭 감소하였으며, 패류 양식장에서 사용하는 약물과 오폐수는 갯벌 저서생물의 생물종 쇠퇴를 초래하였다. 주의할 점은 당시 민챙이과는 이용률이 낮고 천적이 적었으며, 번식능력이 강하고 생태위폭이 넓은 등의 원인으로 인해 향후 번식을 위한 기반과 발전의 기회를 확보할 수 있었다. 생물학적 시각에서 접근하자면 생태학적 지위가 같거나 유사한 여러 생물종은 영구 공존할 수 없으며, 궁극적으로 상대적 약자가 배제되기 마련이다. 이는 보통 한 종만이 한 서식지의 특수화된 생태학적 지위를 점유할 수 있다는 가우스(Gause's principle)의 경쟁배타의 원리에 부합된다. 민챙이과는 압록강하구 조간대의 주요 우점종이나 몸의 표면에 유해독성 분비물을 내는 관계로 철새들이 먹이로 섭취하지 않는다. 이러한 먹이생물 우점종의 교체는 섭금류의 먹이섭취와 에너지 보충에 불리한 요소로 작용할 것이며, 섭금류 중간휴식지의 우점종이 섭취가능한 생물종에서 섭취 불가한 생물종으로 교체됨으로써 먹이 섭취를 통한 에너지 보충이 원활하지 못하고 번식지에 도착할 확률이 점차 낮아지며 종족번식이 위협받고 있다. 또한 일부 먹이생물의 멸종으로 인해 이를 먹이로 섭취하는 멸종위기에 처한 섭금류가 멸종하는 속도가 점점 가속화되고 있다.

앞에서 서술한 바와 같이 섭금류가 압록강하구 습지에 머무르는 기간동안 에너지 보충이 충분하지 못하다. 큰뒷부리도요, 붉은어깨도요, 민물도요가 압록강하구 습지지역에 도착할 시 체중은 약 240g, 130g, 50g이나 떠날 시즘에는 체중이 480g, 240g, 80g으로 1배 가까이 증가한다. 섭금류는 압록강하구 갯벌에서 잠깐 휴식하는 동안 조간대의 저서동물 중 분홍접시조개와 대합조개 미갑갯지렁이를 주요 먹이로 섭취하고 이들이 제공하는 에너지는 49.30

KJ/ m²로 상대적으로 적다. 먹이 생물량의 평균 갱신속도 또한 연간 1.07회이며, 그 중 분홍접시조개는 1.06회/연, 대합조개는 0.71회/연, 미갑갯지렁이는 0.93회/연으로 나타났다.

### 3) 섭금류–저서생태–양식업자 간의 생태 연관성

연안습지 생태계의 먹이사슬 맨 꼭대기에 있는 섭금류는 갯벌 저서생물에 대해 직접적인 영향을 미치는데 특히 북쪽으로 이동하는 절정기에 저조대 하부구역에 서식하는 분홍접시조개에 대한 영향이 가장 큰 것으로 조사되었다. 그러나 먹이 생물종의 보충 능력이 강하여 섭금류 이동 절정기가 지난 후에는 먹이 풍만도와 생물량이 정상적인 수준으로 회복된다. 생물종의 보충은 대체로 개체의 번식과 증식에 의거하는데 유생시기는 조하대 수역에서 서식하고 개체가 성장하는 과정에서 조석과 해류의 작용에 의해 점차 조상대로 이동한다.

압록강하구 조간대에서 양식하는 생물종은 맛살조개, 대합, 대합조개, 동죽/사각합리(四角蛤蜊, Mactra veneriformis)이며, 현재까지 규모화 양식을 형성하지 못하였다. 양식패류의 유생시기(패각 높이 15mm 미만)에 섭금류의 먹이 섭취로 인한 위협이 가장 크며 대합과 대합조개, 동죽은 패각 재질이 딱딱하고 견고하며, 생물량이 적고 이용도가 낮은 관계로 섭금류의 먹이 섭취로 인한 위협이 적으며, 맛살조개는 유생시기 패각이 상대적으로 얇고 크기(패각 높이 5mm 미만)가 섭금류 먹이섭취에 적합하므로 섭금류가 즐겨 찾는 생물종이다. 매년 4월 초순은 맛살조개 종묘방류 시기로 이는 섭금류 이동 절정기와 겹치게 되어 양식업자들은 치패 종묘방류 후 몇 일간은 폭죽을 터뜨리는 방법으로 철새들을 쫓아낸다. 이러한 작업은 치패 종묘가 진흙 깊숙이 자리 잡을 때까지 지속되는데 이는 섭금류가 압록강하구 휴식지에 머무르는 시간의 10%을 차지한다. 압록강하구 조간대의 맛살조개 양식은 아직 시범사업 단계로 주로 창산쩐(长山镇), 베이징즈쩐(北井子镇), 치췌엔쩐(椅圈镇) 등 지역에서 소규모로 양식하고 있다. 현재 양식업자와 섭금류 먹이서식 양자

간의 충돌은 심각하지 않은데 그 원인은 크게 두 가지가 있다. 첫째, 섭금류는 주로 저조대 하부구역에서 먹이를 잡고 있으며, 천연 먹이 생물종의 개체수 보충 능력이 상대적으로 강하기 때문이다. 둘째, 맛살조개 양식장은 주로 저조대 상부구역 및 중조대에 설치되어 있으며 양식장 면적과 규모가 작고 치패 종묘방류에 대해 교란(방해)할 수 있는 기간이 짧기 때문이다. 그러나 최근에는 돌기해삼(刺参) 양식장 규모화와 산업화가 급속하게 진행되고 있으며, 현재 대부분 맛살조개 양식장이 돌기해삼 양식장으로 개조되었으며 맛살조개 양식 생산량 확보를 위해 기타 조간대지역에 맛살조개 양식장을 설치하고 있다. 이처럼 맛살조개 양식장을 조간대에 설치하는 행위는 섭금류의 먹이섭취 공간을 침범하게 되는바 궁극적으로 양자 간의 충돌이 점차 표면화되고 심각해질 것으로 판단된다.

인간과 생태계, 철새가 조화를 이루기 위해 압록강하구 습지 생태계를 구성하는 각 요소 간의 연관성을 종합적으로 고려하여 판단함으로써 생태계의 완전성과 안전성에 기여하고, 나아가 인류사회 경제의 지속가능한 발전에 기여하여야 한다.

## 참고문헌

[1] Zhao H, Li D C. The current situation and protection measure of wading birds resource in Yalujiang River Wet Land. China Resources Comprehensive Utilization, 2007, 25(6):31-33.

[2] Mcneil R, Cadieux F. Fat content and flight-range capabilities of some adult spring and fall migrant North American shorebirds in relation to migration routes on the Atlantic Coast. Naturaliste Canadien, 1972, 99: 589-606.

[3] Drent R, Piersma T. An exploration of the energetics of leap-frog migration in Arctic breeding waders // Gwinner E, ed. Bird Migration: Physiology and Ecophysiology. Berlin: Springer-Verlag, 1990:399-412.

[4] Schaub M, Jenni L. Stopover durations of three warbler species along their autumn migration route. Oecologia, 2001, 128(2): 217-227.

[5] Smith R J, Moore F R. Arrival fat and reproductive performance in a long-distance passerine migrant. Oecologia, 2003, 134(3): 325-331.

[6] Ma Z J, Wang Y, Chen J K. Physiological ecology of migratory birds during the stopover periods. Acta Ecologica Sinica, 2005, 25(11): 3067-3075.

[7] Weber L M, Haig S M . Shorebird diet and size selection of nereid polychaetes in SouthCarolinacoastaldikedwetlands. JournalofField Ornithology, 1997, 68(3):358-366.

[8] Kostina E E, Spirina I S, Yankina T A. Distribution of intertidal macrobenthos in Vostok Bay, Sea of Japan. Biologiya Morya (Vladivostok), 1996, 22(2):81-88.

[9] Zhu J, Jing K, Gan X J, Ma Z J. Food supply in intertidal area for

shorebirds during stopover at ChongmingDongtan, China.ActaEcologica Sinica, 2007, 27(6):2149-2159.

[10] Gao A G, Yang J Y, Zeng J N, Wang C S, Hu X G, Chen Q Z, Zhu G H. Ecological characteristics of the benthic organisms in the rocky intertidal zone near the pollutant discharge orifice at Kanmen. Donghai Marine Science, 2004, 22(4): 24-30.

[11] Bao Y X, Ge B M, Zheng X, Cheng H Y. Spatial distribution and seasonal variation of the macrobenthic community on tidal flats of Tianhe, Wenzhou Bay. Acta Zoologica Sinica, 2006, 52(1): 45-52.

[12] Hou S L. Research Progress of Shorebirds. Journal of Anhui Agricultural Sciences, 2009, 37(32):15873-15874.

[13] Yuan X Z, Lu J J. Ecological characteristics of macrozoobenthic community of tidal flat wetland in the Changjiang Estuary. Resources and Environment in the YangtzeBasin, 2002, 11(5):414-420.

[14] Xu H F, Zhao Y L. Scientific Survey on Chongming Dongtan Migratory Birds Nature Reserve of Shanghai.Beijing:China ForestryPublishing House, 2005.

[15] Yuan X Z, Lu J J, Liu H. Influence of characteristics of Scirpus mariqueter community on the benthic macro-invertebrate in a salt marsh of the Changjiang Estuary. Acta Ecologica Sinica, 2002, 22(3): 326-333.

[16] Yuan X Z, Lu J J. Preliminary study on macrobenthic community of the creek in the tidal flat of the Changjiang estuary. Zoological Research, 2001, 22(3): 211-215.

[17] Dierschke V, Kube J, Rippe H. Feeding ecology of dunlins Calidris alpina staging in the southern Baltic Sea, 2. Spatial and temporal

variations in the harvestable fraction of their favourite prey Hediste diversicolor. Journal of Sea Research, 1999, 42(1): 65–82.

[18] Brey T. Estimating productivity of macrobenthic invertebrates from biomass and mean individual weight. Archive of fishery and marine research (Meeresforschung), 1990, 32(4): 329–343.

[19] Crisp D J. Energy flow measurements // Holme N A, Mclntyre A D, eds. Methods for the Study of Marine Benthos. Oxford: Blackwell Scientific Publications, 1984: 284–366.

[20] Brey T, Müller W C, Zittier Z, Hagen W. Body composition in aquatic organisms–A global data bank of relationships between mass, elemental composition and energy content. Journal of Sea Research, 2010, 64(3) : 334–340.

[21] Water T F. Secondary production in inland waters. Advances in Ecological Research, 1977, 10: 91–164.

[22] Jing K. Stopover Ecology of Shorebirds in Chongming Dongtan, Shanghai [D]. Shanghai: Fudan University, 2005.

[24] Xu Z L, Wang Y L, Chen Y Q. An ecological study on zooplankton in Maximum turbid zone of estuarine area of Changjiang (Yangtze) River. Journal of Fishery Sciences of China, 1995, 2(1): 39–48.

[25] Pinkas L, Oliphamt M S, Iverson I L K. Food habits of albacore, bluefin tuna, and bonito in California waters. California Department of Fish and Game Fish Bulletin, 1971, 152: 1–105.

[26] Warwick R M, Price R. Macrofauna production in an estuarine mud–flat. Journal of the Marine Biological Association of the United Kingdom, 1975, 55: 1–18.

[27] Piersma T, de Goeij P, Tulp I. An evaluation of intertidal feeding habitats from a shorebird perspective: towards relevant comparisons between temperate and tropical mudflats. Netherlands Journal of Sea Research, 1993, 31(4):503–512.

[28] Wijusma G, Wolff W J, Meijboom A, Duiven P, De Vlas J. Species richness and distribution of benthic tidal flat fauna of the Banc d' Arguin, Mauritania. Oceanologica Acta, 1999, 22(2):233–243.

[29] Bursey M, Wooldridge T. Diversity of benthic macrofauna of the flood–tidal delta of the Nahoon estuary and adjacent beach, South Africa. African Zoology, 2002, 37(2):237–246.

# 06

# 황해 북부하구 습지 퇴적지 생태복원기술에 대한 연구

杨大佐(Yang Dazuo), 周一兵(Zhou Yibing), 赵欢(Zhao Huan)

# 황해 북부하구 습지 퇴적지 생태복원 기술에 대한 연구

杨大佐(Yang Dazuo*), 周一兵(Zhou Yibing), 赵欢(Zhao Huan)

## 국문초록

하천하구 습지는 북황해 연안 생태계를 구성하는 중요한 요소이다. 하천하구 습지지역은 연안개발과 급속한 경제발전으로 인해 주변 환경과 생태계가 빠른 속도로 악화되었다. 북황해 하구습지의 대표적인 종에는 네레이스 석시네아(双齿围沙蚕, Nereis succinea), 명아주과(翅碱蓬, Chenopodiaceae)가 있으며, 이들은 생물의 생리적 기능을 이용해 오염물질의 화학적인 변형과정을 거치게 함으로써 연안습지 오염물질 정화에 큰 역할을 한다. 본 연구는 인공자원 복원방법을 통해 북황해 하구습지의 주요 생물종인 네레이스 석시네아와 명아주과 자원량을 회복함으로써 생물전환 또는 식물전환 기능을 통해 하구습지 환경 복원의 목적을 실현하고자 한다. 나아가 기술응용 연구 및 시범사업(시범구 면적은 66hm$^2$) 수행을 통해 전술한 두 가지 생물의 복합적 복구에 의한 유기화합물의 연간 축적과 전환량을 산출한 결과 탄소 축적량은 9111.6kg, 질소 축적량은 1073.96kg, 인소 축적량은 23.63kg로 나타났다. 연구결과와 같이 오염물질의 생물전환 및 하구습지 생태계의 지속가능한 발전

* 교신저자 Yang Dazuo, 대련해양대학교 교수, 요녕성해양생물자원 복원 및 생태환경복구 중점 실험실 연구원. 메일 dzyang1979@hotmail.com.

을 실현하는데 있어서 중요한 의미를 지니고 있다. 본 연구는 육상생태계가 해양생태계로 전환되는 생태적 완충지대인 북황해 하구습지지역의 생태환경 복원 및 관리에 필요한 대책을 제시하는데 목적이 있다.

**키워드 :** 황해, 하구습지, 퇴적지, 네레이스 석시네아, 명아주과, 생태복원

# Ⅰ. 서론

하구(河口)는 하천의 최하단부로 대부분의 하구는 하천 퇴적물이 쌓이는데, 이를 육지와 해양의 허브 또는 과도지역(过渡带, belt of transition)으로 부른다. 하구습지는 자연의 정화조이자 '지구의 폐'로 해양생태계 중 다양한 생물종과 풍부한 생물량을 보유하고 있으며, 대표적인 해양생태 군락 구조를 유지하고 있다. 하구습지는 생태환경 변화에 민감한 지역으로 연안지역 사회경제의 신속한 발전과정에서 환경오염으로 인한 생태계 파괴가 빠른 속도로 진행되었다. 그로인해 하구환경질의 악화, 자원량의 감소, 생태기능 저하를 비롯한 환경전반에 심각한 영향을 미치고 있다. 이에 따라 하구습지 생태계의 안정성을 유지하기 위해 생태환경 보호 및 복구사업을 추진함으로써 하구습지 생태계의 건전하고 지속가능한 발전을 실현하고자 한다.

국제적으로 하구습지에 대한 다양한 보존처리 방법이 개발되었으나 하구습지 보존 및 관리가 잘 된 국가는 미국이라 할 수 있다. 미국은 「하구보호법(Estuary Protection Act, 1968)」, 「북미습지보호법(North American Wetlands Conservation Act, 1989)」 등 관련 법률을 제정하여 습지의 효율적인 보전과 관리에 필요한 사항을 정하고 있다. 미국의 경우 내륙습지 보다 연안습지를 더 중요시 여기고 있는데, 해안가에 위치한 미국의 각 주는 연안습지 보전 및 관리에 관한 법률을 제정하여 시행 중에 있다. 미국 동부 대서양 연안에 위치한 매릴린드 주(State of Maryland)는 연안습지를 지형적 특성에 따라 비조석습지, 조석습지, 해안습지로 구분하고 유형별 습지의 보존 및 관리에 필요한 개별법으로 「비조석습지법(非潮汐湿地法)」, 「조석습지법(潮汐湿地法)」, 「해안구관리계획(海岸区管理计划)」 등을 제정하여 시행 중에 있다. 중국은 아직 국가적 차원에서 제정되는 습지보호법이 만들어진 것은 아니지만 일부 성급 지방인민정부에서 하구습지보호조례를 제정하여 시행하고 있다. 예컨대, 「장수성습지보호조례(江苏省湿地保护条例)」와 국가급 자연보호구습지보호방법인 랴오닝(辽宁) 쌍태자(双台子)하구 국가급자연보호구관리방법 등이 있다.

하구지역과 습지는 인간의 경제활동과 사회활동의 영향을 직접적으로 받는 지역일 뿐더러 해양생태계 중 인간 활동의 영향을 가장 먼저 받는 지역이기도 하다. 중국은 오랜 시간동안 하구습지 보호를 위해 다양한 관리조치를 취해왔으나 산업화의 급속한 진척으로 인해 본래의 하구습지자원은 파괴되거나 커다란 악영향을 받았다. 이는 주로 환경질의 악화, 자원생물량의 감소와 생태계 기능의 약화로 나타나고 있다. 이에 따라 하구습지의 보전은 해양생태계 균형의 유지, 해양자원의 지속가능한 개발의 실현, 경제와 생태계가 조화로운 발전 등 문제와 연관되는 중요한 문제임을 확인할 수 있다. 2015년 6월 중국 국가해양총국은 '국가해양국 해양생태문명건설 실시방안(2015-2020, 国家海洋局海洋生态文明建设实施方案)'을 발표하여 해양생태계의 보호와 복원사업을 강화하고 연안 갯벌과 습지, 도서주변의 생태계 복원사업을 적극 추진할 것을 명확히 하였다. 이는 중국 연근해 습지의 생태계 복원을 위해 정책적 기반을 마련하였다.

북황해 연안에 위치한 다롄시를 예로 들자면 삼면이 바다로 둘러 싸여 있으며 넓은 연안갯벌을 보유하고 있다. 특히 북황해 주변에 위치한 장하(庄河) 등 지역은 하구습지 유형이 다양한 것이 특징이나 최근 몇 년간 인간 활동으로 인해 하구습지가 위협받고 있으며 생태환경과 생물자원량에 대한 복구가 시급하다. 중국 국가 "863"계획에 따른 연구과제 지원을 받아 다롄시에 위치한 북황해 하구습지를 대상으로 생태복원공정에 관한 기술연구 및 개발을 추진하여 왔으며 하구습지 생태복원을 위한 기술개발이 단계적 성과를 보이고 있다. 이에 관한 자세한 내용은 북황해 하구습지 퇴적물의 주요 오염물질 및 자원생물 구성, 명아주과 자원회복 및 군락 복원기술, 갯지렁이의 재배 및 자원량 복원기술, 생태계 복원기술에 관한 평가의 순으로 살펴보도록 한다.

## II. 북황해 하구습지 퇴적물의 주요 오염물질 및 자원의 생물구성

기존의 연구들은 북황해 대련시 장하(庄河) 호리하(湖里河)하구 퇴적환경에 대해 조사한 결과 하구습지 퇴적층에 형성된 주요 오염물질에는 아래와 같은 3가지 종류가 포함된다.

첫 번째는 질소(氮), 인(磷) 등 영양원소(营养元素)로서 이러한 원소들은 농업에 사용되는 화학비료, 농약 그리고 생활오수 중 인원소가 과다 사용된 세제 및 기타 도심 생활오수에서 기인된 것으로 생활하수가 정화되지 않은 채 하천으로 흘러들어 하구습지지역에까지 이르게 된 것으로 판단된다.

두 번째는 중금속 원소에 속하는 오염물질로 산업폐수에서 기인된다. 세 번째는 원유류에 속하는 유기오염물질(有机污染物)로서 하구습지 주변의 석유개발 및 육상기인 오염물질이다. 북황해 호리하(湖里河)하구습지의 주요 오염물질은 질소, 인 등 영양원소가 대부분이며, 원유 및 중금속 종류의 오염물질의 함량은 영양원소에 비교하여 적은 비중을 차지한다. 퇴적물질 중 질소의 질량분포의 변화는 1003-1189mg/kg, 질소의 질량 농도의 연중변화는 0.36-.57mg/kg로 나타났으며, 호리하(湖里河)하구 갯벌 퇴적질의 사계절 중금속 및 원유 평면 데이터 분포에 대해 분석한 결과 해양 퇴적물 제1류 표준(第一类标准, 500mg/kg)보다 낮게 나타났다. 전술한 조사결과로 알 수 있는 것은 북황해 퇴적물의 주요 오염물질은 질소와 인 등 영양원소 오염물질이다.

북황해 하구습지 중 연안 고조선 상부 지역에 위치한 조상대(潮上带)에서 서식하는 생물종에는 주로 염생식물(盐生植物)과 퇴적물 내에서 서식하는 저서동물이 있다. 염생식물에는 퇴적질 우점종인 명아주과(翅碱蓬, Chenopodiaceae)가 있다. 명아주과는 쌍떡잎식물 갈래꽃의 한과로서 1년생 초본식물로 성장에 적합한 염도는 0-30ppt이며, 서식지 염도의 차이에 따라 다양한 색상을 띄고 있다. 한편 네레이스 석시네아(双齿围沙蚕, Nereis succinea)는 퇴적질 내에서 서식하는 가장 전형적인 동물로서 바다낚시 미끼로 사용하거나 혹은 어패류의 천연먹이로 이용되며 해양바이오 약품개발에 있어서도 활용도가 높기 때문에 산업의 미래 발전전망이 밝다. 미생물에 속하는 네레이스 석시네아를 수출 상품으로 개발한 국가는 중국과 북한이 있으며, 이는 중국 연안지역과 북한의 평양, 남포, 황해도 연안습지에 집중되어 있고 대체로 일본, 한국, 유럽 각 국가들로 수출한다. 중국은 활어 먹이용 네레이스 석시네아를 수출하는데 연간 수출 규모는 2000톤으로 약 3600만 달러에 달한다. 네레이스 석시네아에 대한 국제적 수요가 증가하고 있으며 현재 수출량은 국제시장의 수요를 충족하지 못하는 실정이다. 아울러 네레이스 석시네아는 해양생태계 먹이사슬의 중요한 구성요소로 생태계의 균형을 유지하고 안정성을 확보하는데 있어서 중요한 역할을 한다. 네레이스 석시네아는 북황해하구 습지와 갯벌의 퇴적환경 복원에 중요한 역할을 하는 미생물종으로 네레이스 석시네아의 인공배양과 증식을 통해 부영양화(富营养化, N과 P) 현상이 심각한 갯벌과 습지, 육지와 바다가 접하는 연안지역 퇴적질에 대한 정비・복원이 가능하다. 이러한 맥락에서 하구습지 퇴적물에 대한 과학조사를 바탕으로 명아주과와 네레이스 석시네아를 이용한 영양원소의 흡수 및 생물학적 전환을 통해 생태종을 다양하게 복원할 수 있다. 또한 오염물질의 생물학적 전환 및 생물종을 이용한 생태복원사업을 추진함으로써 “폐기물을 보물로 전환(变废为宝)”하여 습지 생태 복원 및 지속가능한 개발을 실현하고자 한다. 이에 관한 기술적인 내용은 다음 장절에서 설명하도록 한다.

# Ⅲ. 명아주과 자원의 회복 및 생물군 조성 기술

## 1. 명아주과 파종

명아주과 파종은 매년 3월 하순에서 6월 상순까지가 적합하다. 3월에서

6월에는 평균 기온이 섭씨 5-10도로 노지(露地) 파종이 가능하다. 갯벌 토양은 밭갈이 기계로 갈아엎되 깊이는 30cm가 적합하다. 또한 파종에 앞서서 알맞은 토양상태를 조성하기 위해 땅을 고르고 비료를 준다. 이 때 농가에서 사용하는 유기비료의 양은 3.75kg/$m^2$(2500kg/亩)이다. 단 새로이 조성된 갯벌에 명아주과를 파종하는 경우 유기비료뿐 아니라 배합비료 과린산석회(P205)7.5g/$m^2$~9.0kg/$m^2$(5kg/亩~6kg/亩), 황산암모늄(N) 22.5g/$m^2$ (15kg/亩)을 뿌려주어야 하며, 혹은 야채 전용 배합비료와 완효성 비료를 배합하여 사용할 수 있다. 토양과 비료를 잘 섞어 고른 후 깊이 5cm, 폭 15cm의 고랑을 만들며, 고랑의 간격은 20cm로 설정하고 파종에 앞서 물을 충분하게 준다. 염생식물의 종자는 농도 500ppm, 섭씨 25도의 KNO3 용액에 2시간 정도 배양한 후 파종한다. 이는 명아주과 종자가 고염도 환경에서 생존 가능하도록 도와주는 역할을 하며 염분에 대한 저항력을 키워주는 역할도 한다. 전년에 수확한 종자를 껍질째로 파종하며 씨앗을 뿌린 후 0.8-1cm 정도의 흙을 덮어주고 기계로 다진다. 파종량은 200~300입자/$m^2$(0.5kg/亩~2kg/亩)이다. 여기서 종자를 줄지어 뿌리는 조파(条播)방법을 이용하였는데 줄 간격은 60cm이며, 씨앗은 1cm 깊이에 묻어준다.

## 2. 명아주과 실내 재배 및 갯벌에서의 모내기법

명아주과 모종판은 40구의 직사각형 상자로 모판 크기는 2m×5cm×5cm이며, 칸크기는 5cm×5cm×5cm이다. 모판에는 입자가 고운 모래와 진흙을 썩어서 만들며 80~100목의 체로 걸러준다. 토양의 습도는 85%를 유지하고 염도는 10g/kg-16g/kg, pH7.5-8.5로 유지하며 과린산칼슘(绿叶肥 또는 磷酸二氢钾)을 첨가함으로써 유기질 함량이 7g/kg을 유지하도록 한다. 모판 칸에 2~3알의 씨앗을 뿌리고 3mm~5mm의 흙을 얇게 덮어준다. 이렇게 만든 모판은 비닐하우스 또는 육묘장에서 재배되며 실내 온도는 섭씨 15도를 유지한다. 모내는 시기는 육묘의 성장기 또는 영양성장기가 적합하고 모내기에 적합한 육모의 크기는 4.5cm이상이어야 한다. 모를 심을 때는 모종판 채로 갯벌에 넣으며 깊이는 1cm~2cm, 간격은 5cm~6cm를 유지한다. 명아주과 영양성장기에는 잎에 비료를 뿌려줘야 하며 요소(尿素) 용액 농도는 0.4%가 적합하다. 명아주과가 꽃이 피는 개화기에는 인소(磷)과 카륨 비료(钾肥)를 추가하여 줌으로써 생산량을 제고하고 줄기가 넘어지는 것을 방지할 수 있다. 유묘(幼苗) 성장기 및 영양성장기에는 토양의 상정(墒情) 즉 적절한 수분을 유지해주어야 하는데 강우량이 적은 경우에는 저조위(低潮位) 지점에서 식물이 필요로 하는 수분을 즉시 공급해야 한다. 특히 6월~7월에는 지면온도가 높기 때문에 고온에 따른 피해를 최소화하기 위해 즉시 관수하여야 한다. 관수 시 사용하는 물은 해수와 담수를 1:2의 비율로 섞어주며 잎에 물을 뿌려주는 분수관계방법을 취한다. 저조위 기간에는 적절한 인공 관수가 필요하며 이는 잎 표면에 염초(盐鞘)가 생기는 것을 방지할 수 있다. 잎에 직접 관수하는 물의 염도는 0.2%~1.7%가 적합하다.

## Ⅲ. 갯지렁이의 재배 및 자원량 복원기술

### 1. 갯지렁이의 재배 및 자원회복에 관한 과학적 문제점

#### 1) 갯지렁이 번식에 관한 생물학

갯지렁이는 암컷과 수컷의 생식기와 몸이 서로 다른 동물(雌雄別體)로서 일생일차(一生一次) 성생식(性生殖)을 한다. 충체(虫体)는 성성숙기에 접어들면서 몸 형태에 있어서 큰 변화를 가져오는 생식상태 또는 혼전현상(epigamy)을 나타낸다. 이러한 생식상태에 있는 충체를 헤테로네레이스(heteronereis)라고 부르기도 하는데 생식방법이 다소 특이하여 한 방향으로 이동하는 곤충의 군락(swarm)현상과 혼례 댄스를 추는 현상을 나타낸다. 다시 말하자면 갯지렁이가 성성숙기에 접어들어 저서에서 해면을 향해 헤엄쳐서 이동하여

집단을 형성하고 암컷과 수컷이 동그란 원을 그리며 헤엄쳐서 이동하며 이 과정에서 정자를 방출하고 산란을 하여 수정이 이루어지게 된다. 이처럼 갯지렁이 수정과정은 암컷과 수컷이 동시에 성숙되어야 하고, 집단 또는 군락이 동시에 수정하며, 정자와 난자의 방출이 동시에 진행된다. 또한 번식주기에 대한 요구가 까다로운데 계절, 수온, 조석, 달의 위상(月相)등 여러 요건이 부합되어야 수정이 가능하다. 다시 말하자면 갯지렁이의 인공 재배에 있어서 후대를 번식시킬수 있는 모체(亲体) 생물속생(生源)에 대한 제한이 있고 개체군의 병목현상이 발생하게 된다. 따라서 모체 생산지에 대한 제한과 개체군의 병목현상을 감소하고 해소하기 위한 방안을 모색하는 것은 갯지렁이의 규모화 재배에 관한 핵심 기술로서 본 연구는 갯지렁이 양식방식 및 생산 공정방법을 연구하고 나아가 갯지렁이 천연군체(天然群体) 모체의 생산지에 대한 제한을 해소함으로써 규모화 양식 또는 재배가 특정 계절에 한정하여 수정되었던 상태를 계절에 상관없이 연중 언제나 수정이 가능하도록 생산성을 높였다.

## 2) 갯지렁이 조기발육단계의 변태(变态)

정자 수정 이후에는 담륜자(trochophore) 유생으로 변태한다. 담륜자 유생은  전담륜자, 후담륜자, 복내담륜자 등 3가지 종류로 구분할 수 있으며, 담륜자 유생이 알에서 부화한 후 3강절의 우족(疣足) 유생으로 자라나게 되며, 4강절 유생으로 성장한 후에는 소화기관 앞부분이 외부와 연결되어 먹이를 섭취할 수 있게 되고 5강절 유생으로 성장한 후에는 포복저서 생활이 가능하게 된다. 한편 유생이 10강절 이상의 우족 유생으로 성장할 시 강절(刚节) 유생으로 변태한다. 이처럼 갯지렁이의 성장과정은 두 개의 중요한 전환점을 맞이하게 되는데 첫 번째는 소화기관과 외부환경의 연결시점으로서 이 시기 갯지렁이 먹이 선택과 투하에 관한 기술연구가 중요하다. 두 번째는 5강절 유생으로 자라난 이후 해저바닥으로 이동하여 저서생활을 시작하는 시점인데 변태하여 해저바닥으로 이동하는 과정에서 사망률이 비교적 높다. 포복변태과정에서 해저 밑바닥의 성질과 먹이 풍부도 등 요건에 의해 생존율과 활착률이 결정된다. 본 연구진은 갯지렁이 조기발육에 대한 생물학적 연구를 바탕으로 갯지렁이 저서유생의 육성기술을 개발하여 부유유생이 저서유생으로 변태하는 과정에서의 사망률을 감소하고 갯지렁이 양식 및 자원회복을 위한 대규모 종묘생산을 위한 해결방안을 제시하였다.

### 3) 갯지렁이 퇴적 생물학

다모류에 속하는 갯지렁이는 갯벌 및 하구 퇴적지의 주요 생물종이며, 바닥의 퇴적물을 먹은 뒤 소화관에서 퇴적물 속의 유기물을 흡수하는 퇴적물 식성을 가졌다. 갯지렁이는 종류가 다양하고 생물량이 많아 우점하는 현상이 나타나며 해양생태계에서 다모류 저서동물의 하위 체계에 위치하며 해양생테계 먹이사슬에서 중요한 에너지 연결고리이다. 오랜 시간 동안 진화하는 과정에서 바닥의 퇴적물을 섭취하고 퇴적물 속의 지구성(持久性) 유기오염물질을 정화하는 역할을 하게 되었다. 이에 따라 갯지렁이는 퇴적환경의 생물축적과 지구성 유기오염물질의 생물적 전환과 더불어 오염물질을 걸러내는 중요한 기능을 맡고 있다. 갯지렁이의 퇴적물 섭취활동은 생물종의 존속과 풍부도를 높일 수 있으며, 퇴적물의 물리화학성(physicochemical property)에 대한 변화도 가져온다. 연구결과에 따르면 갯지렁이는 입자 크기가 10-250㎛ 범위에 있는 자연 상태 퇴적물을 섭취하며, 먹이 평균 섭취 비율은 5.71+2.76 $mg.mg^{-1}dw.d^{-1}$이다.

여기서 d가 먹이 섭취를 통해 정화 또는 처리하는 오염물질의 양은 갯지렁이 개체의 건중량(干重)에 상응한다. 다모류 동물은 먹이 섭취에 앞서 입자에 대한 선별작업을 하게 되고, 소화관에서 퇴적물 속의 유기물을 흡수하는 양은 먹이섭취량의 1/4에 해당한다. 즉 먹이섭취량의 3/4에 해당하는 퇴적물은 생물전환을 거치지 않은 채 외부로 배출된다. 이와 같은 비율에 따르면 갯지렁이가 먹이섭취를 통해 오염물질을 처리하는 속도는 $22.84mg.mg^{-1}dw.d^{-1}$에 달한다. 나아가 본 연구는 퇴적환경의 온도가 섭씨 16-24도 범위 내에서 갯지렁이는 인공배합사료 질소의 평균 섭취비율은 17.0mg.$d^{-1}$. $g^{-1}$이고, 질소 축적비율의 평균치는 11.8mg.$d^{-1}$.$g^{-1}$이며, 사료에 포함된 유기탄소 및 에너지의 소화비율은 각각 88%~95.7%와 84%~92%임을 밝혀냈다. 이에 따라 갯지렁이 자원량을 증가시킴으로써 하구지역 갯벌 또는 습지의 퇴적환경을 복구하고, 부영양화가 심각한 퇴적지에 대해 갯지렁이 생물종을 이용한 퇴적지 정비 · 복원이 가능하며, 중국 북방에 위치한 연안지역의 하구습지 퇴적지의 복원 및 정비를 위한 해결책을 제시함으로써 사회발전의 경제적 목표와 생태적 목표를 일치시킬 수 있다.

## 2. 갯지렁이 자원회복에 관한 기술연구

(1) 갯지렁이 인공 육묘를 바탕으로 실내에서의 규모화 양식기술을 개발하고 기술이전 실용화사업을 추진함으로써 갯지렁이 번식에 필요한 모체 양식에 관한 한계를 뛰어넘었다. 나아가 갯지렁이의 규모화 인공번식이 특정 계절에 한정되었던 문제점을 해결하여 연중 생산과 함께 대량 생산이 가능해짐으로써 막대한 경제적 효과를 냈다.

(2) 갯지렁이 인공 번식기술을 바탕으로 저서유생의 중간육성(中间育成, Intermediate Rearing), 갯지렁이 증식 및 조성에 관한 핵심기술을 개발에 성공함으로써 갯지렁이 자원의 증식 및 생물복원에 이용될 종묘의 규모화 생산과 공급이 가능하게 되었다.

(3) 갯지렁이 증식과 보존, 명아주과 군락 조성을 통해 '갯지렁이―명아주과'를 접목한 원위치연합생물복원체계(原位联合生物修复系统)를 구축하였으며 갯벌 복원 · 정비사업을 통해 갯지렁이와 명아주과 식물종의 서식에 적합한 생태여건을 마련하였다. 또한 갯지렁이를 이용해 퇴적환경 중의 중금속 등 오염물질의 활성화와 동시에 명아주과의 오염물

질 정화작용 및 생물농축과정을 촉진할 수 있다. 이와 같이 갯지렁이와 명아주과는 동일한 퇴적환경에서 생태협력(生态合作) 및 대사(代谢) 등에 있어서 상호보완의 기능을 함으로써 원위치연합생물복원과정의 효율성을 향상시키고 연안습지 및 하구습지에서의 갯지렁이 인공복원을 위한 효과적인 방안을 마련하였다.

(4) 분자생물학방법을 이용하여 중금속, PAHs 등 지구성 오염물질에 강한 내성(耐受)을 갖는 유전자를 복제함으로써 생체내의 금속단백질(metall oprotein, MP II), 세포내의 전자 전달계의 말단에 위치한 시토크롬 산화효소(cytochrome oxidase) 등 유전자코드의 표현, 조절 및 원핵표현에 대한 연구를 수행함으로써 이들의 작용 메커니즘을 밝히고 스트레스 방어 메커니즘을 밝혔다. 또한 갯지렁이 건강상태에 대한 평가를 바탕으로 해양의 퇴적환경에 대한 초기단계의 오염생태위험평가방법(早期污染生态风险评价方法)을 구축하기 위한 기반연구에 기여할 것이다.

## Ⅳ. 복원효과 평가에 관한 기술

본 연구진은 전술한 연구방법과 기술을 바탕으로 북황해 하구습지에 총면적 1000亩(약 66hm$^2$)의 갯벌 퇴적지 생태복원을 위한 시범사업을 추진하였다. 시범지역내의 자원량에 대한 조사결과 네레이스 석시네아의 생산량은 363kg/hm$^2$-1554kg/hm$^2$에 달하였고, 연평균 생산량은 660kg/hm$^2$에 달한다. 명아주과의 경우 1년간의 인공재배 및 이식과정을 거쳐 시범지역 내의 피복율이 85%에 달한다. 갯지렁이 생산량 및 명아주과 피복율에 대한 연구결과를 바탕으로 갯지렁이와 명아주과의 조직생화학(组织生化)에 대해 분석하였다. 그 결과 갯지렁이 체내의 조직비율은 24.8%이고, N함량은 8.2%, C함량은 14.6%, P함량은 0.14%로 나타났다. 또한 명아주과 습윤단위중량은 2.1~3.1kg/$m^2$, 건중량은 약 8%로 나타났다. 나아가 본 연구에서 입증된 갯지렁이 및 명아주과의 생산량에 근거하여 이들 동물과 식물이 시범지역 내 퇴적지의 질소, 인, 탄소의 연간축적량을 계산할 수 있다. 여기서 탄소 함량은 30~40%, 질소 함량은 0.5~1.4%, 인소 함량은 0.05~0.13%로 설정한다. 이러한 방법에 따라 계산한 결과 갯지렁이의 연간 탄소 전환양은 3775.6kg이며, 질소 축적양은 887.2kg, 인 축적양은 6.33kg으로 산출된다. 염생식물인 명아주과의 전환 축적량 중에서 탄소 제거량은 4002~5336kg이며, 질소 제거량은 66.7~186.76kg이며, 인 제거량은 6.67~17.3kg이다. 한편 시범구역 내에서 갯지렁이와 명아주과를 동시에 재배함으로써 발생하는 생물복원에 의한 유기물의 연간 축적량은 탄소가 9111.6kg, 질소 1073.96kg, 인 23.63kg으로 산출된다. 이처럼 시범지역 내의 생물복원사업을 통해 퇴적지 오염물질의 생물전환 및 생태계의 지속가능한 발전을 실현하였다.

이로부터 알 수 있는바것은 갯지렁이와 명아주과의 자원량 회복 및 생태복원기술은 중요한 경제적 가치를 지닐 뿐만 아니라 하구지역 습지 퇴적환경의 개선에 있어서도 중요한 역할을 한다. 갯지렁이와 명아주과를 이용한 생태복원기술은 퇴적물에 존재하는 생물속생(生源) 요소를 대량 이용하거나 이를 제거할 수 있으며, 하구 갯벌 퇴적환경에 존재하는 이산화탄소를 흡수하는 역할을 맡고 있고, 육지와 바다가 접하는 지역의 퇴적환경의 복원에 대해서도 중요한 의미를 가진다.

# 참고문헌

[1] 黄桂林, 何平, 侯盟. 中国河口湿地研究现状及展望[J]. 应用生态学报, 2006, 17(9):1751-1756.

[2] 王维奇, 徐玲琳, 曾从盛, 等 河口湿地植物活体-枯落物-土壤的碳氮磷生态化学计量特征[J]. 生态学报, 2011, 31(23):7119-7124.

[3] 王丽荣, 赵焕庭. 中国河口湿地的一般特点[J]. 海洋通报, 2000, 19(5): 47-54.

[4] 宋晓林, 吕宪国. 中国退化河口湿地生态恢复研究进展[J]. 湿地科学, 2009, 7(4):379-384.

[5] 程岩. 北黄海沿岸湿地景观与生态经济分区[J]. 生态经济(中文版), 2001(9):64-66.

[6] 程岩. 北黄海淤泥质海岸湿地资源的开发与利用[C]// 全国海岸工程学术讨论会暨1997年海峡两岸港口及海岸开发研讨会. 1997.

[7] Yuan X, Chen A, Zhou Y, et al. The influence of cadmium on the antioxidant enzyme activities in polychaete Perinereis aibuhitensis Grube (Annelida: Polychaeta)[J]. Chinese Journal of Oceanology and Limnology, 2010, 28: 849-855.

[8] 宋莹莹, 袁秀堂, 张升利 等. 苯并(a)芘, 镉单一及复合污染对双齿围沙蚕3刚节疣足幼体发育的影响[J]. 海洋环境科学, 2011, 30(3):333-336.

[9] 杨大佐, 周一兵, 刘晓薇 等. 双齿围沙蚕人工繁育, 养殖的技术集成和产业化开发[J]. 中国新技术新产品, 2011(18):239-240.

[10] 杨大佐, 周一兵, 陈雪 等. 双齿围沙蚕金属结合蛋白(MPⅡ)基因克隆与表达[J]. 中国水产科学, 2011, 18(5):983-991.

[11] 陶宇, 蔡富才, 赵欢 等. 沙蚕对翅碱蓬-降油细菌系统降解菲效果的影响[J]. 应用与环境生物学报, 2016(5).

[12] 周一兵, 杨大佐, 管兆成 等. 双齿围沙蚕人工育苗和虾池养殖技术研究[J]. 水产科学, 2007, 26(3):150-153.

[13] 李霞, 宋贞坪, 王福景 等. 雌激素对双齿围沙蚕性比, 生长和卵母细胞发育的影响[J]. 大连海洋大学学报, 2011, 26(2):97-101.

[14] 李颖, 周一兵, 万良 等. 双齿围沙蚕Hsp70 cDNA基因的克隆及序列分析[J]. 大连海洋大学学报, 2012, 27(6):502-507.

[15] 崔保山, 贺强, 赵欣胜. 水盐环境梯度下翅碱蓬(Suaeda salsa)的生态阈值[J]. 生态学报, 2008, 28(4):1408-1418.

[16] 李悦, 陈忠林, 王杰 等. 盐胁迫对翅碱蓬生长和渗透调节物质浓度的影响[J]. 生态学杂志, 2011, 30(1):72-76.

[17] 仲崇斌, 刘长江, 费腾 等. 翅碱蓬CMO cDNA基因克隆, 测序及重组植物表达载体的构建[J]. 中国生物工程杂志, 2006, 26(7):80-83.

[18] 何洁, 高钰婷, 贺鑫 等. 重金属Zn和Cd对翅碱蓬生长及抗氧化酶系统的影响[J]. 环境科学学报, 2013, 33(1):312-320.

[19] HE Jie, GAO Yuting, HE Xin 等. The effect of Zn and Cd on growth and antioxidant enzymes activity of Suaeda heteroptera Kitagawa重金属Zn和Cd对翅碱蓬生长及抗氧化酶系统的影响[J]. 环境科学学报, 2013, 33(1):312-320.

[20] 何洁, 贺鑫, 高钰婷 等. 石油对翅碱蓬生长及生理特性的影响[J]. 农业环境科学学报, 2011, 30(4):650-655.

[21] 何洁, 王庆芝, 吉志新 等. 铅胁迫下翅碱蓬-沙蚕对污染沉积质理化性质的影响[C]// 2014中国环境科学学会学术年会. 2014.

[22] 何洁, 吉志新, 王庆芝 等. 翅碱蓬栽培对原油污染土壤理化性质的影响[J]. 大连海洋大学学报, 2016, 31(1):75-79.

[23] He J, Gao Y, He X, et al. The effect of Zn and Cd on growth and antioxidant enzymes activity of Suaeda heteroptera Kitagawa[J]. Huanjing Kexue Xuebao, 2013, 33(1):312-320.

[24] 何洁, 王庆芝, 吉志新 等. 翅碱蓬-沙蚕对Cu污染沉积质理化性质的影响研究[J]. 环境污染与防治, 2014, 36(11):22-29.

[25] 张柏东, 连彬, 王斌 等. 双齿围沙蚕消化道共栖微生物菌群多样性的PCR-DGGE 分析[J]. 大连海洋大学学报, 2013, 28(05): 000413-417.

[26] Guo X X, Zhang Z, Hai J P. Preparation and GC/MS Analysis of Maillard Reaction Products of Perinereis aibuhitensis[C] //Advanced Materials Research. Trans Tech Publications, 2012, 554: 1602-1606.

# 07

# 장즈섬 어업환경의 위험성 평가시스템 구축 및 운용

崔正国(Cui Zhengguo)

# 장즈섬 어업환경의 위험성 평가 시스템 구축 및 운용

崔正国(Cui Zhengguo*)

## 국문초록

2011년 6월, 8월, 10월 3차례에 걸쳐 대련 장즈섬 주변해역에서 해양과학 조사를 수행하였으며 조사결과를 바탕으로 퍼지계층화 의사결정법을 통해 수산물 품질 안전에 대해 평가하고, 나아가 대련 장즈섬 주변해역에 비단 가리비 종묘가 집중 투하된 해역을 중심으로 환경영향평가를 실시했다. 결합생물체, 퇴적물 등 수산물 품질 안전 및 환경에 미치는 위험성 요소 32개를 선정하고 그에 관한 평가기준을 설정하여 체계적인 분석을 거친 결과 대련 장즈섬 주변해역의 환경 위험성은 비교적 낮은 수준으로 나타났다. 2011년 6월, 8월, 10월 장즈섬 양식장 주변해역 환경 위험성 평가결과 수질(1.89±0.57) 〉 퇴적물(0.50±0.63) 〉 생물체(0.16±0.25)으로 나타났으며, 수질상태는 계절별로 차이를 보이고 있었는데 8월(2.1±0.4) 〉 6月(2.0±0.6) 〉 10月(1.7±0.4)의 순으로 나타났다. 또한 해역별 리스크 수치도 차이를 보이고 있었는데 25번 좌표지점에서 가장 높은 수치인(2.4±0.4)로 나타났고, 14번 좌표지점은 (1.3±0.9)으로 가장 낮은 수치를 보이고 있다.

* 중국수산과학연구원 황해수산연구소 부연구위원. 메일 cuizg@ysfri.ac.cn.

**키워드:** 퍼지-계층화분석법(Fuzzy Analytical Hierarchy Process), 수산물 품질 안전, 환경 위험성 평가, 비단 가리비(Patinopecten yessoensis)

## Ⅰ. 서론

수산물 품질안전 및 위험성 평가는 연구자들의 광범위한 주목을 받았으며 국제식량농업기구/세계보건기구(WHO/FAO) 합동 식품 첨가물 전문가위원회(JECFA), EU 식품안전국(EFSA), 미국 식품의약국(FDA) 및 환경보호청 등 전문기관은 수산물 품질에 대한 안전성 평가를 시행하고 있다.[1)2)3)] 중국은 패류 생산 대국으로 2011년 패류 생산량이 1154.36만 톤으로 수산물 총 생산량의 74.41%에 달한다.[4)] 패류의 증식 및 양식업은 우리나라 수산 양식업에서 중요한 비중을 차지하는바 패류 제품의 품질안전은 수산물 안전관리에 직접적인 영향을 미칠 것으로 판단된다.

이에 따라 패류 양식장 환경의 위험성에 대한 평가업무는 패류 품질안전의 추적을 위한 수산물 이력추적 시스템의 구축 그리고 식품안전을 확보하는데 있어서 중요한 의미를 갖는다. 현재 양식장 환경 위험성 및 식품품질안전의 평가는 국내외 관련 표준,[5)6)] 단일 요인 오염지수(单因子污染指数),[7)8)] 종합지수,[9)10)] 양식 용량[11)] 등 표준과 방법에 따라 진행된다. 퍼지 종합평가방법

1) FAO/WHO. Application of risk analysis to food standards issues, report of the joint FAO/WHO expert consultation [R] . Geneva, Switzerland: FAO/WHO, 1995.
2) FAO/WHO. Application of risk analysis to food standards issues, report of the joint FAO/WHO expert consultation [R] . Geneva, Switzerland: FAO/WHO, 1995.
3) FAO/NACA/WHO. Food safety issues associated with products from aquaculture: report of a joint FAO/NACA/WHO study group[R]. WHO technical report series: 1999: 883.
4) 农业部渔业局, 2011年中国渔业统计年鉴, 中国农业出版社, 2012.
5) 董军. 珠三角地区鱼塘水体中双酚A 污染及其生态风险评价[J]. 中国生态农业学报, 2009, 17(6): 1240－1244.
6) 阮金山. 厦门贝类养殖区海水, 沉积物和养殖贝类体内重金属含量的初步研究[J]. 热带海洋学报, 2008, 27(5):47-54.
7) 乔向英, 陈碧鹃, 周明莹等. 桑沟湾贝类养殖海域石油烃污染状况及其对贝类质量安全的影响[J]. 环境科学, 2011, 32(8): 2391-2396.
8) 叶玫, 阮金山, 钟硕良等. 闽东沿岸生态监控区经济水产品中六六六, 滴滴涕残留与风险评价. 水产学报, 2010, 34(8):1260-1269.
9) 王增焕, 柯常亮, 王许诺等. 流沙湾贝类养殖海域环境质量评价[J]. 南方水产科学, 2011, 7(3): 24-30.
10) 阮金山, 钟硕良, 杨妙峰等. 厦门贝类养殖区重金属的含量分布特征与潜在生态危害评

(Fuzzy Comprehensive Evaluation)은 퍼지척도에 의한 중요도의 비교법적 표현으로 퍼지 척도와 평가치를 퍼지 적분으로 종합평가하고 최종 판단 추론하는 방법으로 평가과정에 나타나는 모호성과 불확실성을 해결함으로써 다양한 위험 요소에 대한 종합적인 판단이 가능하다. 현재 퍼지 종합평가방법은 수질환경영향평가 및 위험성 평가에 널리 사용되고 있다. [12)13)14)15)]

계층분석법에 의한 중요도 결정 및 퍼지 적분으로 어업환경 위험성 평가를 진행하는 연구는 극히 적다. 본 연구는 퍼지 종합평가방법을 통해 수산물 품질안전을 중점으로 수질환경, 퇴적환경, 패류 체내 미생물, 중금속, 지구성 유기오염물질(持久性有机污染物) 등 유해 환경인자 또는 화학물질에 대해 종합적으로 평가함으로써 어업수역의 환경 위험성에 대해 평가하고자 한다. 연구결과는 수산물 양식장 환경표준 설정, 식품위생표준 및 수산물 품질안전 위험성 평가를 위해 과학적 근거를 제공한다.

# II. 재료 및 방법

## 1. 조사지점 설정 및 시료 채취 및 분석

2011년 6월, 8월, 10월 3차례에 거쳐 대련 장즈섬 인근에 위치한 양식해역

---

价[J]. 海洋环境科学, 2009, 28(1):57-61.

11) 方建光, 孙慧玲, 匡世焕 等. 桑沟湾海水养殖现状评估及优化措施[J]. 海洋水产研究, 1996, 17(2):95-102.

12) 王娟. 模糊层次分析法在储罐施工HSE 风险评估中的应用. 安全与环境工程, 2011, 18(5): 96-99.

13) 潘峰, 付强, 梁川. 基于层次分析法的模糊综合评价在水环境质量评价中的应用. 2003, 21(8): 22-24.

14) Nieto-Morote A, Ruz-Vila F. A fuzzy approach to construction project risk assessment Original Research Article. International Journal of Project Management, 2011, 29(2): 220-231.

15) Zhang J W, Zhu M J, Zhang L W. Risk Evaluation of the Logistics Ecological Environment System Based on FAHP. Original Research Article Procedia Engineering, 2011, 15: 381-385.

에서 샘플을 채취하였으며 당해 수역의 수질과 퇴적환경에 대한 조사를 위해 14개 지점(1#, 3#, 6#, 8#, 9#, 11#, 14#, 16#, 17#, 19#, 22#, 24#, 25#, 27#)을 설정하고, 시험에 사용되는 시료(비단 가리비) 채취를 위해 6개 지점(3#, 11#, 17#, 19#, 25#, 27#)이 포함된다. 해수 및 패류 시료 채취 및 보관방법은 "해양감측규범(海洋监测规范)"[16]의 관련 기준에 따른다. 온도, 염도, pH, 분자상태의 산소(溶解氧)는 YSI 556MPS 다중변수측정기로 측정하였으며, 대장균군, 세균 총수, 비브리오(弧菌)에 대하여는 생균수계산법을 취하여 측정하였고, 마비성패류독소(DSP), 설사성패류독소(PSP) 등 패류독소에 대해 생물기법을 활용하여 위험성을 조사하고 기타 기준의 측정은 해양감측규범의 관련 규정에 의거하여 진행하였다.[17][18][19]

해양감측규범에 의하면 납, 카드뮴에 대해서는 원자흡광분석법(Atomic Absorption Spectrometry)을 통해 비금속원소의 함량을 측정하였으며, 수은과 비소에 대해서는 원자형광분석법(atomic fluorescence spectrometry)을, 비에이치씨(BHC), 디디티(D.D.T), 폴리염화 바이페닐(PCB)에 대해서는 가스착색법을 통해 착색의 정도에서 성분의 농도를 측정한다.

## 2. 어업수역 환경 위험성 평가 방법

어업수역의 환경 위험성에 대한 평가는 퍼지-계층화분석법에 따랐다. 퍼지-계층화분석법이란 계층화분석법과 퍼지-종합평가방법을 결합한 것으로 다수의 속성들을 계층별로 분류하고 각 속성의 가중치를 파악함으로써 종합적인 분석결과를 도출하는 것이다.[20]퍼지-계층화 분석법에 따른 분석과정은 아래와 같다.

16) GB 17378.3-2007 海洋监测规范 第3部分：样品采集, 贮存与运输. 北京: 中国标准出版社, 2008.
17) GB 17378.4-2007 海洋监测规范 第4部分：海水分析. 北京: 中国标准出版社, 2008.
18) GB 17378.5-2007 海洋监测规范 第5部分：沉积物分析. 北京: 中国标准出版社, 2008.
19) GB 17378.6-2007 海洋监测规范 第6部分：生物体分析. 北京: 中国标准出版社, 2008.
20) 杜栋, 庞庆华, 吴炎. 现代综合评价方法与案例精选(第2版)[M]. 北京：清华大学出版社, 2008.

### 1) 요인집합의 설정

요인집합 U는 수산물 품질안전에 영향을 미치는 환경 위해성 요소의 집합으로 본 연구는 3등급으로 나눈다.

$$U = \{A_1, A_2\} = \{B_1, B_2, \cdots\cdots, B_9, B_{10}\} = \{C_1, C_2, \cdots\cdots, C_{31}, C_{32}\} \quad (1)$$

### 2) 평가집합(항목)의 설정

평가집합은 5개 등급으로 나누며 1등급은 위험성이 매우 낮음, 2등급은 위험성 경미, 3등급은 위험성 중급, 4등급은 위험성 높음, 5등급은 위험성 매우 높음으로 척도를 설정한다. 퍼지-계층화 분석법에서 사용되는 척도는 0, 25, 50, 75, 100이다.

$$V = \{V1, V2, V3, V4, V5\} = \{0, 25, 50, 75, 100\} \quad (2)$$

### 3) 평가기준의 퍼지 맴버쉽 함수 및 단일 요인 평가 행렬의 확정

퍼지집합의 기본 개념을 활용하여 환경 위험성 요소들을 여러 등급으로 계층화시키는데 이를 퍼지 맴버쉽 값(Fuzzy Membership Value)이라고 한다. 통상 맴버쉽 함수는 $\mu_{ij}(x_i)$로 표시하는데, 여기서 요소집합 $U$ 중의는 퍼지넘버 $r_{ji}$ 의 중간 값으로 맴버쉽 값은 [0, 1] 구간에 있다. 요소집합 $U$의 퍼지 맴버쉽 값의 합은 단일 요인 평가행렬(单因素评价矩阵)이라고 일컫는다.

각 요소의 특징에 따라 맴버쉽 함수를 설정한 수학공식은 아래와 같다.

$$\mu_{i1}(x_i) = \begin{cases} 1 & 0 \le x_i \le S_1 \\ \dfrac{S_2 - x_i}{S_2 - S_1} & S_1 \le x_i \le S_2 \\ 0 & x_i \ge S_2 \end{cases} \quad (3)$$

$$\mu_{i2}(x_i)=\begin{cases} 0 & x_i \text{ 또는} S_1 或 x_i \geq S_3 \\ \dfrac{x_i - S_1}{S_2 - S_1} & S_1 < x_i < S_2 \\ 1 & x_i = S_2 \\ \dfrac{S_3 - x_i}{S_3 - S_2} & S_2 < x_i < S_3 \end{cases} \tag{4}$$

$$\mu_{i3}(x_i)=\begin{cases} 0 & x_i \text{ 또는} S_2 或 x_i \geq S_4 \\ \dfrac{x_i - S_2}{S_3 - S_4} & S_2 < x_i < S_3 \\ 1 & x_i = S_3 \\ \dfrac{S_4 - x_i}{S_4 - S_3} & S_3 < x_i < S_4 \end{cases} \tag{5}$$

$$\mu_{i4}(x_i)=\begin{cases} 0 & x_i \text{또는} S_3 或 x_i \geq S_4 \\ \dfrac{x_i - S_3}{S_4 - S_5} & S_3 < x_i < S_4 \\ 1 & x_i = S_4 \\ \dfrac{S_5 - x_i}{S_5 - S_4} & S_4 < x_i < S_5 \end{cases} \tag{6}$$

$$\mu_{i5}(x_i)=\begin{cases} 0 & x_i \leq S_4 \\ \dfrac{x_i - S_4}{S_5 - S_4} & S_4 \leq x_i \leq S_5 \\ 1 & x_i \geq S_5 \end{cases} \tag{7}$$

상기 공식 중 xi은 각 요소(속성)의 실측치(实测值)로 $S_1$~$S_5$은 $C_1$~$C_{19}$ 요소에 대한 평가기준이다. 이렇게 계산된 실측치를 퍼지 맴버쉽 함수에 적용하면 S의 퍼지집합을 얻을 수 있다.

$$R_j = \begin{pmatrix} r_{j1} & r_{j2} & \cdots & r_{jm} \end{pmatrix} \tag{8}$$

이에 따라 단일 요인 평가 행렬은 아래와 같이 나타난다.

$$\mathrm{R} = \begin{bmatrix} R_1 \\ R_2 \\ \vdots \\ R_n \end{bmatrix} = \begin{bmatrix} r_{11} & r_{12} & \cdots & r_{1m} \\ r_{21} & r_{22} & \cdots & r_{2m} \\ \vdots & \vdots & & \vdots \\ r_{n1} & r_{n2} & \cdots & r_{nm} \end{bmatrix} \tag{9}$$

### 4) 평가기준 가중 및 일관성에 대한 검토

평가기준의 가중치는 각 항목별 가중치를 의미하는바 이는 행렬의 구축에 대한 판단 근거로 활용된다. 그림-2에서 나타나는 바와 같이 속성 간의 이원 비교를 시행하게 된다.

행렬A:

$$A = \begin{bmatrix} a_{11} & a_{12} & \cdots & a_{1n} \\ a_{21} & a_{22} & \cdots & a_{2n} \\ \vdots & \vdots & & \vdots \\ a_{n1} & a_{n2} & \cdots & a_{nn} \end{bmatrix} \tag{10}$$

$\alpha_{ij}$가 수질상황을 나타낸다고 가정할 경우 Ci와 Cj에 대해 상대적으로 비교함으로써 1-9사이의 특정 수치로 표현한다. 행렬원소의 판단과 관련하여 $\alpha_{ij}$는 중간 값으로 각 요소들이 중요시되는 순서를 1-9사이의 수치로 표현한다.[21)]

수치해석 및 프로그래밍 환경을 제공하는 공학용 소프트웨어 매트랩(MATLAB)상 eig함수를 활용하여 행렬의 최대 고유값 및 그에 상응한 고유벡터를 구하게 된다. 여기서 고유벡터는 각 속성의 중요도를 나타내는 수치이며 중량계수의 배분이고, 벡터 집합은 *W*로 표시한다. 이에 따라 행렬의 일관성에 대해 판단하고 분석하게 된다.[22)]

---

21) 刘国栋, 申璐, 李翔. 模糊评价法在生物安全实验室环境风险评价中的应用[J]. 中国安全科学学报, 2009, 19( 4): 114- 120.

퍼지 종합평가 이론에 근거하여 계산한 각 속성의 가중치는 아래의 식과 같이 정의할 수 있다.

$$Z = W \cdot R = (W_1, W_2, \cdots, W_n) \cdot \begin{bmatrix} r_{11} & r_{12} & \cdots & r_{1m} \\ r_{21} & r_{22} & \cdots & r_{2m} \\ \vdots & \vdots & & \vdots \\ r_{n1} & r_{n2} & \cdots & r_{nm} \end{bmatrix} = (z_1, z_2, \cdots, z_n) \quad (11)$$

$Z$의 값에 대한 정규화를 통해 가중치집합 Z*를 구하게 된다.

### 5) 퍼지 종합평가

퍼지 계층화 종합평가에서 널리 사용되고 있는 기본원칙으로 최대 맴버쉽원칙, 중앙치원칙, 가중평균원칙이 있다. 전술한 세 가지 원칙들은 여러 가지 장점과 단점이 있다. 평가결과를 보다 합리적으로 표현하기 위하여 본 연구는 가중평균원칙과 최대 맴버쉽원칙을 결합하여 가중치를 도출하였다. 3등급의 세부 요소에 대해 우선 가중치를 도출함으로써 위험정도를 평가하고, 2등급과 1등급 요소에 대해 최대 맴버쉽원칙에 근거하여 가중치를 산출하였다. 이에 관한 계산식은 아래와 같다.

$$p = \sum_{j=1} \delta_j V_j \quad (12)$$

$$\delta = \frac{z_j^k}{\sum_{j=1}^{n} z_j^k} (j = 1,2,\ldots,n) \quad (13)$$

22) 潘峰, 付强, 梁川. 基于层次分析法的模糊综合评价在水环境质量评价中的应用. 2003, 21(8): 22-24.

본 연구는 $k$를 양의 실수로 설정하고 그 값을 1로 계산한다. 이 경우 $\delta j$는 하나의 가중치를 형성한다. $Zj$ 는 백터 $Z^*$ 중 $j$급에 해당하는 환경기준을 나타낸다. $Vj$는 $j$급 환경기준의 퍼지넘버(1급은 0, 2급은 25, 3급은 50, 4급은 75, 5급은 100)이다. $P$는 최종점수로서 위험정도를 나타낸다. 계산된 수치에 근거하여 조사지점의 미생물, 퇴적물, 수질환경 위험성의 정도를 직접적이고 객관적으로 파악할 수 있다. 예컨대, $0 \leq P \leq 12.5$의 경우 환경 위험정도는 1등급으로 환경 위험성이 매우 낮게 나타나고 있고, $12.5 < P \leq 37.5$의 경우 환경 위험정도는 2등급으로 위험이 경미한 것으로 나타나 수용범위에 있으며, $37.5 < P \leq 62.5$의 경우 환경 위험정도는 3등급으로 환경 위험성이 중간정도로 대체로 수용 가능한 범위에 있다. 단 $50 < P \leq 62.5$의 경우 위험경보구역으로 각별한 주의를 요하며, $62.5 < P \leq 87.5$의 경우 환경 위험정도는 4등급으로 환경 위험성이 매우 심각한 것으로 나타나며, $87.5 < P \leq 100$의 경우 환경 위험정도는 5등급으로 절대 위험한 지역으로 판단된다.

# Ⅲ. 분석결과

## 1. 평가기준체계 및 요소집합

갯벌 패류양식의 경우 요소집합 $U$는 미생물기준 $A_1$, 수질환경기준 $A_2$, 퇴적물기준 $A_3$ 등 주요 요소를 포함한다. 미생물기준 $A_1$은 미생물 $B_1$, 중금속 $B_2$, 유해성 유기 오염물질 $B_3$, 패류독소 $B_4$로 구분된다. 수질환경기준 $A_2$는 미생물 $B_5$, 중금속 $B_6$, 유해성 유기 오염물질 $B_7$로 구분된다. 퇴적물기준 $A_3$은 미생물 $B_8$, 중금속 $B_9$, 유해성 유기 오염물질 $B_{10}$로 구분된다. 그밖에 미생물, 중금속, 유해성 유기 오염물질과 패류독소 등 요소들은 하위 요소인 $C_1$~$C_{32}$를 포함하고 있다(자세한 내용은 그림-1을 참조할 것).

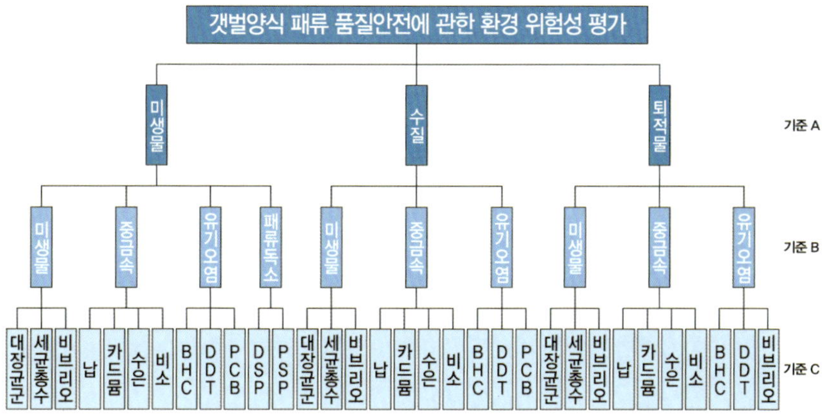


[그림-1] Food safety environmental risk assessment index system of bottom culture shellfish

## 2. 평가기준

미생물 요소의 경우 평가기준은 CAC, EU EC, 미국 FAO 및 EPA 그리고 중국, 일본, 한국, 캐나다, 홍콩 등 관련 국가 및 지역의 패류 수산물 품질안전 제한기준에 근거하여 제정한다. 국내 관련기준에는 국가표준, 산업표준 및 지방표준이 있다. ① Ⅰ급의 경우 관련기준의 최저치, ② Ⅳ급의 경우 관련 표준의 최고치 또는 용량반응곡석의 안전역치(그림-2), ③ Ⅴ급은 표준 최고치의 10배 또는 LOAEL 및 $EC_{50}$ 관련기준을 참조하여 확정하여야 하며, ④ Ⅱ급 및 Ⅲ급의 경우 관련기준의 중간치를 취하되 가능한 CAC 기준, EU EC 그리고 미국 FAO 및 EPA의 관련기준에 따라야 하며, 엄격한 통제기준을 적용하고, 가능한 정수 값을 취해야 한다.

수질기준에 대한 평가는 아래와 같은 계산식에 의해 산출된다.

$$S_i^W = \frac{S_i^B}{BCF_i}$$

위의 계산식에서 $S_i^W$는 오염물질에 대한 수질평가기준이며 mg/l으로 표현하고, $S_i^B$ 는 $i$ 라는 오염 요소의 미생물 평가기준이며 mg/kg으로 표현하고, *BCFi* 는 $i$ 라는 오염 요소의 생물농축계수(Bioconcentration factor)이다.

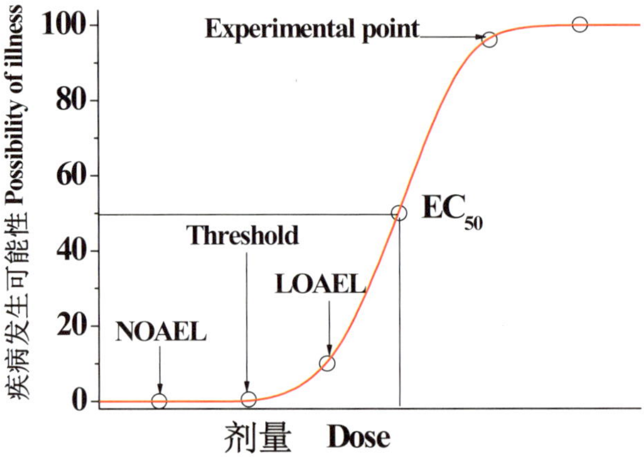


[그림-2] Dose-response curve

[표-1] Standard of shellfish for the food safety environmental risk assessment

| Evaluation index | 평가기준<br>Evaluation standard | | | | |
|---|---|---|---|---|---|
| | Ⅰ级<br>Band Ⅰ | Ⅱ级<br>Band Ⅱ | Ⅲ级<br>Band Ⅲ | Ⅳ级<br>Band Ⅳ | Ⅴ级<br>Band Ⅴ |
| 대장균군(MPN/100g) | 230 | $10^3$ | $10^5$ | $10^6$ | $10^7$ |
| 세균총수(cfu/g) | 500 | $10^4$ | $10^5$ | $10^6$ | $10^7$ |
| 비브리오(cfu/g) | ND | 100 | $10^3$ | $10^4$ | $10^5$ |
| Pb(mg/kg) | 0.1 | 0.3 | 1 | 6 | 60 |
| Cd(mg/kg) | 0.1 | 0.2 | 1 | 5 | 50 |
| Hg(mg/kg) | 0.05 | 0.1 | 0.5 | 1 | 10 |
| As(mg/kg) | 0.5 | 1 | 8 | 86 | 350 |

| Evaluation index | 평가기준<br>Evaluation standard | | | | |
|---|---|---|---|---|---|
| | Ⅰ级<br>Band Ⅰ | Ⅱ级<br>Band Ⅱ | Ⅲ级<br>Band Ⅲ | Ⅳ级<br>Band Ⅳ | Ⅴ级<br>Band Ⅴ |
| 666(mg/kg) | 0.02 | 0.1 | 0.5 | 2 | 20 |
| DDT(mg/kg) | 0.01 | 0.1 | 1 | 5 | 50 |
| PCBs(mg/kg) | $8\times10^{-6}$ | $10^{-2}$ | 0.2 | 2 | 25 |
| DSP(mg/kg) | ND | 0.001 | 0.01 | 0.16 | 1.6 |
| PSP(mg/kg) | 0.002 | 0.008 | 0.2 | 0.8 | 8 |

## 3. 분석결과

최종적으로 2011년 6월, 8월, 10월 3차례에 거쳐 위험성에 대해 평가한 결과를 정리하면 표-2 및 그림-3과 같다. 2011년 6월, 8월, 10월 장즈섬 식품안전 환경 위험성 관련 주요 평가항목에 대한 전반적인 평가결과, 수질(1.89±0.57) 〉 퇴적물(0.50±0.63) 〉 미생물(0.16±0.25)으로 나타났고, 시기별 주요평가항목에 대한 평가결과는 8월 (2.1±0.4) 〉 6월 (2.0±0.6) 〉 10월 (1.7±0.4)으로 나타났으며, 조사지점별 주요평가항목에 대한 평가결과는 25#가 (2.4±0.4)으로 위험정도가 가장 높게 나타났고, 14#이 (1.3±0.9)으로 가장 낮게 나타났다.

[표-2] The safety environmental risk level of Zhangzidao fishery waters

| 시간 | 내용 | 1 | 3 | 6 | 8 | 9 | 11 | 14 |
|---|---|---|---|---|---|---|---|---|
| 6월 | 수질 | 2.1 | 1.7 | 1.8 | 3.2 | 1.8 | 2.1 | 0.3 |
| | 퇴적물 | 0 | 0 | 0 | 0 | 0 | 0 | 0 |
| | 미생물 | / | 0 | / | / | / | 0 | / |
| | 종합 | 2.1 | 1.7 | 1.8 | 3.2 | 1.8 | 2.1 | 0.3 |

| 시간 | 내용 | 1 | 3 | 6 | 8 | 9 | 11 | 14 |
|---|---|---|---|---|---|---|---|---|
| 8월 | 수질 | 2.1 | 1.7 | 2.3 | 2.0 | 0.2 | 2.0 | 1.6 |
| | 퇴적물 | 1.8 | 0.8 | 1.6 | 0.8 | 1.8 | 0.6 | 1.0 |
| | 미생물 | / | 0 | / | / | / | | / |
| | 종합 | 2.1 | 1.7 | 2.3 | 2.0 | 1.8 | 2.0 | 1.6 |
| 10월 | 수질 | 2.4 | 2.3 | 1.5 | 1.4 | 1.3 | 1.9 | 2.1 |
| | 퇴적물 | 0 | 0 | 0 | 1.0 | 0 | 0 | 0.8 |
| | 미생물 | / | 0.2 | / | / | / | 0 | / |
| | 종합 | 2.4 | 2.3 | 1.5 | 1.4 | 1.3 | 1.9 | 2.1 |

[표-3] The safety environmental risk level of Zhangzidao fishery waters (continued)

| 시간 | 내용 | 16 | 17 | 19 | 22 | 24 | 25 | 27 |
|---|---|---|---|---|---|---|---|---|
| 6월 | 수질 | 2.0 | 2.6 | 2.4 | 2.1 | 2.5 | 2.1 | 1.8 |
| | 퇴적물 | 0 | 0 | 0 | 0 | 0 | 0 | 0 |
| | 미생물 | / | 0 | 0 | / | / | 0 | 0 |
| | 종합 | 2.0 | 2.6 | 2.4 | 2.1 | 2.5 | 2.1 | 1.8 |
| 8월 | 수질 | 1.8 | 1.9 | 2.0 | 2.4 | 2.5 | 2.9 | 1.8 |
| | 퇴적물 | 1.8 | 0.9 | 1.6 | 0.8 | 1.8 | 0.6 | 1.0 |
| | 미생물 | / | 0.8 | 0.6 | / | / | 0.2 | 0.1 |
| | 종합 | 1.8 | 1.9 | 2.0 | 2.4 | 2.5 | 2.9 | 1.8 |
| 10월 | 수질 | 1.4 | 1.3 | 1.5 | 1.4 | 1.4 | 2.3 | 1.5 |
| | 퇴적물 | 0.7 | 0.5 | 0 | 0 | 0.4 | 0.7 | 0 |
| | 미생물 | / | 0.5 | 0.2 | / | / | 0.1 | 0 |
| | 종합 | 1.4 | 1.3 | 1.5 | 1.4 | 1.4 | 2.3 | 1.5 |

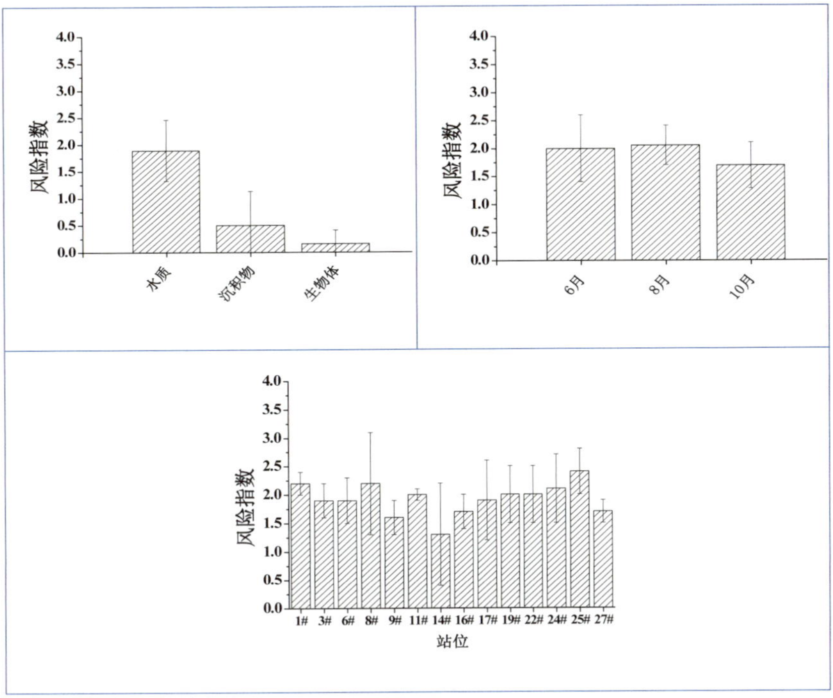


[그림-3] The average safety environmental risk level of Zhangziddao fishery waters

# 참고문헌

[1] FAO/WHO. Application of risk analysis to food standards issues, report of the joint FAO/WHO expert consultation [R] . Geneva, Switzerland: FAO/WHO, 1995.

[2] Guidance document for cadmium in shellfish [M] . Washington, DC: U. S. Food and Drug Administration Center for Food Safety and Applied Nutrition, 1993

[3] FAO/NACA/WHO. Food safety issues associated with products from aquaculture: report of a joint FAO/NACA/WHO study group[R]. WHO technical report series: 1999: 883.

[4] 农业部渔业局. 2011年中国渔业统计年鉴. 北京 ：中国农业出版社, 2012.

[5] 董军. 珠三角地区鱼塘水体中双酚A 污染及其生态风险评价[J]. 中国生态农业学报, 2009, 17(6): 1240－1244.

[6] 阮金山. 厦门贝类养殖区海水, 沉积物和养殖贝类体内重金属含量的初步研究[J]. 热带海洋学报, 2008, 27(5):47−54.

[7] 乔向英, 陈碧鹃, 周明莹 等. 桑沟湾贝类养殖海域石油烃污染状况及其对贝类质量安全的影响[J]. 环境科学, 2011, 32(8):2391−2396.

[8] 叶玫, 阮金山, 钟硕良 等. 闽东沿岸生态监控区经济水产品中六六六, 滴滴涕残留与风险评价. 水产学报, 2010, 34(8):1260−1269.

[9] 王增焕, 柯常亮, 王许诺 等. 流沙湾贝类养殖海域环境质量评价[J]. 南方水产科学, 2011, 7(3): 24−30.

[10] 阮金山, 钟硕良, 杨妙峰 等. 厦门贝类养殖区重金属的含量分布特征与潜在生态危害评价[J], 海洋环境科学, 2009, 28(1):57−61.

[11] 方建光, 孙慧玲, 匡世焕 等. 桑沟湾海水养殖现状评估及优化措施[J]. 海洋水产研究, 1996, 17(2):95-102.

[12] 王娟. 模糊层次分析法在储罐施工HSE 风险评估中的应用. 安全与环境工程, 2011, 18(5): 96-99.

[13] 潘峰, 付强, 梁川. 基于层次分析法的模糊综合评价在水环境质量评价中的应用. 2003, 21(8): 22-24.

[13] Nieto-Morote A, Ruz-Vila F. A fuzzy approach to construction project risk assessment Original Research Article. International Journal of Project Management, 2011, 29(2): 220-231.

[14] Zhang J W, Zhu M J, Zhang L W. Risk Evaluation of the Logistics Ecological Environment System Based on FAHP. Original Research Article Procedia Engineering, 2011, 15: 381-385.

[15] GB 17378.3-2007 海洋监测规范 第3部分：样品采集, 贮存与运输. 北京: 中国标准出版社, 2008.

[16] GB 17378.4-2007 海洋监测规范 第4部分：海水分析. 北京: 中国标准出版社, 2008.

[17] GB 17378.5-2007 海洋监测规范 第5部分：沉积物分析. 北京: 中国标准出版社, 2008.

[18] GB 17378.6-2007 海洋监测规范 第6部分：生物体分析. 北京: 中国标准出版社, 2008.

[19] 杜栋, 庞庆华, 吴炎. 现代综合评价方法与案例精选(第2版)[M]. 北京：清华大学出版社, 2008.

[20] 刘国栋, 申璐, 李翔. 模糊评价法在生物安全实验室环境风险评价中的应用[J] 中国安全科学学报, 2009, 19( 4): 114- 120.

# 08

# 장즈섬 심해인공어초 어장의 자원조성 효과에 관한 연구

陈雷(Chen Lei), 田涛(Tian Tao), 陈勇(Chen Yong),
刘永虎(Liu Yonghu), 杨军(Yang Jun), 尹增强(Yin Zengqiang)

# 장즈섬 심해인공어초 어장의 자원조성 효과에 관한 연구

陈雷(Chen Lei), 田涛(Tian Tao*), 陈勇(Chen Yong), 刘永虎(Liu Yonghu), 杨军(Yang Jun), 尹增强(Yin Zengqiang)

## 국문초록

장즈섬 해양목장에 설치된 심해인공어초시설 어장의 자원조성 효과를 조사 · 분석하기 위하여 조사대상의 인공어초 시설어장 주변에서 줄낚시와 그물을 통해 표본 어종을 채취하여 분석하였다. 조사대상 어종은 총 6개로 그중 쥐노래미(Hexagrammos otakii), 조피볼락(Sebastes schlegeli)이 주요 경제성어종에 속하며 당해 어종의 자원량 증가효과가 현저하게 나타났다. 줄낚시로 어획한 어류는 그물망을 통해 어획한 어류에 비해 체장 및 체질량이 높았으며 인공어초 어장에서 줄낚시에 적합한 시절은 봄철이다. 인공어초 어장에서 서식하는 어종은 전체의 성장률과 같은 비율로 성장하는 등 속성장의 현상을 보였으며, 조피볼락과 쥐노래미, 흰베도라치(Enedrias fangi Wang et Wang) 등 어종 간의 크기와 풍만도의 차이를 보이고 있다. 아울러 본 연구는 베르탈란피(Von Bertalanffy) 성장 공식에 근거하여 대상해역 쥐노래미와 조피볼락의 체장 및 체질량의 관계, 성장공식, 성장지수 및 특징의 변화에 대해 조사 · 분석하였다. 나아가 FISAT 프로그램을 활용하여 인공어초 주

* 대련해양대학교 교수, 요녕성 해양목장공정기술연구센터 연구원. 메일 ttbeyond@126.com.

변 어장의 조피볼락과 쥐노래미의 총허용어획량을 산정하고 인공어초 시설어장이 쥐노래미 성장 특성 및 자원량에 미치는 영향을 분석함으로써 당해 어종의 지속가능한 이용 및 관리조치를 위한 대책을 제시하고자 한다.

**키워드:** 장즈섬, 인공어초, 자원 보존, 쥐노래미, 조피볼락, 자원의 효율적 이용

## Ⅰ. 서론

산업화의 급속한 진전과 과학기술의 발전에 따라 중국의 연근해 어업은 빠른 성장을 이루었으나 무분별한 어획과 남획 그리고 어장환경의 오염으로 인하여 어업자원의 심각한 감소현상을 보이고 있으며, 어업자원의 고갈로 인한 경제적인 피해는 전세계적으로 심각하다. 어업자원에 대한 조사결과에 따르면 전세계 연근해 해역의 2/3는 이미 충분히 개발되거나 과도개발 또는 남획으로 인해 어업자원이 심각하게 고갈되었다.[1][2] 발해지역은 연근해 어업자원이 심각하게 고갈되어 부세, 참조기 등의 어종은 더 이상 어획기를 형성하지 못하게 되었으며 심지어 멸종의 위기에 처하게 되었다.[3][4] 국제사회는 어업자원의 고갈을 예방하기 위해 자원량 회복 및 증가를 위한 방안을 모색하기 위해 노력해 왔으며 안정적인 수산물 공급과 자원량의 증식, 자원보존을 위한 관리대책을 마련하기 위해 지속적으로 협력하여 왔다.

이러한 상황에서 유엔해양법협약의 발효와 더불어 국제사회는 200해리 배타적 경제수역을 선포하기 시작했고 각 연안국들이 해역관리제도를 배타적 경제수역체제로 전환함에 따라 공해어업이 큰 타격을 받게 되었다.[5] 이러한 어업질서의 변화로 인해 원래 공해였던 해역도 연안국 주권 및 관할권에 들어가게 되었고 해당 수역에서 조업하던 선박이 연안국 연근해 어장으로 진입하게 됨으로써 연근해 어장의 자원 고갈을 가속화시켰다.

나아가 각 연안국은 어업자원 회복과 자원조성을 위해 '잡는 어업'에서 '기르는 어업'으로 어업정책을 전환하고 첨단기술을 바탕으로 양식 산업화를 추진하

1) And F. Review of the state of world marine fishery resources[J]. Fao Fisheries Technical Paper, 1994, 335: 73-79.
2) Csirke J, Garcia S M. Marine Fishery Resources, Global State of[J]. Encyclopedia of Ocean Sciences, 2009:576-581.
3) 王世表, 宋怿, 李平等. 我国渔业资源现状与可持续发展对策[J]. 中国渔业经济, 2006(1):24-27.
4) 毕士川, 黄冬梅. 我国近海渔业资源可持续发展问题分析与建议[J]. 中国水产, 2005(4):75-77.
5) Bapat S V, Deshmukh V M, Krishnamoorthi B, et al. Fishery resources of the Exclusive Economic Zone of the northwest coast of India[J]. BULLETIN OF THE CENTRAL MARINE FISHERIES RESEARCH INSTITUTE: 1-86 No. 33, 1982.

였으나 해양환경에 대한 적절한 조치가 취해지지 않은 관계로 어장환경의 오염, 수질오염, 양식 어종의 병해, 적조 등 해양환경문제를 초래하게 되었고 이러한 환경문제는 수산양식산업의 발전을 저해하는 주요 원인으로 작용하였다.[6]

이에 따라 국제사회는 어업자원의 회복과 생태계 복원 및 보존차원에서 친환경 어업을 발전시키기 위한 어업기술의 연구개발에 관심을 갖게 되었고 그러한 대안으로 인공어초어장, 수산생물 행위 통제기술, 어장환경 모니터링 기술의 연구개발을 적극 추진하였으며, 이를 통해 고품질 수산물의 지속적이고 안정적인 공급을 실현하고자 하였다.[7][8][9] 다년간 연구결과에 따르면 인공어초어장사업, 해양목장 조성사업이 수산자원 조성 및 생태계 보존을 위한 가장 효과적인 방법으로 나타났다.[10][11] 인공어초는 수중에 인공적으로 어초시설을 설치하여 생태기능 회복을 통한 서식지 확보, 어장 및 양식장을 조성을 통한 자원조성의 목적을 실현할 수 있다.

본 연구는 장즈섬 주변해역에 설치된 인공어초를 대상으로 진행된 조사자료를 바탕으로 이 해역의 인공어초 어장시설 설치에 따른 해양환경, 생물자원 증대의 효과를 분석하고 인공어초 어장의 효과적인 자원관리 및 효율적인 이용 · 개발을 위한 관리방안을 제시하고자 한다.

---

6) Food and Agriculture Organization of the United Nations FAO. Inland Water Resources and Aquaculture Service. Fishery Resources Division. Review of the state of world aquaculture.[J]. 1997, 886(886 Rev. 1).

7) 张国胜, 陈勇, 张沛东等. 中国海域建设海洋牧场的意义及可行性[J]. 大连水产学院学报, 2003, 18(2): 141-144.

8) 孙书贤. 建设海洋牧场发展新型生态渔业[J]. 海洋开发与管理, 2005, 22(6): 81-83.

9) 荻野静也. 日本にぉける鱼礁の漁獲効果につぃて[C]//東京: 國際間の海洋科學技術協會.水産生物生息場造成ならぴに沿岸開發に関する日米シンポジウム講演集, 1991, 10:63-67.

10) Pitcher T J, Watson R, Haggan N, et al. Marine reserves and the restoration of fisheries and marine ecosystems in the South China Sea[J]. Bulletin of Marine Science, 2000, 66(3):543-566.

11) Yang L, Liu T, Huang R. Origin and History of Artificial Fish Reef[J]. Modern Fisheries Information, 2005.

# II. 재료 및 방법

## 1. 인공어초 설치 해역

### 1) 대상해역 기본 현황

장즈섬은 요동반도 동남단, 대련시 동부, 창산열도(长山列岛) 최남단에 위치하여 있으며, 장즈섬(獐子岛), 옥련섬(裕裢岛), 대모섬(大耗岛), 소모섬(小耗岛) 등 4개의 섬 및 11개의 암초로 구성되어 있다. 지리적 좌표는 E122°42'02" −122°52'25" ; N38°40'48"−39°05'10"이며 북측과 서북측은 창산열도의 대장산섬(大长山), 소장산섬(小长山), 광루섬(广鹿岛)과 인접해 있으며 동측은 해양섬(海洋岛), 조선반도와 마주하고 있다. 당해 해역 밑바닥은 진흙과 모래로 되어 있으며 물의 흐름이 좋아 퇴적물이 적어 인공어초의 안정성을 확보할 수 있는 장점이 있다. 또한 해양생물자원이 풍부하고, 수심이 적절하고, 수질기준이 어업수역 수질기준에 부합하여 인공어초 설치에 가장 적합한 해역으로 평가받고 있다. 나아가 어류의 먹이가 풍부하고 해양오염이 없는 청정해역이고 육지로부터 담수의 유입이 거의 없고, 해수 흐름이 원활하고 흐름방향이 주기적이고 안정적이며 규칙적인 조석과, 높은 투명도, 연간 섭씨 0.5−23도, 연간 염도 29−33도, 연간 PH 농동 7.8−8.4으로 어류와 기타 수산물의 증식과 양식에 적합한 여건을 갖추었다.

인공어초 어장구역은 요녕성 대련시 창하이현 장즈섬 서북측에 설치되어 있는바 어장구역의 범위는 39°0'9"N, 122°55'1"E, 39°0'9"N, 122°55'51"E, 39°0'58"N, 122°55'51"E, 39°0'58"N, 122°55'1"E 4지점을 연결한 구역으로 수심이 40m이다.

### 2) 인공어초 설치 현황

장즈섬 주변해역의 심해수역에 인공어초 어장 1320묘(亩)를 조성하였다. 인공어초 설치 시 장즈섬 주변 해역의 자연환경 여건을 충분히 고려하여야 하며, 특히 자원조성을 위한 대상어종을 명확히 함으로써 인공어초 안정성과 효과성을 높이기 위한 인공어초 시설을 선정하여야 한다. 또한 인공어초의 투하 위치의 선정도 매우 중요한 요소로 깊이 40m 이상 심해에 투하한다. 인공어초 설치의 주된 목적은 어류를 유집하는 것이며, 이와 더불어 패조류 증식을 통한 자원증식을 부수적인 목적으로 한다. 이에 따라 육면체 어류증식형 어초를 설치하는 것이 가장 효과적이고 안정적인 것으로 나타났다. 육면체 인공어초시설의 각 넓이는 1.4m×1.4m×1.4m이며, 육면체의 4개 옆면에는 동그란 구멍을 뚫고 윗면과 아랫면을 연결한다. 이렇게 만들어진 인공어초는 콘크리트 구조로 무게는 약 2700kg이다(그림-1). 인공어초 구조물은 철근 콘크리트를 재료로 만들었으며 수리모형실험을 통해 설계되었다. 철근 콘크리트 재료는 인공어초 구조물 사업에 가장 흔히 사용되는 것으로 해양생태환경에 주는 영향이 가장 적고, 어류 등 저서생물의 증식 효과가 현저하다.

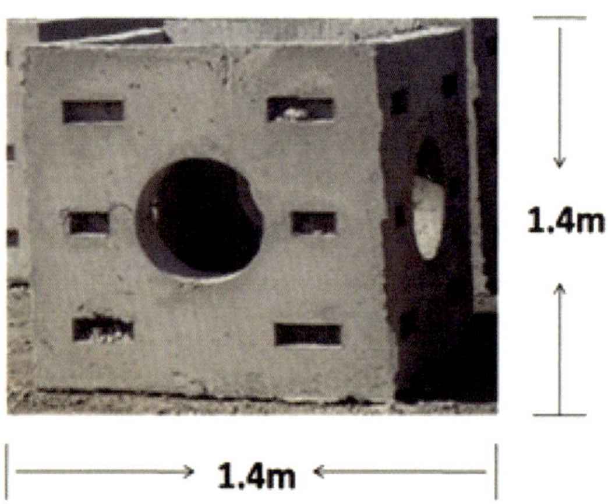


[그림-1] 인공어초 구조물 개체 구성도

인공어초시설 구조 및 내부 구성은 육면체 4개 옆면에 동그란 구멍을 내어 어초시설 내부에 서식하는 어류의 자유로운 출입을 위한 통로를 확보하기 위한 것이며, 옆면의 네모난 구멍은 물고기의 산란장을 조성하고 인공어초 주변 해역의 해수 흐름 상태와 흐름속도에 조절하는 역할을 함으로써 소규모의 생태계 형성에 적합한 환경을 조성한다.

인공어초 설치방법은 인공어초 어장 규모에 따라 다양한 방법으로 설계할 수 있는데 여러 개의 인공어초가 하나의 어초군을 형성하는 방법을 취하고 있다. 인공어초의 설치를 통해 유집된 어종에는 쥐노래미와 조피볼락이 있는데 이들 어종은 해저에 서식하는 습성을 가진다. 이러한 특성을 고려하여 해저에 분산형 구조물과 밀집형 구조물을 설치함으로써 인공어초 효과를 극대화하고자 한다.

분산형 인공어초는 밀집형에 비해 수심이 낮은 수역에 설치하는 것이 효과적이며, 저어어종을 대상으로 하며 어초는 단층으로 설계하되 높이는 0.8-1.5m로 한다. 일한 수량의 인공어초 구조물을 투하할 경우 어장규모를 확대하는 것이 자원증식에 효과적이다. 나아가 해저지반 강도가 높아 인공어초를 매몰 · 매립이 어렵기 때문에 분산형 투하방법을 취하였다. 이 경우 인공어초 개채의 규모는 400$m^3$이상이어야 하며, 인공어초 구조물 간의 간격은 가로 144m, 세로 185m이며, 인공어초군 간의 거리는 200-600m를 유지해야 효과를 극대화할 수 있다.

밀집형 투하방법은 인공어초의 단위 규모를 최대한 증가하여 수 십개의 상자형 또는 사각형어초를 2단 또는 3단으로 쌓아놓음으로써 상자형대형어초를 조성한다. 이렇게 만들어진 대형어초는 어초간의 간격이 불규칙함으로써 해수흐름을 변화하고 어류 서식지를 조성함으로써 자원증대, 생태계 기능회복에 긍정적인 역할을 하게 된다. 또한 인공어초 구조물에 해조류가 부착하여 어류들이 그곳에 숨어살거나 산란장이 되는데 이는 자원증식 뿐만 아니라 수산물의 산란, 서식지를 조성함으로써 인공어초어장 사업의 효율성을 제고할 수 있다. 인공어초 설치 시 일정 수량의 어초를 선박으로 운반하여 지정된 수역에 투하한다.

## 2. 조사방법

장즈섬 주변에 설치된 인공어초 시설어장의 자원조성 및 생산효과를 조사하기 위하여 줄낚시와 그물망어구를 투망하여 조사대상의 인공어초 시설어장 주변에 대해 조사 비교하였다. 그물망어구는 케이지 망과 새로운 형태의 특별 제작 그물망을 사용하였으며, 특별 제작 그물망은 길이 13m, 넓이 0.4m, 높이 0.3m으로 30개의 절(节)로 구성되어 있으며, 그물망어구의 직경은 180cm, 높이는 50cm의 원기둥 모양의 그물망으로 망목크기는 각각 2cm, 5cm, 6cm, 7cm이며, 철근구조로 만들어진 그물망은 옆면에 입구가 설치되어 있다. 줄낚시는 생미끼(真饵)를 활용한 여러 개의 낚시 고리를 장착한 도구를 선택하였으며 조사지점에서 6명의 조사원이 낚시를 했다. 조사방법은 한 사람당 낚시 줄 하나씩, 하나의 낚시 줄에 4개의 고리를 장착했다.

조사시간은 2010년 6월, 2011년 4월과 7월, 2012년 5월, 2013년 8월, 2014년 6월과 10월로 정하였고, 조사방법은 "해양감측규범(GB17378-2007)", "해양조사규범:해양생물조사(GB/T12763.6-2007)"의 규정에 따른다. 또한 각 조사지점에서 어획한 조사대상 어류는 현장에서 직접 측정하고 분석하였다.

## 3. 데이터 처리

### 1) 어류 풍만도 계수(K)[12]

$$K = W/L3 \times 100 \qquad (1)$$

여기서 W는 어체품질(鱼体质量, g)을 나타내며 L는 어류 체장(cm)을 나타낸다.

12) 薛正楷, 何学福. 黑尾近红鲌的比例性状, 长质量关系和丰满度[J]. 西南师范大学学报, 2002, 27(5): 811-815.

### 2) 어류 위 내용물(P)[13]

$$P = n / N \times 100\% \quad (2)$$

여기서 n은 특정 식물성분을 섭취한 어류수량을 의미하며, N은 샘플로 채취된 어류의 수량을 의미한다.

### 3) 성장특성에 대한 연구방법

본 연구는 자원조사에 기초하여 당해 수역에서 서식하는 쥐노래미와 조피볼락 2개의 어종을 대상으로 그 성장특성에 대해 조사・분석하였다.

1) 인공어초 투하 전과 후의 어획물에 대해 각 개체별로 평균체장과 평균중량, 체장구성, 중량구성에 대해 비교하였다.

2) 어획물의 체장과 체중 간의 관계를 도출하였다. 체장과 체중 간의 관계를 도출하기 위해 멱함수(幂函数)를 적용하였고, [14] 계산식은 $W_t$=a× (여기서 $W_t$는 체중이고, $L_t$은 체장이며, a와 b는 변수)와 같다.

3) 베르탈란피(Von Bertalanffy) 성장공식을 쥐노래미의 성장모델로 선정하고 ELEFAN Ⅰ(electronic length frequency analysis I)의 방법을 적용하여 성장변수(参数)를 산정하였으며, 나아가 체장, 체질량 성장에 관한 방정식을 산정하였다. 여기서 조사어종의 체장과 체질량을 산정하기 위하여 국제연합 식량농업기구(FAO)에서 권장하는 FISAT Ⅱ 프로그램[15]을 이용하여 결과를 도출하였다. Pauly[16]의 경험공식에

---

13) 张其永, 张雅芝. 闽南－台湾浅滩二长棘鲷食性的研究[J]. 海洋学报, 1983, 5(2): 349－362.
14) 费鸿年, 张诗全. 水产资源学[M]. 北京:中国科学技术出版社, 1990.
15) FAO. Fish stock assessment tools [EB/OL]. [2009－11－10]. http://www.fao.org/ fi/oldsite/STATIST/ fisat/ index. htm.
16) Pauly D. Fish Population Dynamics in Tropical Waters: A Manual for Use with Programmable Calculators[M]. Manila, Philippines: International Center for Living Aquatic Resources Management, 1984:325.

따라 계산된 어종의 이론적 초기 연령을 (t0) 으로 나타내고, 체장과 체질량 성장 방정식에 근거하여 최대 점진(最大渐进) 체장 및 체질량을 산정한다.

4) 체장성장 방정식에 근거하여 어종의 체장과 체중의 성장속도를 산정할 수 있는데 여기서 dLt/dt은 체장의 성장속도를 나타내고, dWt/dt는 체중의 성장속도를 나타낸다.

5) 개체성장의 전환점(拐点) 연령이란 어류의 성장속도의 최대치 또는 성장 가속도가 0에 가까운 연령을 의미하는데 이는 어류 성장속도가 빠름에서 느림으로 변화하는 지수를 나타낸다.[17] 체장(또는 체중)의 성장 전환점 연령은 체장(또는 체중) 성장 방정식에 근거하여 계산할 수 있으며, 계산식은 아래와 같다.

d2Lt/dt2 = 0

d2Wt/dt2 = 0

6) 임계연령이란 한 세대의 어류군체가 인간에 의해 어획되지 않은 상태에서 생물량이 최대치에 이르는 때의 연령을 의미하거나 혹은 체중 성장률이 순식간의 자연 사망률에 이르는 때의 연령을 의미한다. [18] 임계연령을 산정하는 식은 아래와 같다.

dB/(B×dt)= M

여기서 B는 생물량을 타나내고, M은 순간 사망률(瞬间死亡率)을 나타내는데 이를 자연사망 계수라고 부르기도 한다. 나아가 순간 사망률을 나타내는 M은 Pauly[19]의 경험 공식을 적용하여 결과를 산출할 수 있다.

---

17) 詹秉义. 渔业资源评估[M]. 北京:中国农业出版社, 1995.
18) 唐渝. 太湖湖鲚生长特征和临界年龄的研究[J]. 生态学杂志, 1986, 5(3): 5-9, 13.

경험공식은 아래와 같다.

$$\ln M = -0.0066 - 0.279\ln L_\infty + 0.6543\ln K + 0.4634\ln T$$

여기서 T는 서식 해역의 평균수온을 나타내고 있는바 조사시간에 따라 쥐노래미는 9℃ 조피볼락은 20℃로 설정하였다. 나아가 쥐노래미가 저어어종인 점을 감안하여 M의 수치를 80% 수정하였다.[20]

7) 순간 사망률이란 임의의 시점에서의 사망률을 나타내는데 어류의 성장 환경의 우열을 나타내는 지표이다. 본 연구는 Beverton-Holta 방법을 활용하여 결과를 도출하였다. 순간 총 사망률에 대한 식은 아래와 같다.

$$Z = K(L_\infty - \overline{L})/(\overline{L} - L')$$

여기서 $\overline{L}$과 L'은 각각 평균 체장과 최소 체장을 나타낸다.[21]

### 4) 쥐노래미와 조피볼락 자원량에 대한 평가방법

본 연구는 체장 스톡분석방법을 이용하여 인공어초 어장의 쥐노래미와 조피볼락의 자원량을 계산하였다.[22]

$$Nt = Ct(M+Ft)$$

$$C_i = N_{i+TRIANGLEt} \cdot F_i/(M+F_i) \cdot [e^{(M+F_i)^{TRIANGLEt}} - 1]$$

---

19) Pauly D. Fish Population Dynamics in Tropical Waters: A Manual for Use with Programmable Calculators[M]. Manila, Philippines: International Center for Living Aquatic Resources Management, 1984:325.

20) 詹秉义. 渔业资源评估[M]. 北京:中国农业出版社, 1995.

21) 詹秉义. 渔业资源评估[M]. 北京:中国农业出版社, 1995.

22) 詹秉义. 渔业资源评估[M]. 北京:中国农业出版社, 1995.

$$\triangle t=(ti+1-ti),\ ti=t0-(1/K)\cdot \ln[1-(Li/L\infty)]\ ;\ Ni=Ni+\triangle t\cdot e^{M+F_i}$$

여기서 Nt는 최대 체장 어류의 자원량을 나타내고, Ct는 어획량을, Ft는 어획에 의한 사망률 계수를 나타낸다. Ni, Ci, Fi는 전술한 2개 어종의 특정 연령(i) 시 자원량과 어획량, 어획에 의한 사망률을 나타낸다. Ni+△t는 연령(i+△t)시 자원량을 나타내며, M은 순간 자연 사망률을 나타낸다. 장즈섬어업그룹(獐子岛渔业集团)의 내부 통계자료에 의하면 본 연구대상 해역인 인공어초 어장에서 어획한 쥐노래미의 샘플 채취량이 장즈섬 연간 어획량의 0.5%에 달한다. 쥐노래미의 어족자원량에 대한 계산과정은 FISAT Ⅱ 프로그램[23]을 이용하였다.

# Ⅲ. 분석결과

## 1. 어획어종의 종류 및 수량

2010년 심수인공어초 어장 건설 이래 2010년 6월, 2011년 4월과 7월, 2012년 5월 등 네 차례에 걸쳐 어족자원에 대한 과학조사를 실시했다. 어족자원 조사지점과 조사시간은 표-1과 같다.

네 차례의 조사결과 총 6종의 어류를 어획하였으며, 그중 줄낚시로 2종, 정치망으로 6종의 어류를 어획하였다(표-2). 네 차례의 어족자원 조사에 있어서 정치망으로 어획한 어류 중에 쥐노래미의 어획 확률이 100%에 달하였고 조피볼락은 25%, 흰베도라치는 75%, 황아귀는 25%, 참가자미는 75%, 쉬쉬망둑은 25%로 나타났다.

23) FAO. Fish stock assessment tools [EB/OL]. [2009-11-10]. http://www.fao.org/ fi/oldsite/STATIST/ fisat/ index. htm.

[표-1] The sampling station and date in deep water artificial reef in coastal Zhangzi Island during investigation

| 조사 날짜 survey date | 지점stations /개 | | 시간time /h | |
|---|---|---|---|---|
| | 줄낚 | 정치망 (定置网) | 줄낚시 | 정치망 (定置网) |
| 2010年6月 | | 5 | | 2.5 |
| 2011年4月 | 5 | 6 | 1.5 | 3 |
| 2011年7月 | 2 | 5 | 1 | 4 |
| 2012年5月 | 4 | 5 | 2 | 2 |

[표-2] The fish list in the catches

| 种类 species | hand line fishing | | | trap | | | |
|---|---|---|---|---|---|---|---|
| | 2011.4 | 2011.7 | 2012.5 | 2010.6 | 2011.4 | 2011.7 | 2012.5 |
| 쥐노래미 Hexagrammos otakii | + | + | + | + | + | + | + |
| 조피볼락 Sebastes schlegeli | + | | + | | | + | |
| 흰베도라치 Enedrias fangi Wang et Wang | | | | + | + | + | |
| 황아귀 Lophius litulon | | | | + | | | |
| 참가자미 Cleisthenes herzensteini | | | | + | + | + | |
| 쉬쉬망둑 Chaeturichthys stigmatias | | | | | | + | |

[표-3] The CPUE of fat greenling Hexagrammos otakii and Schlegel's rockfish Sebastschlegeli

| species | 줄낚시hand line fishing (g · 명－1 · 고리－1 · h－1) | | | 정치망 trap / (g · 통－1 · h－1) | | | |
|---|---|---|---|---|---|---|---|
| | 2011.4 | 2011. 7 | 2012. 5 | 2010. 6 | 2011. 4 | 2011. 7 | 2012. 5 |
| 쥐노래미 | 97.8 | 27.5 | 47.4 | 37.5 | 163.1 | 2039.2 | 526.9 |
| 조피볼락 | 261.1 | 0 | 281.8 | 0 | 0 | 163. 4 | 0 |

표-3에서와 같이 줄낚시로 어획한 쥐노래미와 조피볼락의 단위어획당 어획량은 2011년 봄과 2012년 봄철 각각 13.1배와 12.0배로 나타났으며, 2011년 봄철과 2012년 봄철 조피볼락의 단위어획당 어획량은 쥐노래미의 2.7배와 5.9배로 나타났다. 정치망의 경우 2012년 봄철 쥐노래미의 단위어획당 어획량은 2011년 봄철의 3.2배로 나타났고, 2011년 여름철 어획량은 2010년 여름철 어획량의 57.4배로 나타났다.

[표-4] The traits and growth equation of the captured fishes

| 종류 species | 조사시간 survey date | 수량/마리 number | 퍼센트 % percent | 체장/cm body length range | 체질량/g average body weight | 체장과 체질량의 관계 length – weight relationship | 계수 R |
|---|---|---|---|---|---|---|---|
| 쥐노래미 | 2010年6月 | 7 | 49.13 | 13.2~18. 0 | 67.00 | W=0. 0063 × L3.343 | 0.9626 |
| | 2011年4月 | 47 | 39.55 | 13.4~30.8 | 137.44 | W=0. 0318 × L2.824 | 0.9746 |
| | 2011年7月 | 255 | 90.41 | 13.0~31.5 | 162.53 | W=0. 0127 × L3.128 | 0.9588 |
| | 2012年5月 | 49 | 35.81 | 13.5~32.0 | 153.97 | W=0. 0188 × L3.022 | 0.9777 |
| 조피볼락 | 2011年4月 | 41 | 57.55 | 15.3~32.9 | 229.27 | W=0. 0429 × L2.84 | 0.9560 |
| | 2011年7月 | 16 | 7.13 | 12.0~22.0 | 204.20 | W=0. 0911 × L3.620 | 0.9674 |
| | 2012年5月 | 48 | 64.20 | 17.0~27.5 | 281.77 | W=0. 1481 × L2.459 | 0.9253 |
| 흰베도라치 | 2010年6月 | 7 | 12.05 | 13.5~16.5 | 16.44 | W=0. 0025 × L3.269 | 0.9577 |
| | 2011年4月 | 53 | 2.36 | 11.0~16.5 | 7.27 | W=0. 0021 × L3.100 | 0.9371 |
| | 2011年7月 | 2 | 1.37 | 3.0~13.0 | 31.28 | — | — |
| 황아귀 | 2010年6月 | 1 | 26.11 | 19.5 | 249.20 | — | — |
| 참가자미 | 2010年6月 | 3 | 12.71 | 14.00~15.0 | 40.43 | — | — |
| | 2011年4月 | 1 | 0.54 | 15.0 | 88.20 | — | — |
| | 2011年7月 | 1 | 0.16 | 18.0 | 72.00 | — | — |
| 쉬쉬망둑 | 2011年7月 | 3 | 2.17 | 27.5~32.0 | 331.32 | | |

표-4에서 나타나는 바와 같이 네 차례의 조사결과 쥐노래미와 조피볼락의 어획품질은 조사순서에 따라 각각 49.13%, 97.1%, 97.54%, 100%으로 나타났다. 2011년 여름과 2010년 여름 어획물의 개체 체질량을 비교한 결과 쥐노래미는 체질량이 1.43배 증가하였고, 조피볼락은 0.9배 증가하였으며, 참가자미는 0.78배 증가하였다. 2012년 봄철과 2011년 봄철 어획량의 개체 체질량을 비교한 결과 쥐노래미는 0.12배 증가하고 조피볼락은 0.23배 증가하였다. 2011년 7월과 2011년 4월의 개체 체질량을 비교한 결과 쥐노래미는 25.09g 증가하였고, 조피볼락은 25.07g 감소하였다. 2011년 4월부터 7월 3개월간 인공어초 어장의 쥐노래미 개체 체질량은 0.18배 증가한 반면에 조피볼락은 11% 감소하였다. 인공어초 어장의 집어효과 및 어족자원 육성에 관한 효과를 조사하기 위하여 2013년 8월 장즈섬 해양목장에 설치된 심수인공어초 어장과 인공어초를 설치하지 않은 수역에 대해 비교분석한 결과 정치망을 투하한 후 2시간이 지난 뒤 어획물 수량은 현저한 차이를 보였다. 인공어초를 설치하지 않은 수역에서 정치망을 투하 2시간 후에 그물을 건진 결과 4마리의 쥐노래미를 어획하였으나, 인공어초를 설치한 수역에서는 쥐노래미 72마리, 조피볼락 1마리를 어획하였다. 이처럼 인공어초를 설치한 수역의 어획량이 인공어초를 설치하지 않는 수역의 어획량의 18배에 달하였다. 또한 인공어초를 설치하지 않은 수역에서 어획한 쥐노래미의 평균 체장과 체질량은 각각 9.36cm와 25g, 인공어초를 설치한 수역에서 어획량 쥐노래미의 평균 체장과 체질량은 각각 21.69cm와 243g으로 나타났으며, 이는 인공어초를 설치하지 않은 수역에서 어획한 쥐노래미의 평균 체장과 체질량의 2.32배와 9.36배에 달한다.

## 2. 어획어종의 풍만도와 위 내용물에 대한 분석결과

풍만도는 어족자원 개체의[24] 풍만수준 및 해당 수역의 먹이 공급현황을 나타내는 지표의 역할을 한다.[25] 조사결과 조피볼락의 풍만도는 2.96 ±

0.08로 나타났고, 쥐노래미의 풍만도는 1.84±0.20으로 나타났으며, 흰베도라치는 0.79±0.27으로 나타났다(그림-2). 2012년 봄철과 2011년 봄철을 비교한 결과 쥐노래미의 풍만도는 큰 차이를 보이지 않았으나 조피볼락의 경우 풍만도가 6% 증가하였다. 2011년 여름철 쥐노래미의 풍만도는 2010년에 비교하여 15% 증가하였으며, 2011년 4월 흰베도라치의 풍만도는 2010년 6월에 비교하여 48.1% 감소하였다. 어류의 위 내용물에 대해 분석(특정 식물 성분의 위 내용물 전체에서 차지하는 비중)을 통해 어류의 식습관을 대략적으로 파악할 수 있었다. 2011년 4월에 정치망에 의해 어획된 30마리의 쥐노래미를 선정하여 위 내용물을 분석한 결과 인공어초 어장의 쥐노래미는 새우와 작은 물고기를 섭취한다는 사실을 알게 되었다. 실험대상 어류의 위 내용물 중 물고기와 새우 등이 나타나는 빈도는 76.6%였고, 패류는 43.3%, 기타 어종은 23.3% 순으로 나타났다.

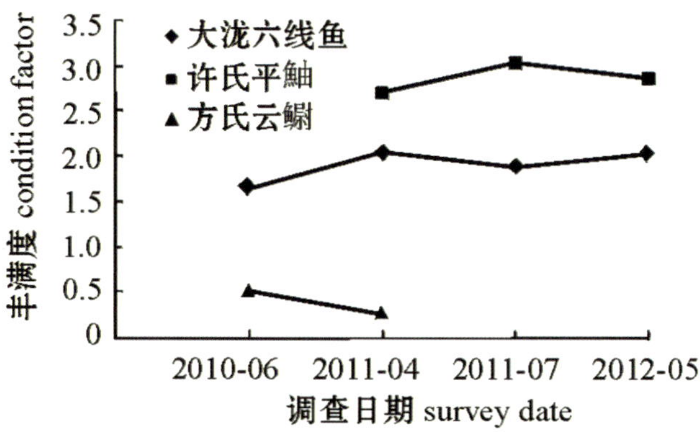


[그림-2] The profile of the condition factor distribution in the captured fishes

---

24) 张其永, 张雅芝. 闽南-台湾浅滩二长棘鲷食性的研究[J]. 海洋学报, 1983, 5(2): 349-362.
25) 王书磊, 姜志强, 苗治欧. 大连海区大泷六线鱼生物学指标的季节变化[J]. 水产科学, 2005, 24(5): 1-3.

## 3. 조피볼락의 성장특징 및 자원량에 대한 평가

### 1) 조피볼락의 평균 체장, 평균 체중 그리고 체장과 체중의 관계

2011년 7월, 2012년 5월 대련 장즈섬 인공어초 어장에서 줄낚시로 어획한 조피볼락 67마리를 실험대상으로 당해 수역에서 서식하는 조피볼락의 평균체장과 체중으로 측정하였다. 그 결과 실험대상 조피볼락의 군체체장의 범위는 120–280mm였고, 평균치는 207.6mm이었다. 그 중 가장 우월한 체장은 180–209mm와 210–239mm로 나타났는데 조사대상 조피볼락 총량의 77.6%가 이에 부합되었다. 조피볼락 군체 체중범위는 58–653g이었고 평균치는 268g이였으며, 대부분의 조사대상 어류는 200–299g의 범위에 속하였고 이는 군체 총량의 4.3%에 달하였다.

샘플 채취한 67마리의 조피볼락 중에서 성별을 확인할 수 있는 개체는 49마리였다. 공분산분석(nalysis of covariance)의 결과 암컷과 수컷 간의 체장과 체중의 차이가 크지 않았다($P=0.12>0.05$). 이에 따라 체장과 체중의 관계는 암컷과 수컷을 구분하지 않고 모든 어종에 대해 평가하였는데 체장과 체중의 관계를 나타내는 식은 아래와 같다.

$$W=4\times10^{-5}L^{2.92}(R^2=0.862,\ n=67)$$

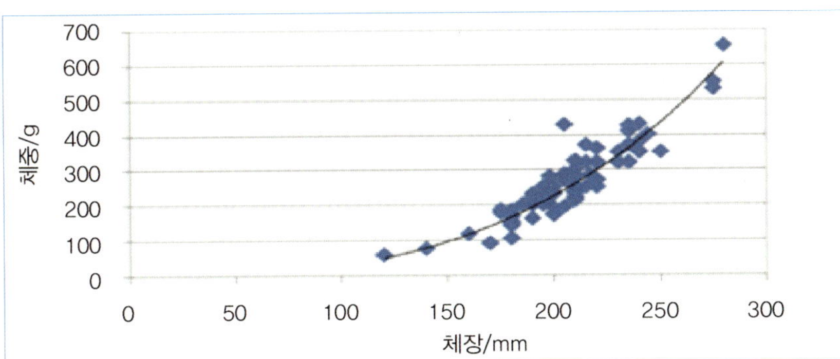


[그림-3] The relationship between weight and length of *Sebastes schlegeli*

## 2) 조피볼락 체장과 체중 성장방정식 및 순간 성장속도

장즈섬 인공어초 어장에서 서식하는 조피볼락의 체장에 관한 데이터를 바탕으로 조피볼락의 체장성장 방정식과 체중성장 방정식을 구하고자 한다. 10mm 간격으로 구분하여 통계하고 Shepherds Method방법을 이용하여 Von Bertalanffy 방정식 성장계수를 계산한다. 여기서 성장곡률(曲率) k값은 $0.21a^{-1}$이고 최대 점진 체장 $L_\infty$은 412.5mm이고, 이론적 초기 연령 $t_0$은 -0.65a이고, 체장과 체중의 관계를 나타내는 $W_\infty$은 1734.2g이다. 이에 따라 장즈섬 인공어초 어장의 조피볼락의 성장방정식을 계산할 수 있다.

- 체장방정식: $L_t=412.5\times[1-e^{-0.21(t+0.65)}]$
- 체중방정식: $W_t=1734.2\times[1-e^{-0.21(t+0.65)})]^{2.92}$
- 체장성장방정식: $L_t=412.5\times[1-e^{-0.21(t+0.65)}]$
- 체장성장속도방정식: $dL_t/dt=86.6\times e^{-0.21(t+0.65)}$
- 체중성장방정식: $W_t=1734.2\times[1-e^{-0.21(t+0.65)}]^{2.92}$
- 체중성장속도방정식: $dW_t/dt=1063.4\times e^{-0.21(t+0.65)}\times[1-e^{-0.21(t+0.65)}]^{1.92}$

나아가 체장 및 체중성장속도방정식에 근거하여 연령별 체장성장속도와 체중성장속도에 관한 곡선을 그릴 수 있다(그림-4). 그림-4에서 보듯이 체장성장속도는 연령이 커짐에 따라 속도가 점차 떨어지는 추세를 보이고 있고 체중성장속도는 연령이 커짐에 따라 점차 증가하고 있는 추세를 보이며 162.8g/a에서 최고점을 찍은 후 점차 감소하는 추세를 보이고 있다. 체중성장속도가 빠름에서 느림으로 전환하는 시점, 즉 체중성장 전환 연령을 계산하는 식은 아래와 같다.

$$d^2W_t/dt^2=0$$

여기서 체중성장 전환 연령을 나타내는 t는 4.45세를 나타내며 체장과 체중은 각각 271.2mm과 509.4g이다.

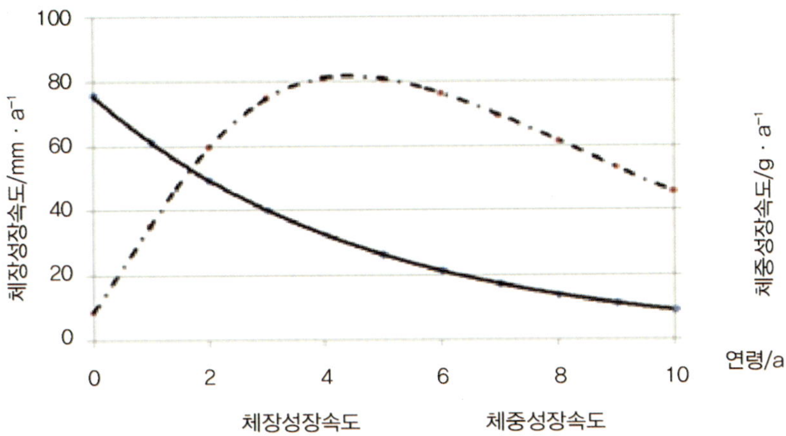


[그림-4] The growth curve of body length and body weight

### 3) 조피볼락 순간 어획 사망계수(瞬时捕捞死亡系数) 및 자원량 평가

조피볼락의 체장변화를 나타내는 곡선은 아래 그림-5와 같다. 본 연구는 선형회귀분석(linear regression)방법을 이용하여 조사대상 어류 체장을 분석하였으며 그에 관한 식은 아래와 같다.

$$\ln(N/\triangle t) = -0.98t + 8.222$$

여기서 관련 계수 R은 -0.8094이며, 방정식의 경사도(斜率)는 -0.98이다. 이에 따라 계산한 순간 총 사망률 Z의 값은 0.98이고, 순간 어획 사망률 F를 나타내는 식은 아래와 같다.

$$M \approx 0.2646a^{-1}$$

$$F = Z - M = 0.7154a^{-1}$$

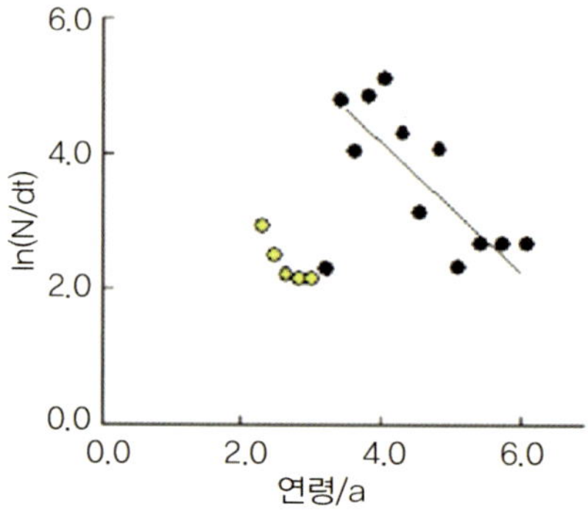


[그림-5] The body length catch conversion curve

조피볼락의 체장빈도 데이터에 근거하여 계산한 최대 체장 시 순간 어획 사망률 $F_t$는 0.7154$a^{-1}$이고, 최근 장즈섬 인공어초 어장에서 서식하는 조피볼락의 생산량 통계 데이터를 바탕으로 샘플 채취량을 조피볼락 연간 생산량의 1/1000로 산정하고, 체장 스톡분석방법과 FISAT Ⅱ 프로그램을 이용하여 장즈섬 인공어초 어장의 조피볼락 자원량이 대략 124.7만 마리라는 결과를 얻게 되었는데 이는 약 456.8t에 해당한다.

## 4. 쥐노래미의 성장특징과 자원량 평가

### 1) 쥐노래미의 성장 변화

통계자료에 따르면 매번 조사한 쥐노래미의 평균 체장과 평균 체중은 시간이 흐름에 따라 증가하는 추세를 나타냈다(그림-6). 평균체장은 인공어초 투하 전 159.6mm에서 223.3mm까지 증가하였고, 평균 체중은 인공어초 투하 전 64.18g에서 205.83g까지 증가하였다. 쥐노래미의 우세 체장은 인공어초 투하 전 121-160mm에서 인공어초 투하 이후에는 201-240mm로 증가하였으며, 시간의 흐름에 따라 체장 우세 개체군이 보다 높은 값으로 이동하는 추세를 나타냈다. 또한 우세 체중 개체군은 인공어초 투하 전에 비교하여 ≤40 g

증가된 161–200g이며, 시간의 흐름에 따라 체중 우세 개체군이 보다 높은 값으로 이동하는 추세를 보임과 동시에 조사대상 어종의 체중 변화가 크게 나타났다. 이는 인공어초 투하로 인해 어장구역에서 서식하는 조사대상 어종의 위장 포만감이 대체적으로 높다는 것을 의미한다.

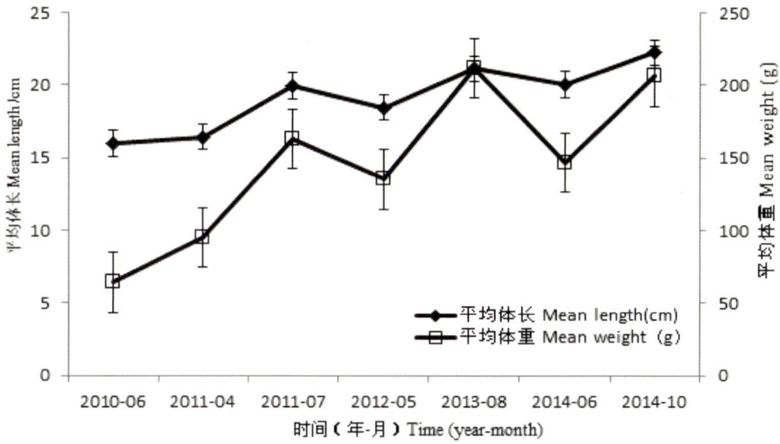


[그림–6] The changes of average body length and weight with time in artificial reef area

## 2) 쥐노래미의 체장과 체중 간의 관계 및 성장방정식

2010년 6월 인공어초 투하 전의 조사결과와 인공어초 투하 이후 2011년 4월, 2011년 7월, 2012년 5월, 2013년 8월, 2014년 10월 등 6 차례에 걸친 조사결과를 이용하여 장즈섬 인공어초 어장에서 서식하는 쥐노래미의 체장과 체중에 대한 관계를 멱함수(幂函数)로 표시하는 식은 아래와 같다.

$W_t=1\times10^{-5}L_t^{3.0363}$[r=0.9505, n=584]

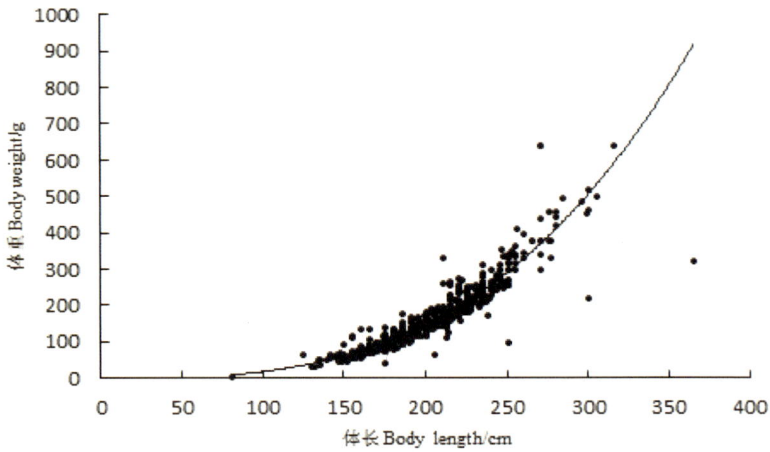


[그림-7] The relationship between body length and body weight of *Hexagrammos otakii*

쥐노래미 체장에 대한 여러 차례 조사결과에 근거하여 체장을 1cm간격으로 구분하여 체장 구성 분포도를 산출하였다(그림-8). 가로좌표는 조사시간을 나타내고, 세로좌표는 체장을 나타낸다. 그림-8은 여러 차례 조사 결과 쥐노래미 체장군의 분포 빈도를 나타낸다. 본 연구는 ELEFAN I 방법을 이용하여 인공어초 어장에서 서식하는 쥐노래미의 체장별 데이터에 대해 분석한 결과 Von Bertalanffy 성장계수 K값은 0.26/a로 나타났고, 최대 점진 체장은 421.1mm이고, 이론적 초기 연령 $t_0$은 -0.52a이며, 체장과 체중의 관계를 나타내는 식을 통해 계산한 최대 점진 체중 $W_\infty$은 929.9g이다. 이처럼 체장과 체중의 관계로부터 추정한 성장방정식은 아래와 같다.

체장방정식: $L_t=421.1\times[1-e^{-0.26(t+0.52)}]$

체중방정식: $W_t=929.9\times[1- e^{-0.26(t+0.52)}]^{3.04}$

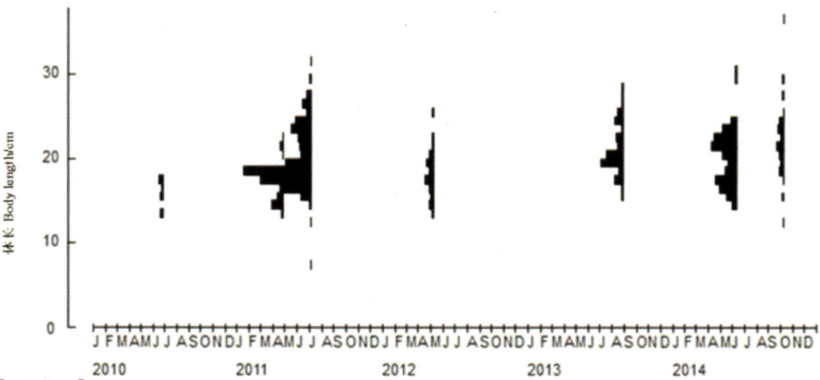


[그림-8] Body length distribution of *H.otakii* estimated by ELEFAN I based on the data from 2010 to 2014 in the deep artificial reefs area of Zhangzi Island

### 3) 쥐노래미의 성장속도 및 전환 연령

나아가 체장 및 체중성장방정식에 근거하여 연령별 체장성장속도와 체중성장속도에 관한 곡선을 그릴 수 있다(그림-9). 그에 관한 방정식은 아래와 같다.

체장성장속도방정식: $dL_t/dt=109.49\times e^{-0.26(t+0.52)}$

체중성장속도방정식: $W_t/dt=734.09\times e^{-0.26(t+0.52)}\times[1-e^{-0.26(t+0.52)}]^{2.04}$

[그림-9]에서 알 수 있는바 연령별 쥐노래미의 체장성장속도는 연령이 커짐에 따라 성장속도가 떨어지는 추세를 보이고 있으며, 체중성장속도는 연령이 커짐에 따라 성장속도가 점차 증가하는 추세를 보이고 최대치에 이른 후 점차 감소하는 추세를 보이고 있다. 여기서 체중 증가속도가 1세의 경우 50.39g/a이며, 2세는 85.54g/a, 3세는 103.53g/a, 4세는 106.71g/a, 5세는 100.36g/a, 6세는 89.10g/a, 7세는 76.10g/a, 8세는 63.29g/a, 9세는 51.63g/a이다.

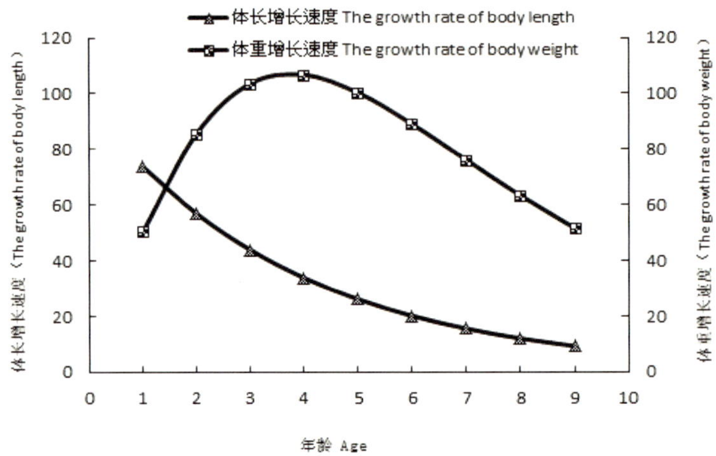


[그림-9] The growth curve of *Hexagrammos otakii* in artificial reef

조사대상 어종인 쥐노래미의 최대 체중성장속도를 나타내는 연령을 계산하는 식은 아래와 같다.

d2Wt/dt2=0

$$d^2 W_t/dt^2=190.87\times e^{-0.26(t+0.52)}\times[1-e^{-0.26(t+0.52)}]^{2.04}\times(3.04\,e^{-0.26(t+0.52)}-1)=0$$

t=3.75a 또는 -0.52a

여기서 -0.52a는 생물학적 의의를 가지지 않으며, 전환 연령을 나타내지도 않는다. 이에 따라 3.75a가 체중성장의 전환 연령을 나타내며 이에 해당하는 체장과 체중은 각각 28.24cm, 275.87g이다.

#### 4) 쥐노래미의 총 순간 사망률 및 자원량 평가

본 연구는 Beverton-Holt[26] 계산식 (4)에 근거하여 쥐노래미의 총 사망

계수를 계산하였다. *K*, *L∞*,, *L*가 각각 0.26/a, 42.11 cm, 19.93 cm, 8 cm일 경우 Z는 0.483/a이다.

본 연구는 체장 스톡분석방법[27][28][29][30](Length based Cohort Analysis, LCA)을 이용하여 조사대상 쥐노래미 체장 구성에 대한 데이터에 대해 분석함으로써 같은 세대 어종군체의 체장 구성을 파악하게 되었다. 여기서 최대 체장 어종군체의 자원 개발률을 50%로 정하고,[31] 어획 사망률 Ft는 0.25/a로 정하였다(Ft=M=0.25/a). 나아가 FISAT Ⅱ 프로그램 중 Length-Structure Virtual Population Analysis (VPA)를 이용하여 장즈섬 심수인공어초 어장의 쥐노래미 자원량을 계산한 결과 그 값은 973.47만 마리로 나타났다. 해당 수역에서 샘플을 채취하여 조사 · 분석한 결과 샘플 채취한 어종의 평균 체중은 161.44g이며, 생물량은 약 1571.6t에 달한다.

## Ⅳ. 평가

### 1. 어족자원 조성에 관한 전반적 효과

장즈섬 해양목장에 설치된 인공어초 어장의 어족자원 조성 효과에 대해 조사하기 위하여 2010년 6월, 2011년 4월과 7월, 2012년 5월 등 네 차례에

---

26) 薛正楷, 何学福. 黑尾近红鲌的比例性状, 长质量关系和丰满度[J]. 西南师范大学学报, 2002, 27(5): 811-815.
27) JONES, R. Assessing the long-term effects of changes in fishing effort and mesh size from length composition data [J]. ICES CM, 1974, 33 : 1-13.
28) Jones R. An analysis of a Nephrops stock using length composition data[J]. Rapp Pv Réun Cons Int Explor Mer, 1979, 175:259-269.
29) JONES, R. The use of length composition data in fish stock assessment (with notes on VPA and Cohort analysis) [R]. Rome: FAO Fish Circ, 1981(734): 1-60.
30) JONES, R. Assessing the effects of changes in exploitation pattern using length composition data [R]. Rome: FAO Fish Tech Pap, 1984 : 1-256.
31) 詹秉义. 渔业资源评估[M]. 北京:中国农业出版社, 1995.

걸쳐 자원조사를 시행했다. 전술한 네 차례의 자원조사 결과 총 6종의 어종이 어획되었는데 이에는 쥐노래미, 조피볼락, 흰베도라치, 황아귀, 참가자미, 쉬쉬망둑이 포함된다. 그 중 2011년 7월 어획한 쥐노래미의 수량이 네 차례 자원조사 중에 가장 많았고, 2012년 5월 어획한 조피볼락의 수량이 네 차례 자원조사 중에 가장 많았다. 네 차례의 자원조사 중 어획된 주요 어종 중 총어획량은 쥐노래미, 조피볼락, 흰베도라치의 순으로 나타났으며, 주요 경제성 어종에는 쥐노래미와 조피볼락이 포함된다. 2012년 봄철은 2011년 봄철에 비교하여, 2011년 여름은 2010년 여름에 비교하여 어획된 어류의 개체 체질량이 현저히 증가하였다. 2011년 4월과 7월 쥐노래미 개체 체질량이 현저히 증가하였는데 이는 종족번식을 위한 번식기와 월동을 위한 열량저축이 주된 원인으로 파악된다. 조피볼락은 봄철에 번식을 완성하고 여름철은 체질량 회복과 증가에 적합한 최적의 기간으로 나타났다. 이처럼 계절별 어종의 체질량 변화가 서로 다르게 나타나고 있으며, 이는 인밍청(殷名称)[32]의 주장과 유사하다. 안융의창(安永义畅),[33] Hooher,[34] Ilanna[35] 등 학자의 연구결과에 의하면 인공어초 어장의 해양생물은 주변 어류를 모으는 집어효과, 자원 보존과 조성효과가 뛰어난 것으로 나타나고 있다. 장즈섬 해양목장에 인공어초를 설치함으로써 주변 어류들이 서식에 적합한 환경을 조성함으로써 쥐노래미와 조피볼락 등 암초 주변에 서식하는 어류의 자원량이 증가하였고 어군 개체 체질량 또한 현저히 증가하였다.

---

32) 殷名称. 鱼类生态学[M]. 北京: 中国农业出版社, 1995: 236-244.

33) 安永义畅, 乃万俊文, 日向野純也 等. 並型人工魚礁における環境変動と魚群生態[J]. 水産工学研究所研究報告, 1989, 10(1):1-35.

34) Hooher J R, Dokken Q R, Pattengill C V, et al. Fish assemblages on artificial and natural reefs in the Flower Garden Banks National Marine Sanctuary, USA[J]. Coral Reefs, 1997(16):83-93.

35) Ilanna R Z, Novelli R, Marcelo P G, et al. Experimental results of an artificial reef programme on the Brazilian coast of Rio de Janeiro [J]. ICES Marine Science Symposia, 2002, 217:S85-S87.

이번 자원조사 결과 장즈섬 인공어초 어장에 대한 정치망 어획물은 줄낚시 어획물에 비교하여 어족자원 종류가 3배에 달한다. 반면에 줄낚시로 어획한 쥐노래미의 개체 체질량과 체장은 정치망으로 어획한 쥐노래미의 1.21배와 1.18배에 달한다. 줄낚시로 어획한 조피볼락의 개체 체질량과 체장은 정치망으로 어획한 쥐노래미의 1.25배와 1.10배에 달한다. 정치망은 줄낚시에 비해 어획선택성이 높으며 어획물의 품질이 높기에 인공어초 어장의 조업에 적합하며, 줄낚시의 CPUE는 봄철에 비해 여름철에 보다 높게 나타났다. 조피볼락의 식성이 아주 뛰어나 쥐노래미에 비교하여 줄낚시 성공률이 높으나, 쥐노래미는 정치망과 줄낚시 등 두 가지 어구의 어획물에 균등한 빈도로 나타내고 있는데, 이는 쥐노래미가 인공어초 어장에서 쉽게 어획할 수 있는 어종이기 때문이다. 인공어초 어장에 대한 조사결과 줄낚시와 정치망은 같은 계절 CPUE가 증가하는 추세를 나타나고 있으며 주요 경제성 어종의 자원량 또한 증가하는 추세를 보이고 있는데 이는 인공어초 어장환경이 어족자원의 성장에 적합한 환경임을 입증한다. 줄낚시에 적합한 매년 4월에서 11월 기간에는 봄철에 관광·레저어업을 추진하는 것이 타당한 것으로 나타났다.

2011년 4월과 7월 자원조사 결과 체질량이 200g 이상인 쥐노래미 수량의 격차가 작게 나타나고 있으며, 100-200g 쥐노래미 수량은 여름철에 비교하여 봄철에 현저하게 증가하였다. 2011년 및 2012년 봄철에 수행한 자원조사에 의하면 체질량이 400g이상인 조피볼락의 수량 격차가 낮게 나타났으며, 200-400g 구간의 조피볼락의 수량 격차는 현저하게 나타났다. 인공어초 어장에서의 쥐노래미 어군에 대한 조사결과 2011년 봄부터 여름까지 체질량이 현저하게 증가하였으며 2012년 봄철 쥐노래미와 조피볼락의 개체 체질량은 2011년에 비교하여 현저히 증가하였다. 장즈섬 해양목장에 인공어초 어장을 설치한 이래 어류의 서식환경이 개선되었으며 이로 인해 어류의 성장을 촉진하게 되었다. 이와 관련하여 중산해역(中山海域)에 대한 천피마우(陈丕茂)[36]

36) 陈丕茂. 中山海域浮式人工鱼礁效果研究[J]. 热带海洋学报, 2005, 24(3):85-89.

의 연구결과, 하이쩌우만(海州湾)에 대한 짱후(张虎)[37]의 연구결과, 썬쩐양메이커엉해역(深圳杨梅坑海域)에 대한 쓰광제에(斯广杰)[38]의 연구결과가 본 연구에서 인공어초 어장환경의 조사결과와 유사하며, 인공어초 플로우 리드(流场) 효과가 어류 위집효과에 영향을 미친다는 결론을 도출하였다.[39]

기존의 연구논문 중 Von Bertalanffy 성장방정식의 a와 b에 대해 생물학적 의의를 부여한 예가 존재한다.[40] Brown은 지수 b를 2.5－4.0으로 산정하고, 어류의 체장, 체고, 넓이가 같은 속도로 증가하고 비율이 변화하지 않는다고 가정할 경우 b의 값은 3에 가깝다는 결론을 내렸다.[41] Von Bertalanffy 성장방정식을 통해 분석한 결과 쥐노래미의 멱지수(幂指数) b의 값이 3에 가까운 추세를 보이고 있으며, 조피볼락과 흰베도라치의 멱지수(幂指数) b의 값 또한 3 주변에 분포되어 있으며, 조사대상 해역의 주요 어류도 균등한 속도로 성장하는 현상을 보였다. 2012년 5월에 어획한 조피볼락의 멱지수(幂指数) b의 값은 2.46으로 나타났다. 5월은 조피볼락의 번식시기로 멱지수(幂指数) b의 값이 정상수치보다 약간 낮은 수준으로 나타났는데 이는 어류의 생리적 활동의 영향을 받아 나타난 현상으로 판단된다. 2011년 7월 조피볼락의 멱지수(幂指数) b의 값은 정상수치 범위 내에 있었다. 인공어초 어장에서 어획한 주요 어류는 어종별 풍만도의 차이가 현저하게 나타났는데, 이는 조피볼락> 쥐노래미> 흰베도라치의 순으로 나타났다. 인공어초 어장의 주요 경제성 어종의 풍만도를 나타내는 수치는 대체적으로 증가하는 추세를 보였으나 흰베도라치의 풍만도는 떨어지는 추세를 보였는데 이는 성장환경의 영향을

---

37) 张虎, 朱孔文, 汤建华. 海洲湾人工鱼礁养护资源效果初探[J]. 海洋渔业, 2005, 27(1):38-43.
38) 斯广杰, 陈丕茂, 杜飞燕 等. 深圳杨梅坑人工鱼礁区投礁前后大型底栖动物种类组成的变化[J]. 大连海洋大学学报, 2010, 25(3):243-247.
39) 李晓磊, 栾曙光, 陈勇 等.立方体人工鱼礁背涡流的三维涡结构[J].大连海洋大学学报, 2012, 27(6):572-577.
40) 华元渝, 胡传林.鱼种重量与长度相关公式的生物学意义及其应用[C].鱼类学论文集(第一辑), 1981:125-131.
41) Ricker W E. Computation and interpretation of biological statistics of fish population[R]. Ottawa: Bull Fish Res Board Can, 1975.

받은 것으로 판단된다.[42] 인공어초 어장에서 어획한 쥐노래미의 위 내용물을 확인한 결과 새우와 물고기의 출현 빈도가 높게 나타났으며 이는 패류의 1.8배에 달한다. 이로부터 쥐노래미는 몸집이 작은 새우와 물고기를 즐겨 먹는다는 것을 알게 되었다. 인공어초의 설치로 인해 작은 물고기와 새우의 서식처와 피난처를 제공함과 더불어 이를 먹이로 하는 어류의 집어효과로 인해 생존의 위기감을 갖게 된다. 이에 따라 인공어초 시설어장을 설치함에 있어서 해역의 실제 상황에 근거하여 다양한 종류의 어초시설을 투하함으로써 인공어초 어장의 친환경적 생태계를 조성할 수 있도록 노력을 기울여야 할 것이다.

## 2. 쥐노래미의 성장 특징

Ricker[43]은 체장과 체중 간의 관계식 중 멱지수(幂指数)b의 값은 3이고, 어류의 체장, 체고, 넓이가 균등한 속도로 성장한다는 결과를 도출하였다. 계산식의 결과로 쥐노래미의 멱지수(幂指数) b의 값은 3에 가까운 수치이나 3과 같지 않으며, 쥐노래미의 체장, 체고, 넓이 등 3개의 요소가 균등한 속도로 성장한다는 것을 알게 되었다. 멱지수(幂指数) b의 값이 일정한 경우 관계식 중의 a의 값은 어류 성장환경의 우열을 나타낸다. 본 연구의 분석결과에 의하면 인공어초 시설어장 쥐노래미의 a의 값은 $1\times10^{-5}$이고, 이는 쑨웬웬(孙远远)[44]의 하이쩌우만(海州湾) 및 주변해역 쥐노래미의 a값 $4.23\times10^{-6}$ 보다 크게 나타났다. 찌둥핑(纪东平)[45]의 연구논문에 의하면 룽성리섬(荣成俚岛) 주변해역에 서식하는 노래미(斑头鱼)와 쥐노래미에 대한 조사결과 a값은 $7.0\times10^{-6}$ 로 나타났으며, 류우치(刘奇)[46]의 연구논문 중 북황해 따롄 쥐노래

42) 田涛, 陈勇, 陈辰 等. 獐子岛海洋牧场海域人工鱼礁区投礁前的生态环境调查与评估[J]. 大连海洋大学学报, 2014, 29(1):75-81.

43) Ricker W E. Computation and interpretation of biological statistics of fish population[R]. Ottawa: Bull Fish Res Board Can, 1975.

44) 孙远远, 咎肖肖, 徐宾铎 等. 海州湾及邻近海域大泷六线鱼的生长, 死亡和最适开捕体长研究[J]. 中国海洋大学学报, 2014, 44(9):46-52.

45) 纪东平. 荣成俚岛斑头鱼和大泷六线鱼的渔业资源生物学研究[D]. 青岛:中国海洋大学, 2014.

미의 a값은 $2\times10^{-5}$ 로 나타났다. 이로부터 장즈섬 심해인공어초 어장은 쥐노래미의 성장환경 개선에 있어서 상당한 역할을 한 것을 알 수 있다. 체중성장의 전환 연령과 세대성장의 임계연령의 크기는 어류 개체와 어군이 빠르게 성장하는 기간의 길이를 나타낸다.[47] 본 연구의 계산결과에 의하면 인공어초 시설어장 쥐노래미의 전환연령이 3.75a로 예칭(叶青)[48]의 연구에 의한 3.14a, 펑쏘우씬(冯昭信)[49]의 연구에 의한 3.6a, 쑨웬웬(孙远远)[50]의 연구에 의한 2.89a 보다 크게 나타났다.

쥐노래미의 경우 1a에서 3.75a 사이의 구간에서 체중증가 속도가 점차 떨어지는 것으로 나타났으며 3.75a가 체중성장의 전환 연령으로 3.75a를 초과한 시점부터 체중의 증가속도가 점차 떨어진다. 본 연구의 계산에 의하면 장즈섬 심해인공어초 어장의 쥐노래미 임계연령은 4.96a로 계산되었는데 이는 같은 세대 어종의 일회성 어획에 있어서 생물량이 최고의 연령에 달하는 것으로 판단된다.

다시 말하자면 최대 생산량을 어획할 수 있는 연령을 나타낸다. 펑쏘우씬(冯昭信)[51]의 연구에 의하면 쥐노래미의 번식능력이 비교적 낮으며 자원량 또한 적은 관계로 어족자원이 파괴되는 경우 회복이 어려운 것으로 나타난다. 인공어초 시설어장을 설치함으로써 장즈섬 주변해역 쥐노래미의 성장환경이 대폭 개선되었으며 어초시설이 어류의 서식지를 제공함으로써 자원 증대의 효과를

---

46) 刘奇, 王亮, 高天翔 等.北黄海大泷六线鱼主要生物学特征比较研究[J].中国海洋大学学报, 2009, 39(S):13-18, 24.

47) 尹增强, 章守宇, 汪振华 等. 浙江嵊泗人工鱼礁区小黄鱼生长特征与资源合理利用的初步研究[J]. 中国生态农业学报, 2010, 18(3):588-594.

48) 叶青. 青岛近海欧氏六线鱼(*Hexagrammos otakii* J & S)年龄和生长的研究[J]. 青岛海洋大学学报, 1993, 23(2):59-68.

49) 冯昭信, 韩华. 大泷六线鱼资源合理利用的研究[J]. 大连水产学院学报, 1998, 13(2):24-28.

50) 孙远远, 昝肖肖, 徐宾铎 等. 海州湾及邻近海域大泷六线鱼的生长, 死亡和最适开捕体长研究[J]. 中国海洋大学学报, 2014, 44(9):46-52.

51) 冯昭信, 韩华. 大泷六线鱼资源合理利用的研究[J]. 大连水产学院学报, 1998, 13(2):24-28.

가져올 수 있다. 이에 따라 인공어초 시설어장의 설치는 장즈섬 심해해역의 중요한 공정으로 어류 어군수량의 복구와 생물다양성 확보에 있어서 긍정적인 역할을 할 것으로 기대된다.

## 3. 인공어초 시설어장 내 쥐노래미의 합리적인 이용 대책

쥐노래미의 성장특징을 보면, 인공어초 시설어장의 쥐노래미는 전환 연령을 넘긴 이후 어획하는 것이 효과적이며, [52] 어종의 세대 생물학적 시각에서 접근하자면 임계연령이 최적의 어획 연령으로 판단된다.[53] 본 연구의 계산에 의하면 쥐노래미의 최적 어획연령은 3.73a-4.96a로 나타났으며, 그에 해당하는 체장(또는 체중)은 281.6mm-319.8mm(273.7g- 402.9g)으로 나타났다. 본 연구결과는 펑쏘우씬(冯昭信)[54]의 쥐노래미 어획규격은 최소체장은 200mm, 최소체중은 190g이라는 연구결과보다 크게 도출되었다. 이는 인공어초 시설의 투하로 인해 쥐노래미의 성장환경이 개선되었다는 점을 의미하며 인공어초 시설이 어류에게 풍부한 먹이를 제공함으로써 당해 수역에서 서식하는 어류의 체장과 체중이 인공어초 시설어장을 설치하지 않은 수역의 어류보다 크게 나타났다. 이에 따라 인공어초 시설어장의 어류에 대한 최적의 어획체장과 체중이 보편적으로 크게 나타난 것으로 이해할 수 있다. 아울러 인공어초 시설어장의 설치는 체형이 큰 어류들이 먹이를 찾고 서식하기 위해 위집하고 있었다. 또한 인공어초 시설어장의 조사대상 어종의 자원량, 인공어초 상황 및 주변해역 제반 상황을 종합적으로 고려하여 어획량을 산정하여야 한다. 쥐노래미는 2a부터 성성숙기에 접어들어 3a가 될 무렵 대부분 어류가 성숙하

52) 常剑波, 孙建贻, 段中华 等. 网湖似刺鳊鮈种群生长和死亡率研究[J]. 水生生物学报, 1994, 18(3):230-239.

53) 尹增强, 章守宇, 汪振华 等. 浙江嵊泗人工鱼礁区小黄鱼生长特征与资源合理利用的初步研究[J]. 中国生态农业学报, 2010, 18(3):588-594.

54) 冯昭信, 韩华. 大泷六线鱼资源合理利用的研究[J]. 大连水产学院学报, 1998, 13(2):24-28.

게 되며, 어획 개시연령은 3a이상으로 정하고 3a이하의 쥐노래미는 어획에 부적합하며 중점 보호의 대상으로 산정한다. FISAT Ⅱ상 체장 스톡분석법을 이용하여 인공어초 시설어장의 쥐노래미 자원량이 대략 1571.6t에 달한다는 결과를 산출하게 되었는데 이는 어족자원 관리에 필요한 데이터를 제공하게 된다.

## 4. 조피볼락 어족자원의 합리적인 이용 대책

어류의 체장과 체중은 성장의 중요한 지표가 된다. 따렌 장즈섬 인공어초 시설어장의 조피볼락은 체장이 120-280mm이고 평균체장은 207.6mm이며 평균체중은 268g이다. 어류의 규격이 전반적으로 작게 나타나고 치어 수량이 많다. 이러한 결과가 나타나게 된 원인은 인공어초의 투하로 인해 해수의 수직 혼합이 일어나게 됨으로써 부유생물 조성 효과가 뛰어나 풍부한 먹이를 제공하고, 사람에 의한 어획이 줄어듬으로 인해 조피볼락의 번식능력이 향상되었기 때문이다. 인공어초 시설어장의 관리부서의 가장 큰 관심사항은 당해 수역 어족자원의 지속가능한 개발이므로 인공어초 시설어장에서 서식하는 조피볼락의 어획규격과 어획량은 효율적이고 과학적으로 산정하는 것이 지속가능한 개발을 실현할 수 있는 근간이 된다.

첫째는 어획규정의 산정이다. 생물학적 시각에서 접근하자면 조사대상 어종의 개체 성장 잠재력을 확보하여야 하고, 당해 어종의 세대생물량의 변화도 고려하여야 한다. 단순히 어종의 개체성장 잠재력을 고려한다면 최적의 어획연령은 전환연령 이후로 산정하여야 하나 세대생물량의 변화를 고려할 경우 임계연령을 최적의 어획연령으로 산정하여야 한다. 이유 인즉 임계연령에 처한 어종의 세대생물량이 가장 크기 때문이다. 그러나 인공어초 시설어장을 관리하는 행정부서에서 실제상황에 근거하여 어획시간을 확정할 경우 자연사망으로 인한 어족자원 손실을 최소화할 수 있기에 실제 어획연령은 임계연령보다 작게 나타난다. 조피볼락에 대한 전환연령 및 임계연령에 대한 계산결과 최적의 어획연령은 4.45-4.84a이며 조업 중에는 체장 또는 체중으로 이를 판단할 수 있다. 즉 조피볼락의 최적 어획 체장은 271.2-281.7mm, 체중은 509.4-569.5g이다. 둘째는 어획량의 산정이다. 기존의 자원량과 주변해역 상태를 종합적으로 고려하여 최적의 어획량을 산정하여야 하는데 본 연구에 의하면 조피볼락의 자원량은 456.8t으로 최대 지속가능한 생산량(MSY)의 생물량(1/2B0)을 확정하기 위한 식은 아래와 같다.

FMSY=M

MSY=FMSYBMSY=0.5MK=0.5MB0

MSY=0.5MB0=0.5×0.2646×456.8=60.43t

여기서 최대 지속가능한 생산량 MSY의 값은 60.43t으로 산출되었으며 이는 장즈섬 인공어초 시설어장 관리에 필요한 중요한 데이터로 사용할 수 있다.

# 참고문헌

[1] And F. Review of the state of world marine fishery resources[J]. Fao Fisheries Technical Paper, 1994, 335:73-79.

[2] Csirke J, Garcia S M. Marine Fishery Resources, Global State of[J]. Encyclopedia of Ocean Sciences, 2009:576-581.

[3] 王世表, 宋怿, 李平等. 我国渔业资源现状与可持续发展对策[J]. 中国渔业经济, 2006(1): 24-27.

毕士川, 黄冬梅. 我国近海渔业资源可持续发展问题分析与建议[J]. 中国水产, 2005(4): 75-77.

[4] Bapat S V, Deshmukh V M, Krishnamoorthi B, et al. Fishery resources of the Exclusive Economic Zone of the northwest coast of India[J]. BULLETIN OF THE CENTRAL MARINE FISHERIES RESEARCH INSTITUTE: 1-86 No. 33, 1982.

[5] Food and Agriculture Organization of the United Nations FAO. Inland Water Resources and Aquaculture Service. Fishery Resources Division. Review of the state of world aquaculture.[J]. 1997, 886(886 Rev. 1).

[6] 张国胜, 陈勇, 张沛东等. 中国海域建设海洋牧场的意义及可行性[J]. 大连水产学院学报, 2003, 18(2): 141-144.

[7] 孙书贤. 建设海洋牧场发展新型生态渔业[J]. 海洋开发与管理, 2005, 22(6): 81-83.

[8] 荻野静也.日本における鱼礁の漁獲効果について[C]//東京: 國際間の海洋科學技術協會. 水産生物生息場 造成ならびに沿岸開發に関する日米シンポジウム講演集, 1991, 10:63-67.

[9] Pitcher T J, Watson R, Haggan N, et al. Marine reserves and the restoration of fisheries and marine ecosystems in the South China

Sea[J]. Bulletin of Marine Science, 2000, 66(3):543-566.
Yang L, Liu T, Huang R. Origin and History of Artificial Fish Reef[J]. Modern Fisheries Information, 2005.

[10] 陈勇, 于长清, 张国胜 等. 人工鱼礁的环境功能与集鱼效果[J]. 大连海洋大学学报, 2002, 17(1):64-69.

[11] 薛正楷, 何学福.黑尾近红鲌的比例性状, 长质量关系和丰满度[J]. 西南师范大学学报, 2002, 27(5): 811-815.

[12] 张其永, 张雅芝. 闽南-台湾浅滩二长棘鲷食性的研究[J]. 海洋学报, 1983, 5(2): 349-362.

[13] 费鸿年, 张诗全. 水产资源学[M]. 北京:中国科学技术出版社, 1990.

[14] FAO. Fish stock assessment tools [EB/OL]. [2009-11-10]. http://www.fao.org/ fi/oldsite/STATIST/ fisat/ index. htm.

[15] Pauly D. Fish Population Dynamics in Tropical Waters: A Manual for Use with Programmable Calculators[M]. Manila, Philippines: International Center for Living Aquatic Resources Management, 1984:325.

[16] 詹秉义. 渔业资源评估[M]. 北京:中国农业出版社, 1995.

[17] 唐渝. 太湖湖鲚生长特征和临界年龄的研究[J]. 生态学杂志, 1986, 5(3): 5-9, 13.

[18] 王书磊, 姜志强, 苗治欧. 大连海区大泷六线鱼生物学指标的季节变化[J]. 水产科学, 2005, 24(5): 1-3.

[19] 薛正楷, 何学福. 黑尾近红鲌的比例性状, 长质量关系和丰满度[J]. 西南师范大学学报, 2002, 27(5): 811-815.

[20] JONES, R. Assessing the long-term effects of changes in fishing effort and mesh size from length composition data [J]. ICES CM,

1974, 33 : 1-13.

[21] Jones R. An analysis of a Nephrops stock using length composition data[J]. Rapp Pv Réun Cons Int Explor Mer, 1979, 175:259-269.

[22] JONES, R. The use of length composition data in fish stock assessment (with notes on VPA and Cohort analysis) [R]. Rome: FAO Fish Circ, 1981(734): 1-60.

[23] JONES, R. Assessing the effects of changes in exploitation pattern using length composition data [R]. Rome: FAO Fish Tech Pap, 1984 : 1-256.

[24] 殷名称. 鱼类生态学[M]. 北京: 中国农业出版社, 1995: 236-244.

[25] 安永义畅, 乃万俊文, 日向野純也 等. 並型人工魚礁における環境変動と魚群生態[J]. 水産工学 研究所研究報告, 1989, 10(1):1-35.

[26] Hooher J R, Dokken Q R, Pattengill C V, et al. Fish assemblages on artificial and natural reefs in the Flower Garden Banks National Marine Sanctuary, USA[J]. Coral Reefs, 1997(16):83-93.

[27] Ilanna R Z, Novelli R, Marcelo P G, et al. Experimental results of an artificial reef programme on the Brazilian coast of Rio de Janeiro [J]. ICES Marine Science Symposia, 2002, 217:S85-S87.

[28] 陈丕茂.中山海域浮式人工鱼礁效果研究[J].热带海洋学报, 2005, 24(3):85-89.

[29] 张虎, 朱孔文, 汤建华.海洲湾人工鱼礁养护资源效果初探[J]. 海洋渔业, 2005, 27(1):38-43.

[30] 斯广杰, 陈丕茂, 杜飞燕 等.深圳杨梅坑人工鱼礁区投礁前后大型底栖动物种类组成的 变化[J]. 大连海洋大学学报, 2010, 25(3): 243-247.

[31] 李晓磊, 栾曙光, 陈勇 等.立方体人工鱼礁背涡流的三维涡结构[J].大连海洋大学学报, 2012, 27(6): 572-577.

[32] 华元渝, 胡传林.鱼种重量与长度相关公式的生物学意义及其应用[C].鱼类学论文集 (第一辑), 1981: 125-131.

[33] Ricker W E. Computation and interpretation of biological statisticsof fish population[R]. Ottawa: Bull Fish Res Board Can, 1975.

[34] 田涛, 陈勇, 陈辰 等.獐子岛海洋牧场海域人工鱼礁区投礁前的生态环境调查与评估[J]. 大连海洋大学 学报, 2014, 29(1):75-81.

[35] 孙远远, 昝肖肖, 徐宾铎 等.海州湾及邻近海域大泷六线鱼的生长, 死亡和最适开捕体长研究[J]. 中国海洋大学 学报, 2014, 44(9): 46-52.

[36] 纪东平.荣成俚岛斑头鱼和大泷六线鱼的渔业资源生物学研究[D].青岛:中国海洋大学, 2014.

[37] 刘奇, 王亮, 高天翔等. 北黄海大泷六线鱼主要生物学特征比较研究[J]. 中国海洋大学学报, 2009, 39(S): 13-18, 24.

[38] 尹增强, 章守宇, 汪振华 等.浙江嵊泗人工鱼礁区小黄鱼生长特征与资源合理利用的初步研究[J]. 中国生态农业 学报, 2010, 18(3):588-594.

[39] 叶青. 青岛近海欧氏六线鱼(Hexagrammos otakii J & S)年龄和生长的研究[J]. 青岛海洋大学 学报, 1993, 23(2):59-68.

[40] 冯昭信, 韩华. 大泷六线鱼资源合理利用的研究[J]. 大连水产学院学报, 1998, 13(2):24-28.

[41] 常剑波, 孙建贻, 段中华 等.网湖似刺鳊鮈种群生长和死亡率研究[J].水生生物学报, 1994, 18(3): 230-239.

# 09

# 황발해 주요 경제성 어종의 증양식 기술 연구동향

柳学周(Liu Xuezhou)

# 황발해 주요 경제성 어종의 증양식 기술 연구동향

柳学周(Liu Xuezhou*)

## 국문초록

중국은 안정적인 수산물을 공급을 위해 1950년대부터 해상 가두리 양식에 대한 기술개발을 추진해왔으며 오랜 연구와 노력 끝에 황해 및 발해 연안지역에서 넙치와 가치미를 주요 품종으로 하는 20여개의 어종을 양식할 수 있게 되었다. 이러한 양식기술 및 양식업의 발전을 바탕으로 중국정부는 해수면 양식업을 미래의 신성장동력 및 지속가능한 개발의 실현을 위한 산업으로 보고 집중적으로 육성하고 있다. 아울러 해수면 양식모델에 있어서도 큰 변화를 가져왔는데 육상 수조식 양식에서 연안지역 소형 상자형 가두리양식으로 전환되었으며, 조방형 양식에서 벗어나 에너지 절감 및 생태환경 보전에 유리한 친환경 수조식 양식, 심수 내풍(深水抗风) 능력을 갖춘 상자형 양식, 공정화 지당(池塘)양식 등 양식모델로 전환되었으며, 나아가 '황발해 연안 4개성, 1개 도시를 연결하는 해수양식산업벨트(环黄渤海四省一市海水鱼类养殖产业带)'를 구축하였다.

**키워드:** 중국 양식, 양식기술, 경제정 어종, 양신산업벨트, 종묘 양식

* 중국수산과학연구원 황해수산연구소 연구위원. 메일 liuxz@ysfri.ac.cn.

## Ⅰ. 서론

중국은 50년대부터 경제성 어종의 양식기술에 대한 연구를 이미 시작하였다. 80년대에 들어 수산양식에 대한 전면적인 연구가 이루어졌으며 다양한 어종에 대한 양식이 가능하게 되었다. 90년대 초반에는 상자형 가두리 양식과 육상 수조식 양식이 흥행하여 급속한 발전을 이루었으며, 이로 인해 양식업은 2000년대 초반까지 호황을 누리게 되었고, 해조류 · 패류 · 새우의 양식에 이어 해수양식업의 4번째 이정표(第四个里程碑)를 세웠다. 이는 해양수산 양식업의 큰 변화를 가져왔는데, 고밀도 집약양식의 규모화 생산, 남방과 북방 모두 상자형 가두리 양식과 육상 수조식 양식의 급속한 발전을 이루었으며 양식업의 산업화를 실현하였다는 내용이 주를 이룬다.

중국의 어업양식기술에 대한 연구는 황해 및 발해지역에서 시작하여 1950년대에는 중국수산과학연구원 황해수산연구소에서 숭어(梭鱼) 등 어종에 대한 인공양식기술을 연구하게 되었고 그로 인해 초기단계 해수양식 어업이론이 형성되었다. 1980년대에 들어서 해수양식어업기술의 발전과 더불어 북방지역 육상 수조식 양식업과 상자형 가두리양식이 흥행하게 되었다. 21세기 초에는 대마름 넙치(大菱鲆)의 종묘 선정 및 양식기술개발에 성공하였으며, 박대(半滑舌鳎) 등 새로운 품종에 대한 양식기술개발이 우리나라 수산양식업 발전의 새로운 활력소가 되었고 해수양식의 제4차 고조(第四浪潮)를 형성하였다.

현재 중국 황해 및 발해 연안지역은 규모화 해수양식 어업생산 기반을 형성하였으며 넙치와 가치미를 주요 품종으로 하는 20여개의 어종을 양식할 수 있게 되었다. 자세한 내용은 아래 표-1 중국 황해 및 발해지역 주요 양식 어종을 참고하기 바란다. 나아가 양식방법에도 큰 변화가 발생하였는데 육상 수조식 양식에서 연안지역 소형 상자형 가두리양식으로 전환되었으며, 조방형 양식에서 벗어나 에너지 절감 및 생태환경 보전에 유리한 친환경 수조식 양식, 심수 내풍(深水抗风) 능력을 갖춘 상자형 양식, 공정화 지당(池塘)양식 등 양식모델로 전환되었으며, 나아가 황발해 연안 4개성, 1개 도시를 연결하는 해수 양식산업벨트를 구축하였다.

### [표-1] 중국 황해 및 발해지역 주요 양식 어종

| NO | 어종 | 라틴어 명칭 | 주요 분포 | 중국의 현황 |
|---|---|---|---|---|
| 1 | 참돔(真鲷) | *Pagrosomus major* | 중국, 한국, 일본, 인도양, 태평양 | 남방과 북방, 양식규모 큼 |
| 2 | 감성돔(黑鲷) | *Sparus macrocephlus* | 중국, 일본, 한국 등 주변해역 | 남방과 북방, 양식규모 중간 |
| 3 | 넙치(牙鲆) | *Paralichthys olivaceus* | 중일한 연근해 | 남방과 북방, 양식규모 큼 |
| 4 | 자주복(红鳍东方鲀) | *Takifugu rubripes* | 북태평양서부, 동중국해, 황해 및 발해지역 | 북방, 양식규모 큼 |
| 5 | 참복(假睛东方鲀) | *Takifugu pseudommus* | 일본큐슈, 북한, 동중국해, 황해 등 지역 | 남방과 북방, 양식규모 작음 |
| 6 | 대마름넙치(大菱鲆) | *Scophthalmus maximus* | 영국수입 종 | 북방을 중심으로 대규모 양식 |
| 7 | 박대(半滑舌鳎) | *Cynoglossus semilaevis* | 황해 및 발해지역 | 남방과 북방, 양식규모 중간 |
| 8 | 농어(鲈鱼) | *Lateolabrax japonicus* | 중일한 연근해 | 남방과 북방, 양식규모 큼 |
| 9 | 우럭(石斑鱼, 斜带, 龙胆) | *Epinephelus* | 서북태평양, 중일한 및 동남아 등 지역 | 남방과 북방, 양식규모 큼 |
| 10 | 조피볼락(许氏平鲉) | *Sebastes schlegelii* | 중국 황발해, 동중국해, 조선반도, 일본 | 북방을 중심으로 양식규모 중간 |
| 11 | 숭어(梭鱼) | *Mugil soiuy* | 중국 연근해 | 북방, 양식규모 작음 |
| 12 | 범가자미(圆斑星鲽) | *Verasper variegatus* | 중국 황발해, 한국, 일본 북부 연근해 | 북방, 양식규모 작음 |
| 13 | 노랑가자미(条斑星鲽) | *Verasper moseri* | 중국 황발해, 한국, 일본 북부 연근해 | 북방, 양식규모 작음 |
| 14 | 강도다리(星突江鲽) | *Platichthys stellatus* | 중한일 황해, 태평양 연안지역 | 북방, 양식규모 작음 |

| NO | 어종 | 라틴어 명칭 | 주요 분포 | 중국의 현황 |
|---|---|---|---|---|
| 15 | 돌가자미<br>(石鲽) | *Platichthys bicoloratus* | 황해 및 발해지역 | 북방, 양식규모 작음 |
| 16 | 돌돔(条石鲷) | *Oplegnathus fasciatus* | 중일한 연근해 | 양식규모 작음 |
| 17 | 남쪽의넙치류<br>(漠斑牙鲆) | *Paralichthys lethostigma* | 미국수입 종 | 양식규모 작음 |
| 18 | 세네갈가자미<br>(塞内加尔鳎) | *Solea senegalensis* | 세네갈수입 종 | 양식규모 작음 |
| 19 | 대서양넙치<br>(大西洋牙鲆) | *Paralichthys dentatus* | 미국수입 종 | 양식규모 작음 |
| 20 | 부시리<br>(黄条鰤) | *Seriola lalandi* | 중일한해역 및 전세계 | 연구개발 중, 양식규모 작음 |

## II. 해수번식 및 양식 개발의 발전 현황

### 1. 1950-1970년대 중국의 해수어업 종묘번식개발

20세기 50년대에 들어 숭어를 대표로 하는 수산어류 종묘의 인공번식기술의 한계를 뛰어 넘어 우리나라 해수양식어업 종묘번식의 시작을 열었다. 우리나라 북방의 과학연구소들은 50년대부터 황해 및 발해지역의 숭어의 번식습성에 대해 조사하고 이를 바탕으로 숭어의 생식선(性腺) 발육에 대한 비교 연구를 수행하였으며, 그로 인해 생물학적 생태학적 자료를 확보하게 되었다. 60년대 초반에 들어 황해수산연구소 일조(日照) 석구(石臼)연구소 해수양식실험기지에 대규모 숭어 생태번식 환류지(环流池)를 건설하여 국내 최초로 하구생태환경(河口生态环境)을 모의하여 밀물과 썰물의 발생 원인을 활용한 해수환류 형성에 성공함으로써 번식능력을 갖춘 암컷과 수컷 물고기의 성선발육에 필요한 생리적, 생태적 수요 및 효과를 충족시켰다. 이에 따라 1963-1964년에 걸쳐 번식능력을 갖춘 암컷 및 수컷 물고기의 번식에 적합한 밀물과 썰물환경을 조성하여 숭어의 완전 자연번식기술개발에 성공하였다.

나아가 발해지역 종묘 및 치어에 대한 조사를 수행하고 전국적 범위에서 종묘육성사업을 추진하였으며, 발해만지역의 주요어종 분포 및 생태학적 습성 등에 관한 다양한 과학기술 자료를 확보하게 되었다. 또한 넙치(鲆), 가자미(鲽), 돔(鲷), 복어(鲀), 숭어(梭), 장쟁이(鳚), 민어과(石首鱼), 갈치(带鱼) 등 10여종에 달하는 경제성 수산어종의 조기발육에 대한 연구를 수행해왔으며 숭어종묘의 인공육성 연구, 숭어의 배아 및 치어 발육에 관한 연구에 성공하였으며, 이를 바탕으로 숭어 및 가오리에 관한 연구논문집을 발간하는 등 성과를 이루었다. 이러한 연구 성과는 종묘부화 및 육성 등 번식기술개발에 있어서 중요한 의미를 가지며 중국의 인공 해수양식기술의 발전에 적극적인 역할을 하여왔다.

## 2. 1980-1990년대 해수어업의 인공종묘 생산

중국은 1980년대에 들어서 해수양식의 인공번식을 본격적으로 추진하게 되었다. 황해수산연구소 등 과학연구기관들은 참돔(真鲷), 감성돔(黑鲷), 넙치(牙鲆), 복어(河鲀), 자주복(红鳍东方鲀), 참복(假睛东方鲀), 동갈 돗돔(斜带髭鲷), 어름돔(花尾胡椒鲷), 수조기(黄姑鱼) 등 어류의 종묘번식기술에 대한 연구를 수행해왔으며 클로렐라(小球藻)를 활용하여 치어육성에 필요한 영양을 공급하고 사료를 제공하는 등 종묘육성에 필요한 사료개발기술에 성공함으로써 대규모 기업형 생산을 위해 초석을 마련하였다. 또한 넙치(牙鲆), 감성돔(黑鲷), 참복(假睛东方鲀), 자주복(红鳍东方鲀), 수조기(黄姑鱼) 등 수산종묘 육성의 기술적 돌파구를 찾았으며, 중국 북방지역 연안에서 체계적인 해수양식 종묘육성 공정을 표준화하고 산업화함으로써 현저한 연구성과를 거두었다. 그중 감성돔(黑鲷), 참돔(真鲷), 참복(假睛东方鲀), 자주복(红鳍东方鲀), 수조기(黄姑鱼)등 어종의 기업 보급형 종묘육성개발기술은 농업부, 산동성, 중국수산과학연구원 과학기술진보상을 수상하였다. 이러한 연구성과는 중국 북방지역의 해양수산종묘육성기술의 향상과 더불어 해양수산 종묘의 규모화 육성 및 육상 상자형 양식개발의 바탕이 되었다.

1990년대 초반에 들어 국가 8.5계획의 중점과제 "발해어업증양식기술연구(渤海渔业增养殖技术研究)", 국가판등계획 B과제 "해수증양식생물우량종의 저항력에 대한 기초연구(海水增养殖生物优良种质和抗病力的基础研究)"와 중일 공동연구과제 "쇼마이도수산증식과제(小麦岛水产增殖项目)"의 수행을 통해 해양수산 종묘의 번식 및 우량품종 개발의 기초연구, 참돔과 넙치 등 어류의 번식과 육성기술의 기초연구, 참돔 등 어종의 종묘생산기술의 개발에 대한 지속적인 발전을 가져왔다. 이에 따라 100만 마리 이상의 대규모 기업형 종묘개발 능력을 갖추게 되었으며, 종묘의 생존율이 30-60%까지 제고되었다. 예컨대 수체 단위당 출묘량이 약 100만 마리에 달한다. 나아가 참돔 치어 개표(开鳔) 메커니즘, 영양 수요 등 기초연구분야에 있어서 큰 진전을 가져왔고 종묘품질과 생존율의 향상을 통해 국제적 수준의 경쟁력을 갖추게 되었다. 이와 동시에 중국 남방과 북방지역에서 참돔의 상자형 양식기술을 전면적으로 추진하게 되었으며, 참돔종묘의 남방시장 진출에 성공하였다. 이로 인해 "남묘북양(男苗北养)"의 양식구도를 구축하게 되었으며, 남방연안지역 상자형 양식업의 발전을 추진하는 역할을 해왔으며, 경제적 사회적 이익을 얻었다. 이에 관한 연구성과로는 "발해주요 경제어종, 꽃게(梭子蟹), 해파리(海蜇)의 증식방류기술연구"에 성공하였으며 국가과학기술중점과학성과상을 수상하였고, "발해어업증양식기술연구"과제는 농업부 과학진보 1등을 수상하였다. 또한 자주복의 순수종 도입은 청도시 과학진보 2등상을 수상하였고 청도시 해양수산 종묘 중국식 기지는 청도시 과학기술진보상을 수상하였다.

대마름 넙치(大菱鲆)의 우량종 도입 및 번식기술연구와 관련하여, 북방 해양수산 기업형 양식업의 발전을 촉진하기 위해 황해수산연구소 레이찌린(雷霁霖) 원사(院士)는 80년대 영국 현지방문을 통해 대마름 넙치의 양식기술개발에 대한 선진 기술을 공부하게 되었으며, 이를 바탕으로 1992년 대마름 넙치를 우리나라에 도입하여 번식생태학 및 번식기술개발을 진행하였다.

대마름 넙치는 성장기가 짧고 품질이 좋으며 저온에 강하고 면역력이 강하여 중국 북방에서 양식하기에 적합하다. 대마름 넙치의 양식기술 도입은 중국 해양수산양식업의 산업화 실현을 위한 발전계기가 되었다. 7년간의 노력 끝에 대마름 넙치의 성장에 적합한 온도, 광, 호르몬에 대한 조절을 통해 번식능력을 가진 암컷과 수컷 물고기의 성선발육, 인공수정기술, 치어 개표 메커니즘, 치어성장발육규칙 및 영양수요 등 핵심기술에 대한 연구에 성공하였으며, 나아가 대마름 넙치 종묘의 규모화 번식을 실현하고, 대마름 넙치 양식업의 발전을 위한 기초를 마련하였으며 이러한 기술개발은 풍부한 연구성과로 연결되었다. "대마름 넙치의 종묘 도입 및 육성기술(大菱鲆引种和苗种生产技术)"은 국가과학기술진보상 2등을 수상하였으며 듀폰과학기술혁신상을 수상하였고, "대마름 넙치 육성 및 친어(亲鱼)육성에 필요한 인공사료 연구(大菱鲆养成及亲鱼培育人工配合饲料的研究)"는 청도시 과학기술진보상 1등을 수상하였다.

## 3. 21세기 해수어업의 인공종묘 생산 및 새로운 품종의 양식기술개발

2000년대에 들어서 중국 수산양식업은 다원화(多元化), 품종의 다양화(多品种), 다차원(多层次)의 양식구도를 형성하였으며 수산양식업의 지속가능한 발전을 전면적으로 추진하기 위해 첨단기술의 발전을 촉진하고 양식기술의 개발을 통해 낙후된 양식업을 발전시키며 과학기술 기반의 양식업을 육성함으로써 경제적 효과를 향상시키기 위한 일련의 노력을 기울여 왔다. 이는 우리나라 수산양식분야에서의 과학기술 흥국(科技兴业)의 길을 열었다.

2000-2001년, 중국 북방지역에서 넙치(鲆), 가자미(鲽), 우럭바리(石斑鱼)의 생식조절 및 규모화 번식기술, 새로운 품종의 양식개발 기술에 대한 연구를 수행하였으며 박대(半滑舌鳎), 범가자미(圆斑星鲽), 돌돔(条石鲷), 능성어(七带石斑鱼), 자바리(云纹石斑鱼), 남쪽의 넙치류(漠斑牙鲆), 대서양넙치(大西洋牙鲆), 노랑가자미(条斑星鲽), 강도다리(星突江鲽), 세네갈 가자미(塞内加尔鳎) 등 어류의 번식생물학(繁殖生物学) 및 규모화 번식기술의 개발

에 성공하였다. 또한 박대(半滑舌鳎), 남쪽 넙치류(漠斑牙鲆), 강도다리(星突江鲽), 돌돔(条石鲷) 등 어류의 번식생물학과 산업화 보급에 성공하였으며 친어(亲鱼) 생식기능에 대한 통제를 통해 자연산란의 핵심기술을 개발하였다. 핵형 염색체(核型染色体), 대형(带型染色体) 염색체, 집단유전학(群体遗传学) 특정 및 규율을 밝혔으며, 친어의 성선발육 규칙, 초기 성장발육의 특징, 성별 구분, 먹이섭취 습성 및 메커니즘, 소화 생리 및 영양적 수요, 생태의 적응성 및 종묘의 규모화 번식기술공정 등의 기술개발에 성공함으로써 매년 100만 마리 이상의 종묘를 생산할 수 있게 되었다. 나아가 양식업의 산업화 실현을 위한 이론적 근거와 기술적 기반을 마련하였다. 현재 산동, 하북, 천진, 요녕, 강소, 복건, 광동, 절강 등 지역에서는 박대(半滑舌鳎) 등 어류 양식의 산업화와 규모화를 실현하였으며 그로 인한 경제적 사회적 효과가 매우 큰 것으로 나타났다. "박대종묘의 규모화 번식 및 건전한 양식기술개발 및 응용사업(半滑舌鳎苗种规模化繁育及健康养殖技术开发与应用)"은 국가과학기술진보상 2등을 수상하였다.

## 4. 해수어업 생식 및 성장 내분비에 대한 연구의 전개

2010년 이후에는 해양어류 번식 및 양식을 위한 기초생물학 연구는 넙치(鲆), 가자미(鲽)의 생식과 성장 호르몬 조절 등에 관한 내용을 중심으로 진행되었으며 그에 관한 새로운 연구성과를 도출하였다. 해양어류의 건강한 생식에 필요한 "시상하부-뇌하수체-부신축(下丘脑-垂体-肾上腺轴)"생식축을 도입하여 성선조직 구조특성, 성선발육 규칙, 성별 스테로이드호르몬(性类固醇激素, steroid hormone), 생식에 관한 기타 기능을 가진 유전자의 내분비 조절시스템에 대한 체계적인 연구를 추진하고 있다. 이에 따라 박대(半滑舌鳎) 등 10여 종의 어류에 대한 성선조직의 구조 특성을 밝혀내고 성선발육의 규칙과 환경, 영양소와의 관계를 입증함으로써 내성호르몬(内源性激素, GnRH, GtH, $E_2$, T 등)이 성선발육과 성숙에 미치는 영향과 환경과의 상호 관계를 입증하였다. 또한 다양한 어류의 생식축에 관한 30여개의 생식기능 유전자(*sbGnRH, sGnRH, cGnRH, GnIH, Kiss2, CGα , FSHβ , LHβ , mPRα , mPRL, PGRMC1 등이 포함됨*) 복제에 성공하였으며 생식의 특성 및 성선발육과 성숙에 미치는 경로를 밝혀내고, 나아가 정확한 생식기능 유전자 통제에 필요한 기술의 이론적 기반을 마련하였다.

해양어류의 성장통제에 관한 연구와 관련하여, 성장축 시스템을 중심으로 양식성장에 관한 내분비 통제기술에 대한 연구를 추진해왔다. 납치양식에 있어서 온도의 변화에 따른 성장변화 및 특성을 밝힘으로써 혈청(血清)에 포함된 성장호르몬이 양식 어류의 성장에 미치는 긍정적인 작용이 무엇인지를 밝혀냈다. 박대, 강도다리 등 어류의 성장호르몬(*GH, IGF-I, IGF-II*) 구조와 표현의 특성을 밝히고, 6개의 '체외에서 제조되는 재조합 단백질 (体外制备重组蛋白)'을 얻었으며, 면역 활성 및 세포학 활성을 입증하였다. 실험을 통해 재조합 단백질 GH과 IGF-I가 박대 치어의 성장을 촉진하는데 현저한 효과를 갖고 있다는 것을 증명하였다. 아울러 넙치와 도다리 양식과정에서 나타난 눈 주위 반점의 발생 원인을 규명하고, 양식 넙치와 도다리의 발육 및 색소세포, 비늘의 분포 특징에 대한 세밀한 연구를 통해 6종(*POMCa, POMCa, MCH1, MCH2, MCHR1, MCHR2*)의 체색의 축(体色轴)을 복제하였으며, 체색특성과 흑화발육과의 관계를 밝히고 흑화억제유전자 MCH단박질의 체외제조기술개발에 성공하였으며, 양식 넙치의 반점현상의 해소 및 제거를 위한 시스템에 대해 분석하였다.

# III. 해양어류 양식모델 및 기술개발의 발전 연혁

## 1. 해양어류의 못 양식법의 발전

새중국 성립 초기 중국의 해수양식은 대체로 전통 "연못(鱼塭)" 또는 "바닷가 연못 양어장"을 채택하였으며 천연종묘를 채포하여 양식장에서 기르는 것으로 양식기술이 낙후하고, 생산량 또한 저조하였다. 1950년대에서 1960년대에 걸쳐 숭어 등 인공번식기술의 한계를 돌파하여 숭어 연못 양식기술의 발전을 가져왔다. 그 당시 연못 양식업은 대규모 수체에서 양식하는 조방형 양식법을 활용하였으며 양식어종은 부가가치가 낮은 어종에 한정되었다. 1980년대에 들어서 양식에 적합한 어종의 연구개발, 양식장의 개선, 연못양식 기술의 보완, 넙치, 농어, 감성돔, 복어 등 해양어류의 연못 양식법에 있어서 큰 진전을 가져왔다. 이로부터 알 수 있는바 중국 북방 연안지역의 해양어류 연못 양식업의 발전이 완만하다.

2000년대 이후 연못 양식업의 집약화, 공정화를 위한 기술개발이 추진되었으며, 연못 양식구조의 업데이트 및 첨단기계설비의 개발로 인해 연못 양식장의 생산량이 지속적으로 증가되었으며 양식장 효율성 또한 제고되었다. 2010년에 들어서 황해수산연구소는 공정화 연못 순환 양식법(工程化池塘循环水养殖新模式) 개발에 성공하여 대규모 전통 양식장을 소형, 연체조합(连体组合)형 연못 양식장으로 개조하고, 연못 벽에 보호경사면(池壁护坡) 설치, 단독 배수와 입수 시스템과 환수 못(独立的进, 排水系统和回水池)을 설치함으로써 여러 양식장의 배수가 환수 못을 통과하여 다시 양식장으로 입수되게 함으로써 수질(미세조류, 프로바이오틱, 보텀 변경유전자 등)을 효과적으로 관리할 수 있게 되었다. 당해 양식법의 개진에는 양식시스템의 구축, 종묘방류 규격 및 밀도, 고효율 산소 첨가, 물고기 먹이 양조절, 수질환경의 미생물 생태학에 대한 조절, 수질 모니터링 및 관리, 월동 및 도하에 대한 많은 양식기술의 연구개발이 포함된다. 전술한 양식기술을 활용하여 3년간 넙치양식 시범사업을 추진한 결과 양식 단위생산량이 2000kg/묘(亩)를 돌파하였는바 이는 전통 대형 연못양식 생산량의 10배에 달한다. 새로운 양식방법은 에너지 절약 및 온실가스 감축, 높은 생산성, 친환경, 품질의 안전성이 보장되는 등 다양한 장점을 가지고 있어 앞으로 연못양식업이 나아가야 할 방향이라고 할 수 있다.

## 2. 해양어류의 상자형 양식법의 발전

1980년대 후반에 들어 황해수산연구소는 청도(青岛), 장도(长岛) 등 지역에서 연안 상자형 가두리식 양식기술 연구를 추진해왔는데, 주로 연안 상자형 가두리양식기술의 기본 틀, 철망 디자인, 파랑 저항기능, 양식 어종 및 양식기술을 핵심으로 진행되었으며, 참돔과 복어 등 어종의 상자형 가두리 양식법의 보급을 위해 시범사업을 추진했다. 이에 따라 북방 연안지역 해수양식의 상자형 가두리 구조와 양식기술공정에 성공하였다.

1990년대 초반에는 참돔 등 종묘의 규모화 번식기술의 한계를 극복함으로써 상자형 가두리 양식기술의 발전을 위해 대량의 종묘자원을 육성하고, 나아가 남방지역 참돔의 상자형 가두리 양식업의 발전을 적극 추진하는 역할을 하게 되었다. 이로 인해 중국 연안지역 상자형 가두리 양식업이 전성기를 맞이하게 되었다. 연근해 소형 상자형 가두리 양식장은 대나무, 목판, 철망구조(규격은 3×3m, 4×4m, 5×5m)로써 만든 물고기 용기를 단독 또는 조합하는 등 방법으로 수심 10m해역에 투하하였다. 현재 중국 연근해지역의 소형 상자형 가두리 양식업의 신속한 발전으로 인해 양식장의 밀도가 현저히 높고, 수심이 보편적으로 얕은 등 이유로 인해 양식장 환경이 오염되고 병충해를 유발하기도 한다. 이러한 양식장 오염문제는 해양어류 상자형 가두리 양식업의 지속가능한 발전을 저해하고 있다.

1990년대 후반에 들어서 우리나라는 심수지역에서 대형 상자형 가두리 양식장으로 설치함으로써 심수 상자형 가두리 양식장의 그물망 구조, 강도, 양식시설 설치위치, 정박기술 등에 대해 중점적으로 연구해왔다. 수년간의 노력을 거쳐 수심이 깊은 해역에서 파랑 저항기능이 강한 가두리 양식시설 설치기술 개발에 성공하였다. 예컨대, 물고기 사료 자동 투하기, 가두리 롤링, 가두리 상자 연결공정, 활어 채포 분류설비, 수중 모니터링, 원격제어시스템, 가두리 시설 승강 등 설비에 대한 연구가 포함된다. 이러한 연구성과를 바탕으로 황해 및 발해지역 HDPE 대규모 원형 상자형, 철망 가두리 등 다양한 재료로 만든 가두리 양식시설을 개발함하며 양식 효율을 높임으로써 대용량, 친환경, 생태형, 안전성, 높은 생산성 및 효율성을 확보한 양식법을 개발하였으며 해양어류 양식이 연근해에서 먼 바다로 이전 가능케 하였다.

## 3. 해양어류의 기업형 순환여과양식의 발전

1990년대 초반에 들어서 해양어류 종묘번식기술의 발전에 따라 산동반도에서 넙치 등 어류의 기업형 양식업이 활발하게 일어났다. 넙치의 기업형 양식업 발전 초기에 일본, 한국의 '해양어류 실내 양식모델(海水鱼类室内养殖模式)'을 참조하여 육상수조양식장에 개방형 유수시스템을 설치하였다. 또한 지속적인 노력을 거쳐 산동성 연안지역에서 일정한 규모의 양식장을 형성하였다. 대마름 넙치의 성공적인 도입과 종묘번식기술의 성공에 따라 대마름 넙치의 기업형 양식기술이 빠른 발전을 가져왔으며, "온실수조+해양심층수(温室大棚+深井海水)"양식법의 개발에 성공하여 우리나라 해양어류의 기업형 양식업의 신속한 발전을 이루었다. 초기단계의 해양어류 기업형 양식업은 개방형 순환해수시스템을 활용하였으며 양식장 내의 해수는 다시 바다로 배출하는 방법을 취하였기에 연안지역 생태환경에 큰 부담을 주었고 양식환경 오염으로 병충해가 자주 발생했고, 연안 지하수자원의 고갈로 인해 양식업의 지속가능한 발전에 한계가 드러났다.

1990년대 후반기에 들어서 우리나라 기업형 해수순환양식기술개발(工厂化循环水养殖研究)에 매진하게 되었으며, 기업형 순환여과양식기술 연구, 순환수 처리장치, 폐쇄형 또는 반폐쇄형 순환수 양식시스템 연구, 입자제거 장치(颗粒去除装置), 생물 여과막(生物滤膜), 단백질 분리장비(蛋白分离器), 순수산소 제조기(纯氧制氧机), 오존생성 장치(臭氧发生装置), 자외선 멸균시스템(紫外灭菌系统) 등 기술의 연구개발에 성공하여 기업형 양식용수의 순환이용, 고밀도 양식, 물고기 사료 자동 투하 및 조절, 질병예방 등 핵심 기술의 한계점을 극복하고 물과 에너지 절약, 환경 보존, 높은 생산량과 효율을 확보하고 고밀도, 건강하고 안전한 양식업의 발전을 실현하였다. 2000년대 중반기에 들어 기업형 순환수양식공정의 통합, 양식개발기술의 업그레이드, 양식시범 사업의 확대를 핵심으로 추진하였다. 고효능 에너지절약형, 대용량 수질정화 설비, 산소 제조기, 양식장 물고기 전자사료공급장치, 다중변수 수질모니터링 경보시스템 등에 대한 연구를 추진함으로써 중국실정에 맞는 기업형 순환수양식모델을 개발하는데 성공하였다. 이로 인해 순환수양식시스템의 구축 원가를 절감하고 양식에 사용되는 물의 90%이상이 절약되었으며, 양식생산량은 개방형 유수양식방법에 비해 3-4배 이상 증가되었다. 현재 중국의 기업형 순환수양식시스템의 세부구조를 살펴보노라면, 양식 작업장, 양식수조, 배관시스템, 입·배수(排水) 및 회수시스템, 처리수 시스템, 수질 통제 및 배수(配水), 수질 모니터링 및 조기경보시스템, 폐수 무해화 처리시스템, 난방시스템 등이 포함된다(그림-2).

상술한 양식시스템의 핵심 빌드는 수처리 시스템이라고 할 수 있는데 고체와 액체의 분리(固液分离), 부유부상(气浮)과 단백질의 분리, 생물학적 정화, 물 소독, 높은 효율의 산소 제조기, 온도조절 장비, 수질통제 및 조기경보 시스템, 오수처리수조 등 여러 가지 기술들로 구성되었다(그림-2).

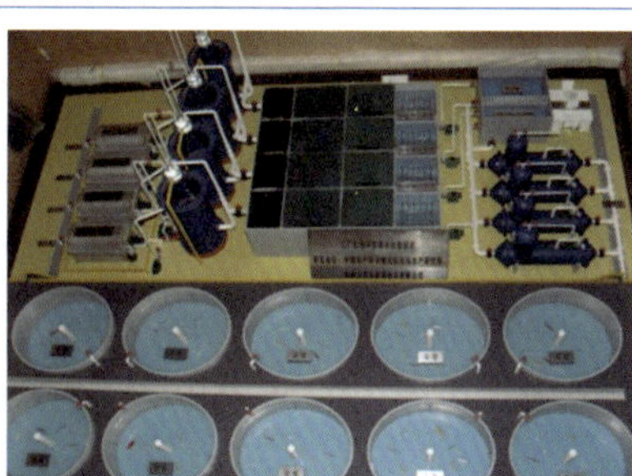

[그림-1] 기업형 순환수양식시스템 약도

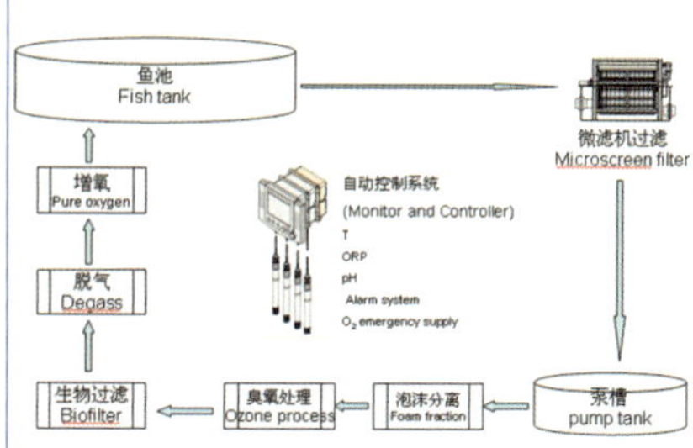


[그림-2] 수처리 시스템 약도

# Ⅳ. 황해 및 발해지역 어류 증식방류 연구발전 연혁

## 1. 주요 경제성 어종의 증식방류연구의 발전 연혁

중국의 수산증식방류(海水鱼类增殖放流)연구는 1980년대부터 시작되었으며 황해 및 발해지역에서 집중적으로 진행되었다. 80년대 초, 황해수산연구소, 중국과학기술원 해양연구소 등 해양연구소들은 황해 및 발해지역에서 넙치, 참돔, 감성돔, 복어 등 어종의 인공번식 및 증식방류 그리고 수산종묘방류 조사에 관한 연구를 수행하였다. 인공종묘번식기술에 대한 한계를 돌파한데 이어 매년 10만 마리 이상의 종묘를 방류하였으며 전통적인 동선(铜丝)표시장치를 삽입하는 방법으로 참돔과 넙치 종묘 1만 마리를 방류한 결과 생존율이 5.6‰에 달하였고, 전술한 어종의 인공종묘방류의 규격 및 표시방법, 사후 조사기술에 대한 일반적인 이론을 파악하였으며 향후 해양어류의 증식방류기술의 발전을 위해 풍부한 경험을 쌓게 되었다.

1990년대에 들어서 황해 및 발해지역에서 참돔, 숭어, 넙치에 대한 인공증식 및 사후 조사실험이 진행되었으며 종묘의 대규모 육성기술 성공을 바탕으로 방류 전 참돔종묘의 대량 생육에 필요한 핵심기술개발에 성공하였고, 방류효과를 조사하기 위해 묘형(锚形) 코드 블라스틱 표시를 부착하는 등 첨단장치도 삽입되었다.

이에 따라 참돔의 표시 규격, 방류지점, 방류방법을 파악하고 발해지역의 래주만(莱州湾) 및 베이따이허(北戴河)해역, 황해 교주만(胶州湾) 등 지역에서 참돔 98만 여 마리를 방류하였으며 그중 큰 규격의 종묘가 3만 마리이다. 어선 채취 또는 어민의 어획물회수 등을 확인한 결과 종묘방류 후 회수율이 6.8‰에 이른다. 이로 인해 국내 최초로 참돔종묘 생산—육성—인공방류 및 표시—회수 등 모든 절차를 포함하는 방류증식공정 기술을 개발했고, 황해 및 발해지역에서 좋은 효과를 얻었다. 1990년대 말에 들어 "일조수산증식과제(日照水产增殖项目)"는 황해남부지역에서 넙치 인공방류 및 과학적 추적 조사에 대한 연구를 추진하였으며, 매년 넙치종묘 수십만 마리를 방류하였다. 이에 관한 연구 성과로는 "발해지역 어업증식 및 양식기술연구(渤海渔业增养殖技术研究)"가 국가과학기술 진보상 2등을 수상하였고, 농업부 과학기술 진보상 1등을 수상하였다.

[표-2] 중국 황해 및 발해지역 주요 종묘방류 어종

| NO | 어종 | 라틴어 명칭 | 방류지역 |
|---|---|---|---|
| 1 | 넙치(牙鲆) | *Paralichthys olivaceus* | 황발해(천진, 하북, 산동, 요녕), 최다수량 |
| 2 | 조피볼락 (许氏平鲉) | *Sebastes schlegelii* | 황해 중심 (청도, 연태, 위해, 일조) |
| 3 | 박대 (半滑舌鳎) | *Cynoglossus semilaevis* | 황해 및 발해지역 |
| 4 | 감성돔(黑鲷) | *Sparus macrocephlus* | 황발해(천진, 하북, 산동) |
| 5 | 참돔(真鲷) | *Pagrosomus major* | 발해 |
| 6 | 자주복 (红鳍东方鲀) | *Takifugu rubripes* | 황해북부(요녕) |
| 7 | 숭어(梭鱼) | *Mugil soiuy* | 황해(청도), 황해(하북) |
| 8 | 문치가자미 (黄盖鲽) | *Pseudopleuronectes yokohamae* | 황해(연태, 일조) |
| 9 | 쥐노래미 (大泷六线鱼) | *Hexagrammos otakii* | 황해(청도, 위해) |
| 10 | 범가자미 (圆斑星鲽) | *Verasper variegatus* | 황해(산동) |

2005년 이후 갈수록 고갈되어 가는 수생생물자원을 보존하기 위하여 종묘방류 등 수생생물자원 회복을 위해 전국적 범위에서 집중적인 투자와 노력을 기울여 왔다. 2003년 "어업자원증식방류사업에 관한 통지(关于加强渔业资源

增殖放流活动工作的通知)", 2006년 국무원은 "수생생물자원보호행동강령(水生生物资源养护行动纲要)"을 발표하고, 2009년 농업부에서 "수생생물증식방류관리규정(水生生物增殖放流管理规定)"을 발표함으로써 중앙정부, 연안지역 성·시 인민정부에서 전문기금 조성 등을 통해 수산종묘기업, 과학연구소 등 다양한 주체가 공동으로 참여하는 수산종묘 방류사업을 적극 확대해왔다. 그 결과 정부주도하에 각 관련 단체 및 국민이 참여하는 사회적 분위기를 조성하였고 우리나라 연근해 해양생물자원의 회복 및 복구에 총력을 기울임으로써 사회적 생태학적 이중의 효과를 거두게 되었다. 현재 황해 및 발해지역의 주요 방류어종은 넙치, 박대, 조피볼락, 감성돔 등 10여종에 달한다. 자세한 내용은 표-2의 내용을 참조 하기 바란다.

## 2. 전형적 방류기술 연구의 발전

현재 전 세계 60개 국가에서 해양생물의 증식방류에 대해 연구를 하고 있으며 방류대상은 어류, 새우와 게류, 패류가 포함된다. 어류 중에는 바다 송어류(鲑鳟类), 도미과(鲷科), 넙치 및 가자미류가 주를 이룬다. 종묘방류에 대한 효과를 조사하기 위한 연구는 일반적으로 표시방류—추적 어획의 방법으로 방류효과를 평가하고 있으며, 첨단 표시장치 삽입을 통해 방류종묘의 생활모습, 행동, 성장발육, 회유 경로와 기간 등 규칙을 파악할 수 있었다. 최근 우리나라 황해 및 발해지역의 넙치 등 넙치·가자미류 어종을 대상으로 방류종묘의 다양한 표시장치기술개발에 성공하였으며 넙치·가자미 등 어종의 치어에 표지표를 붙여 방류하거나, 이석(귀속의 뼈)에 이테 모양을 만들어 내는 발안란 이석표지법, 머리에 첨단 표시장치인 CWT(Coded Wired Tag)를 삽입하는 등 표지법을 개발함으로써 대상어종의 종묘방류 및 효과 조사 및 평가를 위한 기술적인 애로사항 해결 및 지원이 가능해졌다.

### 1) 태그부착 기술

포리에틸렌(聚乙烯) 소재의 T-A, T-B, T-C, T-D(그림-3 A, B 그리고 표-3) 등 4종의 다양한 규격의 T형 표지(T-bar tar)를 부착한다. 규격별 박대와 넙치 종묘에 표지를 부착하여 방류하고 그 결과를 분석한다(표-4, 표-5). 태그의 태킹을 위해서는 대상어종의 종묘에 MS-222마취약을 투약한 후 오른쪽 눈 근육부위에 태그를 체내로 삽입한다.

[표-3] 실험용 T형 표지의 규격 특징

| 표지 | 표지 총길이 (cm) | Long end (cm) | 케이블 길이 (cm) | 태그 길이 (cm) | T단 직경 (mm) | 총무게 (g) | 테그 무게 (g) |
|---|---|---|---|---|---|---|---|
| T-A | 2.8 | 0.6 | 1.2 | 1.6 | 0.5 | 0.02 | 0.012 |
| T-B | 3.2 | 0.8 | 1.6 | 1.6 | 0.8 | 0.034 | 0.021 |
| T-C | 3.4 | 0.85 | 1.3 | 2.1 | 0.85 | 0.041 | 0.022 |
| T-D | 3.7 | 0.9 | 1.4 | 2.3 | 1.05 | 0.087 | 0.069 |

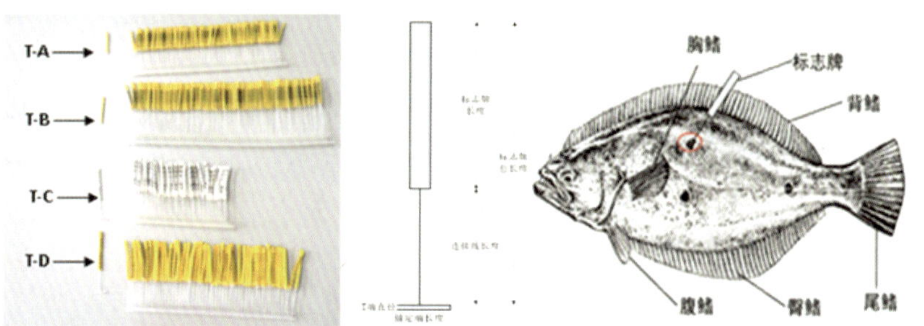


A. T형 태그 | B. T형 태그 모형 | C. 표지 장착 위치

[그림-3] 표지실험용 T형 태그 구조 및 장착 부위 약도

박대를 대상으로 전술한 4종의 T형 표지를 부착하여 방류한 결과, 소형 T-A 태그의 최적 길이는 8cm이상의 종묘에 적합하고, T-B형 태그는 16cm

이상의 종묘에 적합한바 표지를 부착한 어종과 부착하지 않은 어종의 성장결과는 차이가 없는 것으로 나타났다. T-C, T-D형 태그는 규격 16cm이하의 종묘에 부착하는 것은 타당하지 않다는 결과가 나타났다.

[표-4] 박대종묘의 T형 태그 부착 15일 경과 후 탈화 및 생존율(%)

| 구분 | 8cm종묘 | | | | 12cm종묘 | | | | 16cm종묘 | | | |
|---|---|---|---|---|---|---|---|---|---|---|---|---|
| | T-A | T-B | T-C | T-D | T-A | T-B | T-C | T-D | T-A | T-B | T-C | T-D |
| 태그 탈화율 | 7 | 20 | 45 | 69 | 0 | 7 | 33 | 67 | 0 | 0 | 15 | 45 |
| 생존율 | 92 | 57 | 5 | 0 | 100 | 80 | 18 | 0 | 100 | 100 | 32 | 5 |

넙치를 대상으로 전술한 4종의 T형 표지를 부착하여 방류한 결과, T형 태그는 5cm이하의 종묘에 부착하는 것은 적합하지 않다는 결과가 나타났고, T-A 태그의 최적 길이는 7cm이상의 넙치종묘에 적합하고, T-C형 태그는 11cm이상의 넙치종묘에 부착하는 것이 적합하다는 결과가 나타났다.

[표-5] 넙치종묘의 T형 태그 부착 후 탈화 및 생존율(%)

| 구분 | 5cm종묘 | | | 7cm종묘 | | | | 9 cm종묘 | | | | 11cm종묘 | | | |
|---|---|---|---|---|---|---|---|---|---|---|---|---|---|---|---|
| | T-A | T-B | T-C | T-A | T-B | T-C | T-D | T-A | T-B | T-C | T-D | T-A | T-B | T-C | T-D |
| 탈화율 | 17 | 28 | 34 | 6 | 8 | 11 | 26 | 2 | 6 | 9 | 15 | 2 | 4 | 5 | 11 |
| 생존율 | 79 | 37 | 4 | 93 | 90 | 85 | 54 | 99 | 93 | 91 | 72 | 100 | 97 | 94 | 89 |

## 2) 이석염색표지법

알리자린콤플렉손2수화물(Alizarin complexone, AC)을 방류 대상인 박대종묘(총 길이 7-9cm)에 주입하면 이석이라는 뼈에 염색되는 기법이다. 당해 기법에 필요한 형광염색체의 적정 농도는 150mg/L이며, 24시간 동안 보관한 결과, 실험용 종묘의 생존율은 100%에 달하였고 먹이 섭취와 대조군에도 이상이 없었다. 염색표지 후 120일이 지나 샘플을 채취한 결과 이석형광 신호의 발광이 현저하였다(그림-4). 그밖에 AC는 이석 염색에 효과가 뛰어날 뿐만 아니라 지느러미 줄(鰭条, fin ray)에 대한 염색효과도 이상적으로 나타났다.

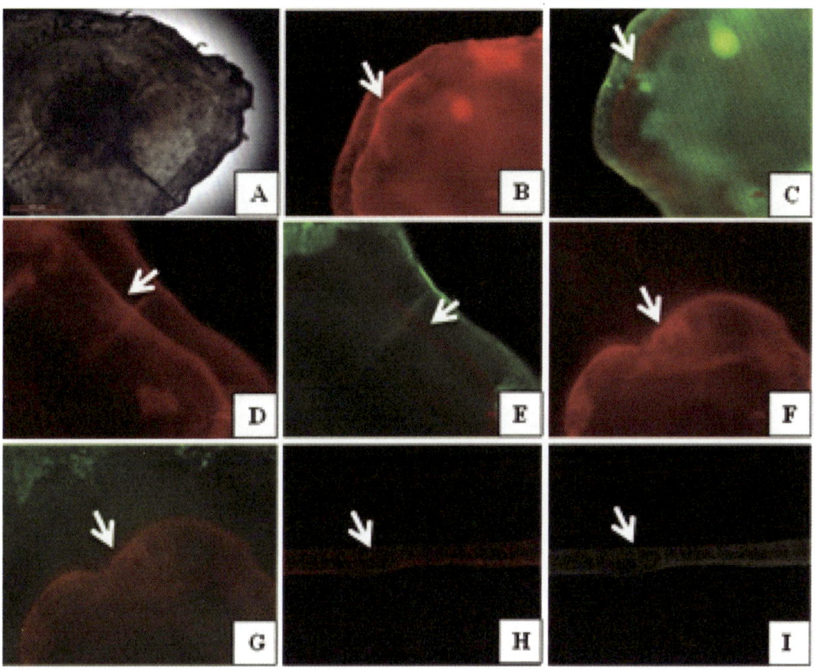


| A. 정상적인 이석 형태 (가시광선) | B. 염색 후 1개월 경과 (황녹색) | C. 염색 후 1개월 경과 (청색 레이저) |
|---|---|---|
| D. 염색 후 3개월 경과 (황녹색) | E. 염색 후 3개월 경과 (청색 레이저) | F. 염색 후 4개월 경과 (황녹색 레이저) |
| G. 염색 후 4개월 경과 (청색 레이저) | H. 지느러미 줄 염색효과 (황녹색 레이저) | I. 지느러미 줄 염색효과 (청색 레이저) |

[그림-4] 박대 치어 이석 AC 염색표지 효과

### 3) 금속 코드

CWT(Coded Wired Tag, 규격 Φ0.25mm×1mm) 표시장치를 넙치종묘에 삽입하기 위하여 대상어종의 등 근육 부위에 30-45도 각도로 조준한 뒤 등지느러미 밑의 체내 가시 사이로 2-3mm 깊이에 태그를 넣은 뒤 체내에서 30일 동안 삽입한다. 실험결과 종묘의 평균 규격이 5.92cm이상인 경우 생존율이 87%에 달하였고, 태그 탈화비율이 3.3%이며, 종묘규격이 8.72cm이상인 경우에는 생존율이 98%에 이르렀고 태그 탈화비율이 2.4%이며, 종묘규격이 12.04cm이상인 경우에는 생존율이 100%에 이르렀고 태그 탈화비율이 1%미만으로 나타났다. 또한 표시장치 삽입행위가 대상어종의 움직임과 먹이섭취, 성장에 미치는 영향이 극히 적은 것으로 나타났으며 CWT 표시장치를 활용한 검지기의 탐지 성공률은 100%에 달한다. 결론적으로 CWT 표시장치는 8cm의 종묘에 삽입하는 것이 적합하며 넙치 · 가지치 등 어종을 대상으로 방류 및 증식효과 평가에 활용하는 것이 효과적이다.

## 참고문헌


[1] 柳学周, 庄志猛, 半滑舌鳎繁育理论与养殖技术, 中国农业出版社, 2014

[2] 雷霁霖, 海水鱼类养殖理论与技术, 中国农业出版社, 2005

[3] 金显仕, 黄渤海渔业资源增殖基础与前景, 科学出版社, 2014

[4] 柳学周, 史宝, 徐永江等, 我国鲆鲽类生殖内分泌研究进展, 渔业科学进展, 2017, 38(1)

[5] 曲克明, 杜守恩, 海水工厂化高效养殖体系构建工程技术, 中国海洋出版社, 2010

[6] 刘芝亮, 徐永江, 柳学周 等. T型标志牌标记牙鲆苗种. 渔业科学进展, 2013, 34(6): 80-86.

[7] 柳学周, 徐永江, 陈学周等, 半滑舌鳎苗种体外挂牌标志技术研究, 海洋科学进展, 2013, 31(2)

[8] 陈锦淘, 戴小杰, 鱼类标志放流技术的研究现状, 上海水产大学学报, 2005, 14(4)

[9] 徐永江, 柳学周, 史宝等, 茜素络合物对半滑舌鳎苗种耳石的染色标记效果, 渔业科学进展, 2016, 37(6): 11-18

[10] Xu YJ, Zang K, Liu XZ, et al. Insulin-like growth factor-I and -Ⅱ in starry flounder (Platichthys stellatus): molecular cloning and differential expression during embryonic development. Fish Physiology and Biochemistry, 2015, 41(1)

[11] Shi B, Liu XZ, Xu YJ, et al. Molecular Characterization of Three Gonadotropin Subunits and Their Expression Patterns during Ovarian Maturation in Cynoglossus semilaevis. International Journal of Molecular Sciences, 2015, 16, 2767-2793

[12] 倪娜, 史宝, 柳学周等, 池塘养殖条件下牙鲆甲状腺轴和生长轴关键激素 的变化规律, 渔业科学进展, 2015, 36(3)

[13] 刘芝亮, 徐永江, 柳学周等, 半滑舌鳎类胰岛素生长因子－Ⅰ的原核表达及活性分析, 中国水产科学, 2013, 20(4)

[14] 王 滨, 柳学周, 徐永江等, 鱼类促性腺激素抑制激素及其受体的研究进 展, 水产学报, 2016, 40(2)

[15] Xu YJ, Liu XZ, Liao MJ, et al. Molecular cloning and differential expression of three GnRHs during ovarian maturation of spotted halibut, Verasper variegatus. Journal of Experimental Zoology Part A, 2012, 317(7)

# 저 자 소 개

# 저자소개

## 양희철 박사

양희철 박사는 현재 한국해양과학기술원 해양정책연구소 소장으로 재직 중이며, 해양법 영역중 특히 해양경계획정, 심해저제도, 동북아 해양분쟁, 극지법과 정책 등을 중심으로 연구를 수행하고 있다. 국제해저기구 정부대표(법률자문), IHO - ABLOS Hydrographer : Experts in Maritime Boundary Delimitation의 전문가로 참여하고 있고, Journal of International Maritime Safety, Environment Affairs and Shipping(SEAS)과 Ocean and Polar Research의 편집위원이면서, 해양환경안전학회, 대한국제법학회, 세계국제법학회, 중국법학회의 등 학술단체에서 활발한 활동을 전개하고 있다.

이메일: ceaser@kiost.ac

## 王印红(Wang Yinhong) 교수

왕인홍 교수는 현재 중국해양대학교 법정대학 공공관리학부에 재직 중이며, 해양행정관리학, 공공행정학, 해양정책을 주된 연구분야로 활동하고 있다. 최근에는 중국 해양관리 거버넌스, 해양행정관리체제의 개선방안, 해양강국 건설과 해양행정 거버넌스 구축, 정부 행정거버넌스 모델, 중국 해양분야 소프트웨어실력 향상, 정부정보공개 등에 관한 연구를 수행해 왔다. 현재 중국 행정관리학회 및 공공행정학회 편집위원, 산동성 행정관리학회 이사, 청도시 공공관리학회 이사를 역임하고 있으며, 해양행정 및 해양관련 정책분야에서 활발한 학술활동을 전개하고 있다.

이메일: Top100.wang@126.com

## 张朝晖(Zhang Zhaohui) 박사

짱조휘이 박사는 현재 중국해양국 제1해양연구소 해양생태환경과학 중점 실험실에 재직 중이며, 해양생물학과 해양환경공학을 주된 연구분야로 활동하고 있다. 최근에는 해양보호구역의 설정, 해양태계 가치 평가 및 관리, 연안통합관리, 해양공간계획, 해양환경보존을 위한 국제협력 등에 관한 연구를 수행하고 있다. 또한 동아시아해역 환경관리협력기구(PEMSEA) 3기 프로젝트 전문가위원, 황해광역생태계보전사업(YSLME) 1기 및 2기 프로젝트 중국정부 대표로 활동하면서 동아시아해역 및 황해해역의 해양환경보전을 위한 협력사업에 적극 참여하고 있다.

이메일: 18653215129@qq.com

## 冷传慧(Leng Chuanhui) 박사

렁촨후이 박사는 요녕성해양수산과학연구원 해양경제연구센터장으로 재직 중이며, 수산경제, 해양환경 · 생태보존, 해양경제개발계획 등을 중심으로 연구를 수행하고 있다. 또한 중국과 북한의 수산협력, 중국과 일본 그리고 중국과 한국과의 수산협력, 동북아해역의 수산거래 및 산업시장 전망, 수산자원관리 등을 중심으로 관련 과제를 수행해 왔으며, 요녕성해양어업청 어업경제위원회 위원, 국가농업부 수산무역추적연구 전문가위원회 위원으로 활동하여 왔다.

이메일: 2334136135@qq.com

## 宋伦(Song Lun) 연구원

쑹룬 연구원 요녕성해양수산과학연구원 해양환경연구실장으로 재직 중이며, 수산학, 해양환경학을 주된 연구분야로 활동하고 있다. 최근에는 해양수산품질관리 및 인증제도, 기후변화와 발해수산자원 변동, 기후변화가 수산식품 공급에 미치는 영향 및 대책, 요동만해역 갈조생물종에 대한 관찰, 해양생태생태학 및 환경위험 평가, 갈조발생 원인 및 대응책, 외래 해양생물종 이동 및 유입 등에 관한 연구에 주력하고 있다. 중국수산학회, 요녕성수산학회, 중국해양학회, 해양환경학회, 환경과학 및 환경보존학회, 해양환경과학학회 등 대외학술 단체에서 활동하고 있다.

이메일: 785020725@qq.com

## 杨大佐(Yang Dazuo) 교수

양따줘 교수는 현재 대련해양대학교 해양생물자원학부에 재직 중이며, 수산양식학, 생물화학학을 주된 연구분야로 활동하고 있다. 최근에는 해양생물 중 다모류(多毛类)동물자원의 복원 및 생태복원, 해양생물의학, 생태복원사업의 생태적 목표 및 평가기준, 연안복원사업, 다모류 생물의 복원, 해삼양식기술, 해삼양식장 수질환경 보존을 위한 여과시스템 개발에 관한 과제를 중심으로 연구를 수행해 왔다. 중국수산학회 해양목장연구회, 대련시 해양어업협회, 요녕성수산학회 등 대외학술 단체에서 활동하고 있다.

이메일: dzyang1979@hotmail.com

## 崔正国(Cui Zhengguo) 박사

추이쩡궈 박사는 현재 중국수산과학연구원 황해수산연구소 어업환경 및 생물복원연구센터장으로 재직 중이며, 해양어업생태환경, 해양환경 위험 평가를 주된 연구분야로 활동하고 있다. 최근에는 인공습지의 질소 및 인요소의 이동과 변화에 관한 연구, 해수 인공습지 구축 및 응용기술 개발, 수산물품질 및 원산지 환경에 대한 분석, 어업환경 위험성 평가방법에 관한 연구과제를 수행하고 있다. 현재 중국환경과학학회, 중국환경과학학회, 수산어업협회, 중국수산학회 등 대외학술 단체에서 활동하고 있다.

이메일: cuizg@ysfri.ac.cn

## 柳学周(Liu Xuezhou) 박사

류쉐저우 박사는 현재 중국수산과학연구원 황해수산연구소에 재직 중이며, 수산양식분야 책임연구원으로 어종번식이론, 양식기술, 증식기술, 양식생태학, 양식모델 및 새로운 품종개발 등을 중심으로 연구를 수행하고 있다. 수년간의 노력을 통해 20여 종 어류의 바다양식 및 증식기술 개발에 성공하였고, 어류의 성장축 및 색소 등에 관한 유전자 생리기능 및 분비조절원리에 관한 연구과제를 수행하여 왔다. 중국수산과학연구원 수산양식 분야의 선도자로서 중국수산과학연구원 학술위원회 이사, 중국수산학회 해양양식분과위원 이사, 중국수산유통 및 가공협회 이사, 중국어업협회 복어분과위원회 이사, 산동성 생태학회 이사, 중국 청도시 고급전문가협회 위원으로 활동하고 있으며, 열대해양학 저널 편집위원을 역임하고 있다.

이메일: liuxz@ysfri.ac.cn

## 田涛(Tian Tao) 교수

텐토우 교수는 현재 대련해양대학교 해양생명공학부에 재직 중이며, 수산학, 수산어획, 수산양식공학을 주된 연구분야로 활동하고 있다. 최근에는 인공어초 건설 및 인공어초 설계, 어류행동학, 해양목장개발계획 수립, 북황해 인공어초 조성 및 해양목장 조성, 장자도 인공어초 조성 및 해상낚시단지 구성, 인공어초 주변 수역 생태환경 조사 및 평가에 관한 연구과제를 수행 중에 있으며, 북방해역의 해양목장 조성에 관한 핵심기술 연구 및 시범구역 운영과제, 인공어초의 조성 및 집어효과에 관한 응용연구는 국가해양국의 우수 연구상을 수상하였다. 중국수산학회 해양목장연구회, 중국 국제해양목장포럼, 대련시 해양어업협회, 요녕성수산학회 등 대외학술 단체에서 활동하고 있다.

이메일: ttbeyond@126.com

환황해 협력 2

**환황해 해양거버넌스와 생태계 보전**

2018년 7월 31일 초판 1쇄 인쇄
2018년 7월 31일 초판 1쇄 발행

**편　저** 양희철
**발 행 처** 한국해양과학기술원
(49111) 부산광역시 영도구 해양로 385 (동삼동 1166)
**제　작** ㈜ 비전테크시스템즈
서울특별시 송파구 위례성대로 16길 27
02-3432-7132
admin@visionts.co.kr
**출판등록** 제2009-000300호

ⓒ 한국해양과학기술원
ISBN 979-11-86184-70-7 93910

값 18, 000원